唐浩明——著

陸

張之洞

這是一個成功的人生——
少年解元，青年探花，中年督撫，晚年宰輔。
這也是一個備受奚落的人物——
起居無時，號令無節，行爲乖張，巧於仕宦。

國家圖書館出版品預行編目資料

張之洞／唐浩明著. -- 初版. -- 臺北市：遠流, 2002[民91]
冊；　公分

ISBN 957-32-4712-7(全套：平裝). -- ISBN 957-32-4713-5(第1冊：平裝). -- ISBN 957-32-4714-3(第2冊：平裝). -- ISBN 957-32-4715-1(第3冊：平裝). -- ISBN 957-32-4716-X(第4冊：平裝). -- ISBN 957-32-4717-8(第5冊：平裝). -- ISBN 957-32-4718-6(第6冊：平裝)

857.7　　　　91013621

張之洞（共六冊）

〈陸〉

作　者　唐浩明
主　編　李佳穎
執行編輯　洪淑暖
封面設計　唐壽南
發 行 人　王榮文
出版發行　遠流出版事業股份有限公司
臺北市汀州路三段一八四號七樓之五
郵撥：0189456-1　電話：(02)2365-1212
傳真：(02)2365-7979　(02)2365-8989
著作權顧問　蕭雄淋律師
法律顧問　王秀哲律師／董安丹律師
印　刷　一展印刷事業有限公司
初版一刷　2002年9月1日
初版二刷　2003年3月15日
ISBN　957-32-4712-7（全套：平裝）
ISBN　957-32-4718-6（第六冊：平裝）

YLib 遠流博識網
http://www.ylib.com　E-mail:ylib@ylib.com

定價250元

目錄

下卷（下）

第六章　後院起火

第七章　翊贊中樞

第四章 互保東南

1 面對廢立大事，三個總督三種態度

慈禧再度訓政的第二天，光緒便從養心殿搬出，住進紫禁城西邊南海中一個名曰瀛台的孤島上，對外稱之為養病，其實已被軟禁，身邊只有幾個太監和宮女服侍。他的正妻那拉氏皇后原本就和他不投緣，現在則乾脆投入她的姑媽懷抱，與丈夫斷絕了聯繫。與皇后同日冊封的瑾妃平素嫉妒妹妹珍妃的獨寵，此時更有幸災樂禍的快感。她明白表示站在皇后一邊。至於珍妃，本就招慈禧的嫌惡，正好以干預朝政的罪名將她打入冷宮。其他幾個地位低的妃子更是不敢上瀛台。於是，光緒身邊便沒有一個妃嬪了。

他一天到晚孤孑一身，形影相吊，連個說話的人都沒有。可憐的皇帝，心緒痛苦到了極點。先前只相信康有為所說的「若不變法，求為長安一布衣亦不能」，卻沒有想到，變法後的遭遇，也同樣是「求為長安一布衣而不能」。光緒的性格本脆弱，體質又單薄，遭此打擊後，果然大病了一場。從此他便木木訥訥的，形跡近於呆滯。每月朔望之日，他照例被太監引導，乘坐一葉小舟渡過水面，進宮向太后請安，背誦兩句固定的台詞後便不再開口，一旁垂手侍立。慈禧也覺得難堪，便吩咐跪安，讓太監重新將他帶回瀛台。有時慈禧會見重要的外國客人，為避免洋人猜疑，也把光緒帶在身邊。光緒同樣如一尊木偶似的，不說話，甚至笑都不笑一下。

於是，有機會見到皇上的大臣們都私下議論起來：皇上莫非真的神志上出了毛病，否則怎麼這樣目光呆癡，面無表情，精神委靡，言辭木訥？皇上畢竟是皇上，太后畢竟年事已高，反省之後的皇上仍得要回宮處理軍國大事，大清國今後還得由皇上來掌管。皇上病得這樣，如何能擔當起君王的重任呢？在皇族裏，則有人在偷偷議論着更大的事情：皇上這個樣子，得趕緊另打主意。前代可援引的舊例不外乎兩種：一是廢，一是讓。無論是廢是讓，都得有個取代者。誰做這個取代者合適呢？有幾個王府在遍視近支黃帶子之後，對這個天大的好處有可能降落在自己府內抱着希望，於是便對大位懷着覬覦之心，躍躍欲試地在各權貴府第中穿來走去，打聽聯絡，尋求機會，以求一逞。這其中有一家自認為可能性最大，遂最踴躍，最熱衷，這一家便是位於西城平安里的端郡王府。府主名載漪。

說起載漪的身世來，可非比一般。他是道光帝的第五子惇王奕誴的次子，奕誴是咸豐帝的弟弟，恭王、醇王的哥哥，當今皇上的親伯父。載漪則是皇上的嫡堂兄弟。載漪的長兄載濂在父親去世後承襲王位。接祖制，載漪不可能再封王。載漪的封王是因為過繼給瑞王府的原因。

嘉慶帝的第四子綿忻封瑞親王，綿忻去世後其子奕志承襲王爵，奕志無子，為使國不除，咸豐帝讓侄兒載漪出為奕志的嗣子，承襲王爵。內閣述旨時，因筆誤將瑞寫成端，聖旨不可改，遂將錯就錯，瑞王便變成了端王，載漪就這樣成了端郡王。載漪的長子溥儁年方十六歲。從血統來說，若為光緒嗣子，他不如出身醇王府的光緒諸侄，若為同治嗣子，那他就是最為親近的侄輩了。這是從父輩一脈來看，若從母系一脈看，溥儁則有着別人不能攀比的優勢，這是因為他的母親乃慈禧的內姪女。

慈禧的弟弟桂祥有三個女兒，長女乃光緒之后，次女即溥儁之母，三女則為輔國公載澤的福晉。當年光緒即位，除開為咸豐的親侄外，更仗着母親是慈禧的親妹的緣故。滿朝文武都知道老佛爺的私心，若要立嗣，最佳人選必為溥儁。因為醇王府現今的溥子輩，並非老佛爺之妹的血脈，乃是老醇王的側福晉劉佳氏的後代。

載漪自然深知端王府目前所處的形勢，故對慈禧百般逢迎，務必要討得這位大清神器授予者的歡心。

對於四歲進宮的光緒，慈禧經歷了一個從期望到失望的過程。當她得知光緒竟然聽從康有為的奸謀，居然有圍攻頤和園的想法時，這個一生強悍，只能制人不能制於人的女人終於狂怒了，失望升格為仇恨。她決定要將親手立的皇帝，再親手廢掉。心存這個念頭後，她遍視近支各王府，目光最後也停留在溥儁的身上。她叫載漪把溥儁帶進宮來瞧瞧，又特為邀請蒙古老狀元、同治皇后的父親、她的親家翁崇綺一旁觀察。

經過三天的強化訓練，溥儁在父親的帶領下，走進養心殿東暖閣。慈禧見他健康清秀，跪拜如儀，應答也還流暢得體，心中頗為滿意，隨口問道：「平時在家除讀聖賢書外，還做些甚麼？」

溥儁答：「奴才除讀書外，還喜弓馬騎射。」

這話讓慈禧中意，說：「騎射乃咱們滿人的本色，萬不可丟掉。」

又問：「喜歡讀甚麼書？」

溥儁答：「史書及祖宗典冊。」

慈禧點點頭：「也做詩嗎？」

溥雋答：「間或也做些詩。」

慈禧問：「近日做了甚麼詩，唸一首給我聽聽。」

溥雋答：「奴才昨日作了一首《秋雁》，請老佛爺賜教。」

停了一下，溥雋唸道：「西風乍起時，羣雁飛江南。聊將天作紙，揮灑兩三行。」

慈禧笑着說：「詩做得不錯，賞你一套文宗爺用過的筆墨，下去吧！」

裁漪帶着兒子，高高興興地出了養心殿。

載漪父子剛出宮，崇綺便對慈禧說：「老佛爺，恭喜恭喜，端王府有這樣聰明的小主子，老佛爺您有這樣穎秀的內姪孫，這真是大清之福。溥雋知書達理，尤其詩做得好。聊將天作紙，揮灑二三行。這詩真有王者氣概。老佛爺，您若將溥雋賜給老朽做門生，老朽這一世就算沒白活了。」

慈禧聽了這話，很歡喜，說：「好哇，就叫溥雋拜你為師吧！」

崇綺樂得白鬍子翹了起來：「老朽謝老佛爺了。」

見過溥雋這一面後，慈禧已在心裏定下了這樁大事。

溥雋進宮面試並得到老佛爺的讚許之事，很快便傳遍朝廷上下，端王府立即車水馬龍，熱鬧如市。在許多人的心裏，端王府就要成潛邸了，其中榮祿、剛毅、啟秀、裕祿、徐桐等人更為積極。

榮祿、剛毅在這次變局中，堅定地站在太后一邊反對皇上，啟秀、裕祿是新政期間進的軍機，他們本是皇上提拔的，卻反了水投靠太后。他們都害怕一旦山陵崩皇上重新掌權後會報復，遂一致主張廢除皇上，另立新主。徐桐一向反對西學。他不滿光緒，主要在信仰上而不是利害關係上。榮、剛、啟、裕執掌軍機大權，是眼下大清國的實力派人物。徐桐身為大學士，又曾做過同治帝師，年高德劭，在朝廷中有極高的聲望。他們與慈禧結成聯盟，廢光緒立溥儁，看來已是勢在必行的事了。但這時卻有兩位王爺主張持穩重的態度，一是軍機處領班禮王世鐸，另一個是總署大臣慶王奕劻。

世鐸做了十四年名不副實的軍機處大臣，奕劻則是近幾年來走紅的王室重要人物。

世鐸和奕劻與光緒無怨隙，他們站在較為超脫的立場上，認為廢除皇上一事太重大，且光緒因行新政而廢，亦頗冤枉。二人意見一致，遂共同奏請慈禧，但他們不便直說，而是採取迂迴的方式。

世鐸奏：「近日王公中密傳，謂皇上病重，不能理政，老佛爺有另立之意。奴才和慶王以為此事可否聽取京外督撫意見，請老佛爺聖裁。」

慈禧看了看奕劻：「你也是這個看法。」

奕劻叩頭說：「奴才的看法與禮王爺一樣。」

慈禧沉默不語，過了一會兒，問世鐸：「依你看，此事如何與地方督撫商議。」

世鐸說：「此事太重大，又屬絕等機密，不可擴散，只宜與極少數人商議。奴才與慶王私下認為，當今天下只有三個總督可議此事。一為大學士、前直督李鴻章，二為兩江總督劉坤一。二人為湘淮兩軍碩果僅存者，且久為總督，老成穩重，此二人非得事先徵詢不可。第三位便是湖廣總督張之洞。此人非湘非淮、非台非閣而受天下督撫推重，眼界開闊，謀國忠貞。此人亦宜與之商議。三人之外的督撫，似不宜讓他們知道。」

慈禧又沉默多時後才說：「好吧，就按你們說的，軍機處辦個絕密信函，分寄李、劉、張三人，叫他們直抒己見，儘快答覆。」

第二天，三封絕密信函由軍機處發出。一封直送賢良寺李鴻章寓所，另兩封以四百里加急分發江寧和武昌。

李鴻章從歐美五國回來後，滿以為可再獲重用，卻不料依舊只是一個文華殿大學士。自雍正建軍機處後，內閣的權力便大為降低，到咸同之後，內閣大學士完全成了一個虛銜：位雖高，秩雖隆，而實權幾乎一無所有。「大學士」往往成為對立有大功之人的榮譽褒獎。李鴻章很少去內閣辦事，當然也無事可辦。他一直住賢良寺，讀書散步，門前冷冷清清。他是一個十分看重權勢和事功的人，處於這種境遇，自然心境抑鬱。對於前一段的新政，李鴻章的態度比較複雜。

應該說，李鴻章是最早認識中國已落後世界很遠，必須向別人學習的先知先覺者之一。他的這個認識是在戰爭中得來的，是在與洋人打交道的過程中感受到的。正因為此，早在同治初年，他便辦起了金陵製造局、江南製造局等一批洋務軍工廠，是曾國藩「徐圖自強」國策的重要制訂人和繼承者。早在同治九年，在處理天津教案中，他便和曾國藩會銜上書，提出派幼童出國留學的建議。後來在長達二十多年的直督兼北洋大臣的歲月中，他更是傾盡全力辦北洋水師，辦軍火工業。光緒的百日維新變法，不過是以朝廷的名義將他三十年來所做的事業推行於全國罷了。作為第一代的試辦新政者，李鴻章怎能不擁護不支持？

但是，對剛剛夭折的新政的實際謀劃人康有為及其一班子人員，李鴻章卻與他們有着很大的隔離；

造成隔離的原因，不在學理上和策略上，而在感情上。

甲午海戰失敗，李鴻章被康有為及康的同志們罵為漢奸、賣國賊，已夠傷他的心了。後來強學會成立，他打發家人持兩千兩銀子要求入會，而遭到嚴拒。這對他來說，更是臉面掃盡。於是李鴻章不再與康黨發生任何聯繫。對康黨這次的慘敗，李鴻章多多少少有點幸災樂禍。不過，作為一個淮軍統帥出身的國家重臣，他的胸懷尚不至於偏窄到不能容罵他的人。在心靈深處，他還是欣賞康有為、梁啟超的。百日新政期間，李鴻章一直安居在賢良寺裏，靜觀時局變化，可與否，他都不置一言。

這天，他接到由軍機處送來的火漆密封的信函，心裏想：兩三年了，還沒有收到一封如此函件，老夫早已是一個閒雲野鶴了，還有甚麼重大的國事要問我？待到拆開看時，李鴻章怔了半晌。廢立皇上，這是何等重大的事！做過多年翰林的李鴻章熟諗史冊，知道歷史上凡有廢立的時候，均是局勢動亂的時候，廢也好，立也好，往往都沒有達到期望的目標，反而加重動蕩。典型的例子如東漢末期，廢立之事經常發生，導致的結果是權臣執政，朝廷威望下降，政局進一步惡化。大清立國二百多年來，除康熙朝外，從未有過廢立之事。當初康熙爺對於太子的廢立慎而又慎，即便太子作惡多端也還是想方設法儘量不廢。最後，實在到了不可救藥的程度，才下狠心廢除，從而實行傳之後世的藏名於金匣的建儲制。然而，就是這樣的慎重，也引發了諸子爭位、骨肉相鬥的朝局。歷史的經驗值得注意，廢立之事，不是萬不得已，決不可輕率行之。

李鴻章對歷史感歎一番後，又回到眼前來。他並不認為光緒是一個非廢不可的昏暴之君，即使如密函所說的「身患重病」，也不能成為理由。皇上今年才三十八歲，正當英年，病得再重也是可以治癒的，不必因此而廢除。再說，皇上並無兒子，若是廢了，又由誰來繼位，豈不又要引起一場近支王府之間的爭鬥？但李鴻章知道太后很恨皇上，以他如今伴食之身來規諫此事，力量不夠，而真正有力量的，是太后所懼怕的洋人；如果洋人反對，那太后就不敢了。但自己如今的地位也不宜到各國公使館去探聽此事呀！

苦苦思索良久後，富有權謀的李鴻章突然有了極好的主意！

李鴻章悄悄來到定阜大街慶王府。老於世故的奕劻在王府客廳契蘭齋，熱情地接待了這位已無往日威風的落魄大學士。

坐定，寒暄之後，李鴻章說：「廢立大事，老朽不敢與聞，承蒙王爺和軍機處看得起，告知這等機密大事。老朽認為，處眼下局勢，這等大事，一是太后聖心裁奪，二是要探一探各國的態度。」

奕劻是一個極為看重洋人的王爺，忙點頭說：「中堂說的是。西洋各列強都與我們大清建有外交往來，他們自然會很重視這件事，探聽一下他們的態度很重要。中堂與外人打了幾十年的交道，又剛從歐美回來不久，與各國公使館交往頗深，可否就請中堂到公使去探聽探聽？」

「唉！」李鴻章長歎一聲後說，「洋人都是勢利的人，我如今無權無勢，不過一閒人而已，怎麼能去公使館探聽這等重大的事？即便去，他們也不會對我講真話。」

奕劻說：「中堂說的也有道理，還有甚麼別的辦法可以探知公使館的態度嗎？」

李鴻章想了想說：「辦法也不是沒有，老朽有一個主意，也不知可行不可行？」

奕劻忙說：「中堂有甚麼好主意，儘管說。」

李鴻章說：「我離開直督已經有三年了，各國公使都以為我現在是一個拿俸薪養老的人，不過問朝政，他們自然也就不會和我談朝政。如果太后能讓我暫時到哪個省代理一下總督的話，各國公使知道朝廷又要用我了，必定會來祝賀，那時我就會順便跟他們談起這件事，探一探他們的口氣。」

奕劻是個精於權術的老政客，李鴻章這番話背後的真正目的，他一聽就明白了：無非是不安於賦閒，欲藉此機會向朝廷要個總督的實職。他在心裏冷笑了一聲後，轉個念頭又想：李鴻章的這個主意也是可行的，若不找個由頭，又如何能與公使館接觸？太后對兩廣總督譚鐘麟不太滿意，不如建議他去廣州取代譚鐘麟，兩廣洋務多，李比譚更合適。

想到這裏，奕劻笑道：「中堂這個主意很好，我明天和禮王爺商議後，就奏請太后。」

世鐸也認為此法可行，一同面見慈禧，請放李鴻章兩廣總督，替代不善於與洋人打交道的譚鐘麟。慈禧答應了。

果然，各國公使館聽說李鴻章外放兩廣總督，紛紛前來祝賀。英國公使心直口快，不等李鴻章轉彎抹角探聽，先自問了起來：「聽說貴國要廢黜大皇帝，有這事嗎？」

李鴻章就勢說：「廢立的事，我沒有聽說過。不過，即便真有這事，也是中國的內政，貴國是不能干預的。」

英國公使傲氣地說：「這當然是貴國的內政，我們大英帝國是不會干涉的。只是，我們只認得『光緒』二字，若是換別的人做大皇帝，我們承認不承認，還得請示敝國政府。」

顯然，英國公使不贊成廢除光緒。其他一些主要國家的公使除俄國外，李鴻章通過旁敲側擊，也探出了他們的心思：反對廢除光緒。李鴻章把他的探聽告訴奕劻，奕劻又稟報給慈禧。慈禧得知後，心裏甚為不高興：這些洋鬼子真是可惱，中國換皇帝與你們何干！

這時，江寧發給軍機處的密電也到了慈禧的手中。七十二歲的前湘軍首領兩江總督劉坤一，是個不拘細末卻大事明白的人，他不認為光緒行新政有甚麼錯，不能因此而遭廢除。想到自己年過古稀，近年來又疾病纏身，有生之年也不多了，在這樁大事上，不妨說句真話，大不了開缺我的江督。我已做了三十多年的督撫，也做煩了，開缺後正好回籍養病，安度天年。劉坤一這樣想過後，給軍機處發了一封密電，電文簡潔，關鍵話只有兩句：君臣之份已定，中外之口宜防。慈禧看到這兩句話後，心裏不悅，難道已定的就不能變動了？君在我的手裏，我立誰，誰就是君。新立的君與臣之間，不也是君臣之名份嗎？心裏雖這樣想，但到底外國公使和兩個元戎重臣都明確表示不同意廢立，慈禧不能不慎重對待。她現在期待着來自武昌的回覆。

武昌的湖督衙門裏，張之洞接到軍機處的密函後，已經反反覆覆地思考三四天了。擺在他面前的真是個大難題。張之洞的內心裏毫無疑問是支持新政、擁護光緒的，是不主張廢除這個「身患重病」的年輕皇帝的。皇上有不足之處。在張之洞看來，這不足之處主要在兩個方面：一是太過於相信和依靠康有為，二是太急於求成。康有為學理怪誕，使人不能對他完全放心，且地位卑微，又不足以服眾，用他作新政的主要贊襄者，是皇上的一大失誤。舊法實行二百多年了，有的則從前明繼承，為時更久，怎麼可能在短期內便全部除舊佈新？百日維新期間大大小小的變革達三百餘項，有時一天之內下達十餘個變法諭旨，使人目不暇給，叫各省各府縣如何辦理？紙上的東西不落到實處，是一點用處都沒有的。皇上太輕率，太躁進，太缺乏實際辦事能力了，有的甚至近於兒戲。「欲速則不達」這條古訓，百日維新的失敗給了它又一個最好的證明。但即便這樣，他也不同意廢除皇上。因為皇上所要辦的這件大事，歸根結底是為了強國富民，是符合世界潮流的，與張之洞本人的心是相通的。然而，張之洞又不便明確表示這個態度。他有兩個大的顧慮：一是在百日維新中，他本人儘管沒有應詔入京襄助，但他的學生楊銳，他的山西時期的幕友楊深秀都捲入得很深，此外，康有為、梁啟超、譚嗣同都和他有說不清的牽連，在知曉內情的人看來，湖廣總督實際上已捲入了這場變局。鑒於此，張之洞想盡可能地把自己與百日維新劃得清楚些，隔得開些。此時，若再站在皇上一邊上，他怕別人指責他為康黨，為維新派第二。張之洞知道太后很想廢掉皇上，若明確表態不同意廢的話，無異於直接反對太后。張之洞怕得罪這位厲害的老佛爺。

他將此事與梁鼎芬、徐建寅、辜鴻銘、陳念礽等人商議。梁鼎芬主張跟隨重新訓政的太后，辜鴻銘主張支持失敗的皇上，徐建寅、陳念礽則依違兩可，張之洞仍拿不定主意。這時，大根進來對他說：「四叔，吳郎中遠遊歸來，想看看您，您有空嗎？」

自從那年送武當山焦桐到武昌以後，吳秋衣與張之洞便沒再見面。眼下遇到這等大事，張之洞本沒有心思與一個江湖朋友閒聊天，但轉念一想，江湖人乃權利場的旁觀者，俗話說旁觀者清，何況他多年來漫遊四海，見多識廣，更可以清醒地看待這樣的政壇大事。只是這事決不能傳揚出去，否則，總督向遊方郎中諮詢朝廷廢立，將會被世人當成笑料看待。

「吳郎中現在哪裏？」

「他已在督署門房外。」

「你問過他嗎，他住在哪裏，是不是還在歸元寺掛單？」

「是的，他說他還是借住在歸元寺。」

張之洞想了想說：「你去告訴他，說我這時正有急件要辦，請他晚上再來，我有重要事和他商議。」

晚上，吳秋衣如約來到督署，張之洞高興地在小書房裏接待這位不一般的郎中。吳秋衣將他上下打量了一番後，感歎地說：「香濤老弟，你這些年老多了。案牘勞神，此話不假！」

張之洞看老友雖黧黑瘦削，卻神完氣足，也感慨地說：「你跟上次見面時差不了多少。風雨滋露松柏人，此話也不假！」

說罷，二人都快樂地笑起來。

張之洞問：「秋衣兄，這些年你都去過哪些地方？」

吳秋衣爽朗地答道：「這些年主要在北方停留。在泰山附近滯留了兩三年，後又去了嵩山、華山和五台山，不知不覺間，人世就過了十年光陰。這次再返歸元寺，原住持虛舟法師居然圓寂三四年了，現在的住持，當年不過一齋頭而已。歲月過得真快！」

「是呀，是呀！」張之洞連連點頭，「歲月過得真快，就連當年接待你的門房都變老頭子了。」

「香濤老弟，那年從武當山帶來的桐木料你做了幾把琴？」

張之洞答：「九截桐木料，我已做了五把琴，還留下四截，預備着給將來的兒媳和出嫁的女兒做。」

吳秋衣問：「做出的五把琴，音色還中聽？」

「好，每一把都好。」張之洞說，「尤其以那截最長的格外好，我將它做了一把大琴，取名天下和平，留在府裏，佩玉常常彈彈，那音色真有繞樑三日不絕的妙處。」

吳秋衣的臉上露出了欣慰的喜色。

「秋衣，我之所以約你今晚來此，是有一件重要的事情要聽聽你的意見。」張之洞面色凝重地將談話轉到主題上。

吳秋衣頗覺意外地問：「你的重要事情都是國事，而我是一個不問國事的人，我能給你提供有價值的意見嗎？」

「不錯，是國事。而且我也知道你不問國事，我要的正是不問國事人的意見。」

吳秋衣斂容問：「那你就說吧，我盡我的所知所識回答你。」

張之洞神色肅穆地說：「這是一件絕密的國家大事。你必須答應我，只在這裏說，出了書房外，不向任何人提起。」

「甚麼國家大事，這樣絕密？」吳秋衣下意識地整了整頭上的布帽子說，「我答應你，守口如瓶，絕不向任何人說起。」

「你先看看這個。」

張之洞將軍機處的密函，遞給了吳秋衣。吳秋衣接過一看，心裏大吃一驚，但臉上卻不露聲色，平靜地說：「我知道了，你是決定不下，想要聽聽我這個不僅是局外人，而且是江湖人的看法，替你做個參考。」

張之洞點了點頭。

吳秋衣說：「如此大事，你能拿出來和我商議，足見你對我的相信，今晚我們在這裏所談的一切，我自然不會洩露半點出去。江湖人無求無忮，對這等事，或許比你們局中人還要清醒些。不過，我倒要問你一句話，你也要以實相告。」

張之洞坦然說：「有甚麼你就問吧，對你，我沒有不說實話的理由。」

吳秋衣盯着張之洞的眼睛問：「對當今的皇上，你認為是廢好，還是不廢好？」

張之洞說：「皇上雖有許多缺陷，但他願行新政，有勵精圖治的抱負，這就是好皇帝。若有聖祖爺、高宗爺那樣的明君英主，也不是不能廢除皇上而改立賢者，但遍視當今，有資格繼承大統的人，卻沒有一個像樣的。故我的態度很明確，還是不廢皇上的好。」

吳秋衣說：「我明白了，這就是你的難處：太后要廢，你不同意廢，既不想得罪太后，又不願意違背自心，兩難！」

張之洞說：「正是這樣。你有甚麼良法可以幫我擺脫這個兩難？」

吳秋衣思考良久，說：「香濤兄，你說說，自古以來，立君立主，是家事還是國事？」

張之洞想了一下說：「按理說，立君立主是國事，但它從來又是當作家事對待的。」

吳秋衣說：「是這麼回事。楊修被殺，是因為他插手曹家的立嗣事，曹操恨他。劉琦兄弟相爭，請求諸葛亮救他。諸葛亮說，立誰為荊州之主，這是你的家事，外人不得多嘴。依我看，帝王家從來只把立嗣當作家事，當作國事來看的，極少極少。即便有說是國事的，也多半另有目的，是說給別人聽的。」

張之洞用心聽這位老江湖的分析。

「我想再問問你，太后是個怎樣的女人？」

張之洞略為思忖後說：「太后剛強明斷，看重權力，與一般女人大不相同。」

吳秋衣說：「依我看太后好比漢之呂后，唐之武則天，是一個喜歡自己攬權弄權的人。她口口聲聲將自己比之為開國之初的孝莊皇后，其實完全不是。孝莊若像她這樣，大清哪會有聖祖爺出現？」

張之洞在心裏想，郎中的話雖然尖刻了一點，卻是實話。據說百日新政期間，皇上十二次赴頤和園稟報，二品以上的文武大員還得由太后親自決定，離京前還得去園子裏向她叩頭謝恩。這哪裏是還政頤養，分明仍在控制着朝廷！再有魄力的皇帝，在這樣的控扼之下，也難有所作為。

吳秋衣繼續說：「你想想，這樣的太后，她能把一個外臣的話當一回事嗎？無非是利用利用而已。你的話投合她的心思，她就把你的話拿出來作擋箭牌；你的話不合她的心思，她或置之不理，或從此以後整個兒不喜歡你這個人。」

張之洞似乎被這幾句話開了點竅，心裏一時明亮了許多。

「所以，依我這個不懂權術的郎中看來，你不妨這樣回覆軍機處：廢立乃天子家事，當由太后聖心明斷，外臣不宜亦不應置喙。」

張之洞望着吳秋衣，默唸着他說的這三句話。

吳秋衣說：「你可能以為這幾句話好像與沒說無多大區別，其實大不相同。第一，你嚴守君臣之份，不插手太后的家事；第二，你同意太后自己作出的決定，今後是廢還是不廢，你都是贊同的。」

張之洞突然完全明白了如此回覆的妙處，滿臉笑容地說：「你這幾話真是太好了，幫了我的大忙。」

吳秋衣說：「這種回覆，你其實也想得到，用不着我來說，我只是解去了你心中的疙瘩。你原先或許以為這樣做是要滑頭，其實這才是最恰當的處理方式。本來，既是天子家事，外人便不宜說長道短。你說當今的太后是一個聽不進別人意見的人，你又何必去多嘴？」

張之洞起身說：「你這話說得好極了。我就用你的話作為覆電。我這幾日事多，今夜就說到這裏，過些日子，我再到歸元寺看你，聽你談談雲遊北部河山的心得。」

這天半夜，湖廣總督的密電，從武昌傳到了北京。

三個總督的答覆，兩個反對一個不表態。不表態就是不同意，慈禧心裏當然明白。這時又有駐外使臣向她報告，英、法等國的報紙上刊登了關於中國欲廢除皇帝的報導。正如吳秋衣所說的，慈禧其實並不大看重她手下總督的意見，她最為關注的是洋人的動態，於是她終於打消了廢除光緒的想法。但慈禧的改變，使得載漪及榮祿、剛毅、啟秀、徐桐等攀龍附鳳之輩着急了。他們分頭向慈禧奏請換一個法子，即預立大阿哥，為避免醇王府的不滿，申明此大阿哥是繼承穆宗皇帝的。穆宗做了十三年的天子，無後而終，現在又過去了二十四年，皇上並未誕育皇子，穆宗之廟長期無人祭祀，這事無法向祖宗交待，醇王府不應反對，也無理由反對。

大清祖制，自雍正朝起就不再立太子即大阿哥，現在破了祖制預立儲君，多少有點掣礙，但可以「皇帝病重，事出無奈」作搪詞，過兩年待大阿哥成年後，便可叫他代行皇帝事。如此，名未廢而實已廢，外人既無藉口干涉，文武百官也不會因廢立大事來多口舌。慈禧覺得這個辦法好，採納了。

於是，以光緒的名義詔立溥儁為大阿哥，開弘德殿教讀，以徐桐、崇綺為師傅，又命端郡王載漪為總理各國事務衙門大臣，兼管虎神營。載漪掌管外交和軍隊，權勢在當年的攝政王大臣奕訢之上，隱然可與入關之初的皇叔多爾袞相比了。

慈禧自以為她玩的這個花招很高明，其實她的真實用心，全國臣民都很清楚，就連外國人也蒙騙不了。光緒二十六年元旦，為溥儁正式行禮的大喜日子，文武百官都遵旨朝賀，但各國公使館儘管早早接到了邀請書，卻一個公使都沒到場。公使館的冷落大大激怒了慈禧，也讓未來的太上皇載漪深感尷尬。聯繫到外國人引渡康梁出逃的前科，慈禧、載漪對洋人的仇恨，已到怒不可遏的份上了。倘若說由鴉片、教案、租借口岸等事而招致的國辱尚可忍受的話，那麼這種因個人尊嚴和地位所結下的私怨，則是決不可寬恕的。大清王朝的最高權力執掌者，對洋人已忍無可忍，他們在竭力尋找一個機會報仇雪恨，發洩心中的這口惡氣。

機會終於被他們找到了。

2 蝮蛇螫手，壯士斷腕

早在嘉慶末葉，直隸、山東、河南等省接承白蓮教之後，又有八卦教在百姓中活躍。八卦教以習拳術為主，兼畫符治病。他們以組團結夥來互相幫襯，許多窮困愚昧又不甘於受苦受難的鄉民則踴躍參加。人們稱這種團夥叫義和拳，入夥者為拳民。光緒年間，山東受德國傳教士及教民的欺侮頗深，於是鄉民在義和拳的組織下，與傳教士和教民對抗。歷任山東巡撫李秉衡、張汝梅、毓賢，也對傳教士及教民的行為不滿，袒護拳民，於是義和拳在山東會眾日多，影響日大。毓賢更將義和拳更名為義和團，把它當作維持鄉間秩序的團練對待，義和團因而取得了合法的地位。義和團聲稱，習他們的拳術可以神靈附體，刀槍不入。拳民所崇拜的神靈，或來自民間的傳說如八仙等，或來自戲台，如齊天大聖、梨山老母等，或為歷史上的名人，如關羽等。毓賢對此篤信不疑。但他的繼任袁世凱卻不信這一套，視之為邪教，大加鎮壓。義和團在山東安下不身，便大規模地流向直隸。那時直隸正遇災荒，大批災民加入義和團，義和團的聲勢更加旺烈。為了得到朝廷的支持，他們打出「扶清滅洋」的旗幟，在天津、河南、冀州、涿州等地設壇練拳，其中以乾字團、坎字團最為著名。乾團又稱黃團，所有人員皆黃巾、黃帶、黃抹胸、黃布纏足。坎團又稱紅團，所有人員一律着紅色。他們公然編列隊伍，製造兵器，以軍法相部勒。

直隸總督裕祿對義和團禮遇有加，以黃轎鼓吹恭迎其大師兄張德成、曹福田至總督衙門，直隸官員們屏息侍立兩旁。義和團因此聲勢更壯了。他們拆電線、毀鐵路，揚言要與洋人幹到底。

載漪看中了這批人。他要利用他們來對付洋人，代他復仇，並藉以鞏固大阿哥的地位，早日實現他太上皇的理想。他向慈禧奏報了這一情況，稱義和團為義民，可用他們衛朝廷、抗洋人。慈禧很盼望有一支人馬來為她出氣，但又怕他們是亂民，便打發剛毅、趙舒翹兩位軍機大臣前往涿州親自查看。

剛毅深知載漪的用心，一心附和。趙舒翹則是剛毅提攜進的軍機，明知義和團走的是斜路，也昧着良心和剛毅說一樣的話。慈禧相信了拳民的神力，遂招義和團進京。徐桐等人親出京門迎接。載漪更在王府裏設一大壇，親自拜祭。其他王公世爵，也爭相延請大師兄住其府第。至於內官太監則更迷信，幾乎全部入團。一時間，京師成了拳民的天下。

五月十五日，日本書記生杉山彬被拳民殺害。此事在各公使館裏引起震動，紛紛向總署提出詰難，總署則含糊其辭不加追究。接下來幾天，拳民在北京城裏燒教堂，殺教民，京師陷入恐怖之中。這時一個名叫羅嘉傑的江蘇道員正在北京，他向朝廷投了一封密信，說各國正集結軍隊進攻京師滅亡朝廷。慈禧看到這封密信又驚又怒，接連三天召見大學士六部九卿公議，御前會議上明顯地出現兩種對立的主張。以載漪、剛毅等人為首主張先下手為強，借這個機會攻打使館，殺盡洋人，永遠斷絕與洋人的外交往來。慈禧讚賞這種主張。以兵部尚書徐用儀、戶部尚書立山、吏部侍郎許景澄、以及不久前由蘇藩遷太常寺卿的袁昶等為代表的一些人堅決反對攻使館殺使臣，挑起中外戰爭的作法，主張用和談的方式解決目前的糾紛。光緒的態度與主和派相同。

主和派人少勢單，又似乎理屈氣弱，在主戰派激昂的言辭和淩厲的攻勢下，毫無招架的力量。終於，慈禧率文武百官誓師太廟，下詔宣戰：「與其苟且圖存貽羞萬古，孰若大張撻伐一決雌雄。」並褒義和團為義民，撥內帑十萬以獎勵，召董福祥率甘軍攻打東交民巷的各國使館。各國政府聞訊，急調人馬，組成一支一萬八千人的八國聯軍，從天津向北京進發。

中國近代史上最為荒唐、中華民族在外人面前蒙受最大恥辱的庚子之役就這樣爆發了。

朝廷將對各國宣戰的詔令用電文通告各省督撫，要他們理解和支持朝廷的這個決定：各懷忠義之心，共洩神人之憤。

由於直隸全省的電線均被義和團剪斷拆除，京師電報局及天津電報總局都無法發報，最近的一處便是濟南電報局了。山東巡撫袁世凱用強硬手段將義和團驅逐出境，確保境內的安定。當時的報紙將直隸和山東作了對比，說幽燕雲擾，齊魯風澄，誰是昏官，誰是能吏，亂局到來的時候，世人便一目了然了。而袁世凱也正是藉此小試牛刀，為他日後耀人眼目的政客生涯奠定了厚實的基礎。

當下，袁世凱接到從京師用四百里加快遞來的詔書後，心裏大大地吃了一驚：太后怎麼會作出這等糊塗的決定！他不敢怠慢，馬上吩咐將此宣戰詔書發往上海電報分局，再由上海轉發各省督撫。此時坐鎮上海電報分局的正是天津電報總局的督辦盛宣懷。盛宣懷看到這份電文，跌足長歎：中國將從此面臨亡國之禍！這樣的詔書發往各省必然引起天下恐慌，接下來的很有可能便是天下大亂。他將詔書壓下來，只先向兩地發出：一是廣州，發往他的老主子兩廣總督李鴻章；一是武昌，發往他目前正在經營的中國鐵路總公司和漢陽鐵廠的創辦人，他的半個主子張之洞。在盛宣懷的心目中，眼下中國最有見識、最有威望的大臣便是這兩位總督了。

李鴻章收到這份電報，心情沉重憂鬱。朝廷掌權的王公大臣昏憒鄙陋，既不識世界潮流，亦不知強弱對比，狂妄而愚昧，欲廢皇上而立大阿哥本是錯誤之舉，現在又利用邪教亂民來與各國為敵，更是錯上加錯，而太后居然就相信他們，把他們的無知蠢想變為國策。太后呀太后，您怎麼會糊塗至此！是甚麼東西使得您鬼迷心竅，喪失了正常的思考？您當年平發捻、辦洋務的英明智慧到哪裏去了？這樣的詔書我們能奉行嗎？能在廣州打領事館、毀教堂洋行，用以響應朝廷的決策，支持朝廷的行動嗎？辦了半輩子外交，深知中國軍事力量薄弱的前北洋大臣，此刻心裏明晰得如同一面銅鏡似的：中國連一個小日本都打不贏，還能跟美國、英國、德國、法國、俄國這些聯合起來的西洋強國交手嗎？戰爭的結局只能是一種後果：中國大敗慘敗，很有可能被列國瓜分，甚至立刻亡國。

想到這裏，七十八歲的李鴻章一陣暈眩。倒在鬆軟的沙發躺椅上，昏昏沉沉中，他仍在思考着這件大事，面前擺着三種選擇：一是奉命，二是置之不理，三是明確表示不執行，並告訴其他督撫也不要執行。

奉命是忠於朝廷，但明擺着的是禍亂國家。在官場混了五十多年、歷經道咸同光四朝的這位老政客，也知道給國家帶來禍亂的人，到頭來終究也會給自己及家人帶來大禍，無論是為國着想，還是為家着想，都不能奉這個命。置之不理，固然不失為一種良法，但敢於任事、熱衷出頭的性格及二十多年的疆臣領袖的地位，使得李鴻章不選擇這個作法。他想回電盛宣懷，叫盛宣懷把電文壓一壓，觀一觀中外形勢再說。但是，這是詔書，盛宣懷哪敢扣壓不發呢？得有一個說法。李鴻章思索良久，終於從稗官野史中得到靈感：不承認這是兩宮發出的詔書，而是別有用心的人盜用兩宮的名義製造的亂命。每當時局混亂之時，常有亂命趁機而出，辨別真偽，區別對待，是危亂之際為臣子的本分。何以辨別呢？這只能從朝廷一貫的宗旨與此次詔書的內容相對比來區分。朝廷一貫與各國友善，而詔書與這一宗旨完全背道而馳，一紙詔書與無數道上諭相較，只能懷疑這一次！

當然，李鴻章知道，從變法以來直到各國拒絕出席大阿哥的加封典禮，太后對洋人的惱怒有增無減，詔書恰是這種仇恨心理的總爆發，自然不會是亂命，但現在只能將它以亂命視之，方可免去日後違旨的究詰。李鴻章將這個想法通過電報發給盛宣懷，老練的大官商盛宣懷對此心領神會。

武昌電報分局總辦趙茂昌接到這份特急電報後，星夜趕到督署，親自交給張之洞。其實，張之洞昨天便已經知道了京師所發生的重大變故，他的消息來源於英國駐漢口的領事館。

昨天上午，英國駐漢口領事館代理總領事法磊斯，在江漢關稅務司英國人何文德的陪同下，緊急拜會張之洞。張之洞在督署接待他們，辜鴻銘在一旁充當翻譯。

身材修長、儀表整潔、極具英國紳士派頭的法磊斯坐定後，開門見山地說道：「總督先生，我告訴您一個不幸的消息：貴國政府已向西方各國宣戰，由甘肅提督董福祥率領的軍隊和亂民正在向東交民巷各國使館開火，這是一起極其嚴重的事件，不知總督先生知不知道？」

通過辜鴻銘的翻譯後，張之洞對英國總領事的這番話驚訝不已。他第一個感覺是：政府向各國宣戰，這樣的事是絕對不可能發生的。這段時期拳民湧入京師，局勢動蕩，很有可能是那些拳民在圍攻各國使館，他們也有可能打着朝廷的旗號在胡作非為。

「總領事先生，您所說的這件事我不知道。我國政府一向與各國友好，不會向各國宣戰的，這或許是亂民的破壞，與政府無關。請問總領事先生，您的這個消息從哪兒得來的。」

法磊斯冷笑了一聲說：「總督先生，北京附近的電線均已被拆毀，您的信息不靈是可以理解的。我的消息來源於鄙國政府外交部，鄙國政府外交部的消息則是直接來源於駐北京的公使館。這是千真萬確的，您不要有任何懷疑。」

張之洞從法磊斯的神態中已感覺到事態的嚴重性。這樣大的事情，英國領事館沒有必要造謠，何況由總領事親自過江來通知，按照洋人的規矩，這是代表他的國家的行為，看來真有其事了。但作為湖廣總督，張之洞只能以朝廷的諭旨為準，是不可能也不應該以外國人的話為根據的。

他也報之以微微一笑，說：「即便京師附近的電線被毀，也有別的辦法傳遞消息，我將等待着朝廷的諭旨。」

法磊斯平靜地說：「過不了兩天，您一定會得到準確消息的。我今天過江來拜會您，是想跟您商量一件事。」

張之洞緩慢地撫摸着胸前的花白長鬚，口氣和緩地說：「有甚麼事情，請說吧！」

「我奉敝國政府外交部的命令，特為告訴您，如果長江流域發生類似北京的事情，總督先生有無力量可以制服動亂，保證地方安靜，從而使敝國在長江流域的利益不受損害。」

張之洞立刻回答：「我可以負責任地告訴總領事先生，萬一在湖北境內出現動蕩，我有足夠的力量可以保境安民，總領事先生不必擔心。」

法磊斯的臉上露出滿意的神態，說：「我很高興地聽到總督先生這句話，但還想告訴總督先生，貴國的亂民一旦肇事，局面就很嚴重，您的軍隊不一定夠用。為了貴國的百姓，也為了敝國在長江流域的商務，到時我們願意出動包括軍艦在內的軍事援助。」

借用洋人的軍事力量來平息中國的內亂，這是當年曾國藩、胡林翼等人所不願為的事，作為一個富有閱歷的統兵大員，張之洞深知曾、胡等人的用心良苦：因為它不但將要受到「漢奸」之譏，而且對於獲勝之後的外國軍隊的無窮銖索，也將會窮於應付而煩惱不已。

張之洞委婉而堅決地拒絕：「貴國的好意，鄙人深表感謝。保境安民，是鄙人的第一職守，湖廣的軍事力量足以應付境內的一切亂子，不管遇到甚麼情況，絕對不會需要貴國的軍事援助。請總領事先生明確告訴貴國政府，軍事援助一事，不要再提起。」

張之洞的這種強硬態度，頗出法磊斯的意外。法磊斯來中國已五六年了，與不少中國高級官員打過交道，沒有哪個官員在他的面前不是逢迎獻媚、卑躬屈膝的，對於他的主動提出的援助，這樣明確予以拒絕的還是第一次遇到。法磊斯在一陣失望之後，禁不住從心裏冒出幾分敬意來。「總督先生，我知道湖北的軍餉已欠三個月了，如果軍艦這樣明顯的軍械援助，會引起貴國民眾誤會的話，我可以改變方式：借款給你們發餉。我手中現有一筆七萬五千英鎊的現金，可以拿出來，先借給你們發軍餉。我們沒有別的目的，只是希望湖北軍心能夠安定，到時能全副心思平亂保境。」

張之洞借過不少洋款，有的利息還很高，但那是為了辦洋務。眼下這筆相當於五十萬兩銀子的英鎊，對於穩定軍心很有作用，因為確乎如法磊斯所說的，湖北綠營的軍隊有三四個月沒有發餉了。兵士得不到餉，就容易滋事，也不願聽調動，一旦有事，就不能得心應手。這五十萬銀子的確很重要，就算借洋款發餉，也不是不可以的，不過目前的情況非比一般，暫不鬆口為好。

「總領事先生，貴國政府的誠意，我很高興地領受。我們的軍餉雖有欠缺，但軍心還不致於渙散，鄙人作為制軍，尚可調遣。以鄙人看來，目前的跡象還看不出有很嚴重的事態出現。假若發生了意外的事，而我們又需要貴國政府的幫助的話，我們會求援的。比如說銀錢，到時我們也可能向貴國政府借。當然，我們會遵照平時借款的舊例，照章付息。」

法磊斯說：「總督先生的態度，我本人能給以充份地體諒。英國在貴國長江流域的商務活動已有三四十年的歷史，這些商務活動，不但替敝國的商人謀取了利益，也同時為貴國帶來福祉。正常的商務活動是互利的。我國政府切盼，長江流域的商務活動不因北方的混亂而受影響，更不希望南方發生北方一樣的混亂，造成貴我雙方的不利。」

張之洞說：「我很讚賞總領事先生剛才說的這句話，正常的商務活動是買賣雙方互利的。我本人多年來一直主張與世界各國進行正常的、平等的、互利的商業往來。貴國在長江流域的正常商務活動，鄙人將與兩江總督劉坤一制台一道維護。請總領事先生放心，湖廣不會發生大現模騷亂。北方的騷亂是因為疏於控扼的緣故。倘若有一兩個得力的大臣，在幾個月前，拳民剛剛蠢動時就加以鎮壓，亂子就鬧不起來了。」

法磊斯滿意地告辭而去。

不料，今天就收到由盛宣懷發來的宣戰詔書！張之洞氣得將電文狠狠地一甩：「榮祿、剛毅誤國！

今日世界，能有一個中國向西方七八個大國同時宣戰而取勝的道理嗎？他們連這點都不懂，真昏憒糊塗到了極點。慫恿兩宮犯此大錯，罪該萬死不赦。」

轉臉對趙茂昌說：「你趕快回電報局，有甚麼情況立即向我稟報。」

又對一旁侍候的巡捕說：「你去通知幕友房，下午在鶴舞軒聚會，有重要事情相商。」

吃過中飯後，督署東花園的前後幾個門都被衛兵把守着，不准任何閒雜人員進來。盛夏的武昌城已是暑氣瀰漫，但鶴舞軒四周樹木繁茂，並不太熱。梁鼎芬、辜鴻銘、徐建寅、陳念礽、梁敦彥、陳衍等人面色凝重地聆聽張之洞在宣讀電文後的講話：「朝廷向各國宣戰，鄙人以為是一個錯誤的決定，但遵旨奉命，又是鄙人的本職，鄙人正面對着進退皆難的境地。各位先生有何良策，可以援我出困境。」

眾皆面面相覷，腦子裏則都在緊張地思索着良策。這良策也真不容易出來。

一向口無遮擋的辜鴻銘首先開了腔：「洋人不是好東西，打着做生意和傳教的名義到我們中國來欺蒙拐騙，還要用暴力強迫官吏和老百姓聽他的。依我看，皇太后泣血太廟，慷慨誓師，與其苟且圖存貽羞萬古，不如大張撻伐一決雌雄，是對的。我辜某人贊成。」

總督明白表示不贊成，這位辜湯生偏要唱反調，他意欲何為？眾幕友都瞪大眼睛，驚詫地看着他。張之洞的眼神也甚是疑惑。

「義和團也不是東西。我聽一個在直隸做官的朋友告訴我，說義和團的人裝神弄鬼，弄來的神仙全是戲台上的人物，甚麼刀槍不入，全是騙人的鬼話。還有甚麼大師兄、二師兄，全是綠林中的土匪頭。最可笑的，還弄來一批女人，叫甚麼紅燈罩、青燈罩，據說都是從窯子裏拉出來的婊子。」

這句話引來一片嘻笑聲，辜鴻銘很得意。他平日說話，有一半的目的是想喚取聽者的驚歎詫異；如果聽者沒有甚麼特別的反映，他就會感到失望，覺得很沒趣。故而他說話時常走極端，愛誇張，標新立異，與眾不同，又很會使用一些極有趣味的比喻和逗人的笑料。這一切手段，無非都是引起聽者的格外注意，就像茶館裏說書人似的。然而聽者在去掉這些色彩和包裝後再去細嚼他的話，也並不是全無道理的，故大家喜歡聽他講話。張之洞尤其喜歡聽他講話，除開這種吊人胃口的藝術外，更重要的是他敢講真話，這在眾幕友中更是少有。

「所以，就我看來，洋人該打，但不能由義和團去打。義和團肯定打不過洋人，結果還是我們中國吃虧。但北京已打起來了，我們沒辦法勸止，我們守住湖廣兩省，就算盡職了。對於這個詔書，可以學宮中的辦法：淹了。」

將上諭比之於奏摺，將督署比之於朝廷，這是何等的荒唐狂謬不倫不類！此話倘若出自別人的口中，必定會大遭斥責，但出自辜鴻銘的口中，彷彿很自然似的。眾人又一陣嘻笑，明白了他的意思：我們辦我們的事，不去理會這道詔書，也不給朝廷以可或否的回覆。

梁鼎芬說：「我完全擁護香帥的話，向各國宣戰絕對是一個錯誤的決定。香帥不能回電表示執行，而是應該致電軍機處，請朝廷盡早停止攻打各國使館的軍事活動。但這個電文不能由香帥具銜，而是由我們署名。」

梁敦彥說：「節庵這個主意好，我願意列名。我們這些人，數節庵官位最高，就請節庵領銜吧！」

梁鼎芬忙說：「領銜不敢，領銜不敢，我忝列其末吧！」

張之洞笑了笑說：「由湖北督署幕府發出的電文，能避得開我張之洞嗎？與其躲在幕後，不如站在前台，還可落得個好漢做事好漢當的美名。這個電文我看不必發。」

二梁見張之洞不同意，遂不再堅持。

陳念礽摸着下巴想了半天後說：「這是很重大的事情，我想湖廣不必急於表態，眼下要做的事是加強與京師的聯繫，多多了解這兩天來交戰的情況。據我所知，各國在中國可使用的軍事人員近三萬人，但分散各地，一時不便於集中，估計要半個月二十天的時間才能齊聚。倘若這三萬人聚在一起開往北京，即便是三十萬義和團也不是敵手。但使館區的軍事人員不多，也可能在三五天、七八天內就會把使館全部毀盡。如果這種局面出現，那中國就與西方列強結下了血海深仇。這場戰爭如何結局，真令人難以想像，說不定我們在湖北辦的一切洋務，我們徐圖自強的所有努力，都將付之東流。」

張之洞說：「念礽說得太悲觀了。不過真要那樣，中國的確是損失太大，仗既然已開，勸止也大概勸不了，現在只是想辦法儘量減少損失，就是上策。」

陳衍一直沒有開腔，張之洞望着他說：「石遺先生，說說你的看法。」

陳衍摸了摸下巴上的幾根稀疏的鬍鬚，慢慢悠悠地說着福建腔的官話：「古人云，將在外，君命有所不受。又說，亂命不可從。這兩句話都說，有時來自朝廷的命令，可以不必服從。一是不合時勢的君命不服從，一是危亂之際，有挾持君王而下的命令或違背君王一貫意旨的命令，不服從。眼下京師局勢危急，義和團控制朝廷，難保這種對洋人宣戰的詔書不是他們偽造的亂命。」

「亂命」，陳衍的這兩個字引起了在座所有幕友的高度注意，他們都在心裏說：為甚麼沒有想到這一點呢？

張之洞也被陳衍提醒：太后、皇上一貫主張與洋人友好，怎麼突然會宣起戰來呢？義和團挾持朝廷，以朝廷名義來幹他們想做的事，這不是不可能的呀！他帶着鼓勵的口氣說：「石遺先生，你說下去！」

「我們可以不執行這道未經核實的詔書，我們還是按過去朝廷一貫的宗旨去辦，即在湖廣地區維持與洋人的友善關係。昨天英國駐漢口總領事親自過江來拜會張大人，表明英國政府急於保證他們在湖北的利益。英國是這樣，美國、德國、法國也一定是這樣，而我們也需要湖北地方的安寧，不願看到湖北尤其是武漢三鎮出現類似直隸和京師的混亂。所以，在這一點上我們是和各國利益一致的。我建議，由張大人向各國明確表示，湖北只有會匪，無義民，本總督負有保障湖廣安靜的職責，倘若有人效法義和團的行動，在湖廣一帶鬧亂子的話，本總督將嚴懲不貸。如此，既安洋人之心，又安百姓之心。至於這個宣戰詔書，要嚴密封鎖，不能向下面洩露半點，以免給湖廣一帶的會黨流氓、江湖浪民、市井無賴以騷亂的藉口。」

「湖北只有會匪無義民」，這句話說得好極了，它斬釘截鐵般斷絕湖北一切亂民與北京拳民的聯繫。凡鬧亂子的都是會匪，就將按懲辦會匪之例嚴懲不貸；至於將朝廷詔書嚴加封鎖以免被人利用，則更是當務之急。

張之洞想：看來這陳衍不只詩做得好，還真有能吏之才。他望着這位瘦瘦精精的矮個子福建人，露出了滿意的微笑，說：「石遺先生的這幾句話說到了點子上。湖廣應有湖廣的作法，不能盲從……」

「大人，上海電報局又來了緊急電報。」

張之洞正説着，趙茂昌急急忙忙地闖了進來，遞上一封剛收到的特急電報。張之洞忙拆開看，鶴舞軒裏的所有幕友也都緊張地望着總督那張瘦削而嚴峻的長馬臉。

「盛宣懷來電説，他建議東南諸省與當地洋人各自訂立互相保護的條約，即中國境內的安寧，中國自保，洋人在當地的一切設施，洋人自保，雙方各不干涉，也不允許其他人侵犯。盛京堂説，此建議已得到兩廣李少荃、兩江劉峴莊、上海道余聯沅的同意，問湖廣同不同意。若同意，則派人赴上海與各國駐滬領事館會商。」

張之洞的話剛説完，梁敦彥就説：「我看盛宣懷這個電文的意思與剛才石遺先生説的主旨很接近，即不接受宣戰詔書，各省自行自己的一套，只是講得更明白了些，華洋雙方各管各的。」

梁鼎芬説：「這個主意好是好，就是讓人聽起來像是各省與朝廷分開，有點鬧獨立的味道，怕授人以把柄。」

陳念礽説：「這事若在美國，完全不算一回事。美國本就是聯邦制，各州有自己的獨立性，但在我們中國，的確有點犯忌。」

辜鴻銘説：「朝廷把事情辦砸了，不能保護地方，各省自保有甚麼不對？」

陳衍説：「盛宣懷的建議與我的想法很接近，但東南各省互保，也確有獨立之嫌。我想，為避此嫌，必須在互保時得先聲明，我們是忠於朝廷，是完全擁戴太后、皇上的，這是危急時候不得已的做法。」

張之洞握着長鬚，仔細地聽着各位幕友的發言。驀地，他甩開長鬚，鐵青着臉說：「蝮蛇螫手，壯士斷腕，斷腕是為了保護整個軀體。眼下直隸已亂，京師開仗，後果已不堪預料，倘若保得東南數省的安寧，直隸和京師即便陷入洋人之手，中國仍還有希望；若是東南跟着北方一齊亂，一齊陷於洋人之手，那中國就將再無光復之日。我身為國家大臣，自應為整個國家作想，是非曲直，自有公論，一時的指責，也顧它不得了。李少荃、劉峴莊都同意，我張某人的見識難道還不如他們！我現在即委派辜湯生、陳石遺兩位代表我前去上海，與盛宣懷、余聯沅一起去和洋人商談，共同訂下互保條約。」

陳衍很不喜歡辜鴻銘的性格，怕他壞事，希望張之洞行前管束一下，便說：「香帥信任我，我自然會竭盡全力，不辱使命。湯生去當然必要，他懂洋話，可作翻譯。但湯生嘴無遮攔，又愛罵人，洋人也好，中國人也好，逮住誰罵誰，我有點擔心。」

大家都笑了起來。辜鴻銘生怕張之洞聽了陳衍的話，不派他去，讓他失去一個大出風頭的絕好機會，便說：「我這次去上海注意一下，不罵人好了。」

「不，」張之洞正色道，「你此番去上海，該罵的，還是照罵不誤，尤其對洋人不要講客氣，就像你剛才那樣，先罵洋人不是東西，再罵義和團不是東西。我看就這樣罵，最好。」

眾皆愕然，辜鴻銘也覺得有點意外。

張之洞繼續說：「罵洋人，是叫他們不要翹尾巴，他們所作所為是有許多該罵的地方，罵罵有甚麼不對？你就放肆罵，見英國人用英語罵，見法國人用法語罵，罵他們一個狗血淋頭，表示我們一不怕他，二不依附他，罵完後再和和氣氣地與他們簽條約。義和團更要罵。他們是邪教，是亂民，給國家和百姓帶來災難。罵他們，表明我們和朝廷那些昏憒大員不是一流人，我們有自己的頭腦。陳石遺，你放心好啦，辜湯生和你一起去，只有好處，沒有壞處。」

這一番話，說得大家都笑了起來，辜鴻銘更是喜得搔首弄姿，得意洋洋。

第二天，辜鴻銘、陳衍奉命坐小火輪離開武昌去上海。到了上海後，他們和劉坤一的幕友及上海道道員余聯沅等，在盛宣懷的周旋下，和英國、美國、法國、德國等西方主要大國駐滬領事一道簽署了中國近代史上有名的東南互保條約。後來，李鴻章、袁世凱及閩浙總督許寶騤也在這個條約上簽了字。東南互保從兩江、湖廣擴大到兩廣、山東、浙江、福建，聯成一個廣闊的區域。東南互保條約，保障了東南半壁河山在北方騷亂時的安堵，卻也給晚清政局的分裂埋下了一根伏線。十一年後辛亥革命爆發，各省紛紛宣佈獨立，便是步它的後塵，終於導致大清帝國轉眼間即土崩瓦解。

就在東南互保條約簽訂的日子裏，一個重大的武裝暴動計劃也正在長江流域一帶醞釀着，湖廣總督面臨着一場空前未有的生死較量。

3 兩湖書院畢業的自立軍首領 唐才常勸張之洞宣佈湖廣獨立

戊戌年春天，在湖南長沙大辦時務學堂的，除譚嗣同、梁啟超、熊希齡等人外，還有一個重要人物，他的名字叫唐才常。唐才常比譚嗣同小兩歲，不但是同鄉，更是志趣、性格相投的刎頸之交。唐才常出身書香門第，本人亦是秀才。光緒二十年至二十二年，他在張之洞創辦的兩湖書院讀書兩年，是書院有名的高才生。他同時又兼習武術，並與長江流域的會黨廣有交往，和譚嗣同一樣是一個文武雙全的熱血青年。

說起長江流域的會黨，要追溯到四十餘年前的老湘軍頭上。當年老湘軍的霆字營統領為鮑超，鮑超是四川奉節人，他的霆字營中有許多四川人。四川有個影響很大的會黨名叫哥老會，四川籍的湘軍把哥老會帶進霆字營。入哥老會的人互相之間特別親密，平時有福共享，打戰時有難共當，最受丘八所喜歡。很快，哥老會便發展到湘軍各營各哨。江寧打下後，湘軍十成裁了九成，這些被裁撤的湘軍一部分回到老家，也有一部分不願回家，流落在沿長江兩岸的江蘇、安徽、江西、湖北等省內，他們靠着哥老會的組織形式存活下來，並不斷發展會眾，最多時曾達十多萬人。因為哥老會勢力強大，地方官紳無不畏懼退讓三分，因而使得其他會黨，如三合會、天地會、大刀會、紅教會、白蓮教及拜上帝會餘黨也跟着在長江流域活動起來，加上這些人在內，光緒年間長江兩岸共有二十餘萬會黨在山林江湖中活躍，成為當時中國黑社會勢力最強大的一個區域。湖南的平江、瀏陽、醴陵一帶自古尚武之風盛行，譚家是瀏陽顯宦，唐家則是瀏陽名儒，各種勢力都願意與他們接近，譚、唐二位本是儻倜不羈的脫俗之才，便憑藉這些關係與湖南乃至長江中下遊諸省的會黨建立了密切的聯繫。

譚嗣同在法華寺會見袁世凱的第二天，鑒於時局的危急和對袁世凱的不太放心，便向居住長沙的唐才常發出一封密電，叫他迅速與兩湖會黨取得聯繫，並立即北上趕到京師，共襄大業。唐才常接到電報後，火速與湖南的幾位會黨首領取得了聯繫，又星夜趕赴漢口，欲與湖北首領商議。就在這時，噩耗傳來，譚嗣同等六君子為中國的維新變法英勇獻身。同時，他在獄中的題壁詩也傳了出來：

望門投止思張儉，忍死須臾待杜根。
我自橫刀向天笑，去留肝膽兩崑崙。

世人紛紛猜測，「兩崑崙」指的是誰？只有唐才常心裏清楚，這肝膽相照的兩崑崙正是譚嗣同和他兩人。眼下好友去了，自己留存，留存者只有秉承遺志，繼續奮鬥，才能不負去者的最高託付和期待。唐才常含着巨大的悲憤，為好友寫下了一副傳頌極廣的輓聯：

與我公別幾時許，忽警電飛來，忍不攜二十年刎頸交同赴泉台，漫贏將去楚孤臣，簫聲嗚咽；
近至尊剛十餘日，被羣陰構死，甘永拋四百兆為奴種長埋地獄，只留得扶桑三傑，劍氣摩空。

他本欲赴京為譚嗣同收屍，後聽得瀏陽會館的長班劉鳳池已負主人遺骸，正在南歸途中，便回家稍作料理後急赴上海，籌商新的行動。

唐才常在上海停留幾天後，輾轉香港、新加坡、日本等地，聯絡海內志士，共同匡救時局。在日本期間，他拜會了亡命此地的康有為、梁啟超，又結識了主張以革命手段推翻滿清建立共和的興中會領袖孫中山。兩派都主張武裝起事，康有為的目的是勤王，推翻慈禧復闢光緒，孫中山的目的是革命，驅逐韃虜，恢復中華。

去年十一月，唐才常帶着康有為所籌集的三萬銀元及與保皇、革命兩派都關係甚深的熱血志士傅慈祥、林奎、沈藎、畢永年、秦力山等先後回國。不久，慈禧立溥儁為大阿哥，上海電報分局總辦經元善聯絡一千二百多人聯名上書，反對廢立，要求光緒帝力疾臨御，勿存退位之思，唐才常、沈藎等人都列名其中。唐才常從這一行動中看出了光緒在全國的聲望，「勤王」的決心更加堅定。他在上海發起成立正氣會，用以聯絡同志，共圖大舉。為更好地聯繫江湖會黨，兩個月後，唐才常又在上海成立自立會。

自立會的形式與哥老會、天地會等差不多。開山堂，發票布，山名富有山，票號富有票，上設正副龍頭，下有內外八堂，拜香堂，喝雞血酒。康有為、唐才常列名副龍頭大爺，梁啟超、林奎、畢永年、秦力山列名總堂大爺。就這樣，他們將長江流域一帶的二十餘萬會黨團結在自己的周圍。自立會既受康、梁領導，又遙戴孫中山。

北京義和團攻打使館的事件出現，全國人心浮動，唐才常和在海外的康、梁、孫都認為是個可以利用的大好時機。唐才常遂以挽救時局、保種保國為辭，在上海張園召開國會，選容閎為會長，嚴復為副會長，又設總部於上海，分部於漢口。

與此同時，林奎、傅慈祥在漢口籌建起義的軍隊。將軍隊定名為自立軍，集兵二萬，分七軍四十營，另以會黨十萬作為後備和應援力量。這七軍即中、前、後、左、右、親軍、先鋒各軍。中軍的主力為湖北新軍駐漢標營的士兵及中下級軍官。前軍設在安徽大通，後軍設在安徽安慶，左軍設在湖南常德，右軍設在湖北新堤，新軍及先鋒營設在武漢。中軍統領為林奎、傅慈祥，新軍及先鋒營的統領為唐才常。自立軍定於光緒二十六年七月十五日中元節起事。

這時，李鴻章、劉坤一、張之洞與西洋各國及日本簽訂《中外互保條約》的消息傳了出來，海外的康、梁、孫與國內的唐才常等人都於此看出了一個微妙的動向：李、劉、張三督與朝廷的態度有所不同，倘若能說動他們獨立於朝廷的話，則既可以免去兵戈之災，又可利用他們的威望影響全國，無論是對眼下的勤王，還是對今後的變專制為共和都大有好處。這些熟諳日本歷史的志士，都知道當年明治天皇就是靠着強有力的薩摩藩鎮和長州藩鎮的策劃，才實現王政復古和倒幕維新的。光緒就好比明治，李、劉、張就好比薩摩和長州。由李、劉、張來策劃實施，一切就會順利得多。年輕的救國志士們都認為此種設想值得一試。

恰好此時李鴻章在香港，孫中山請英國駐香港總督卜力代為進行。卜力通過翻譯和李鴻章談了一個上午的話，李聽的多，說的少，對於「兩廣獨立」這個重大的問題，他不表態。直到會談結束，卜力也沒弄清楚這個資格最老名望最高的總督，對此究竟是同意還是不同意。卜力聳了聳肩膀，對與中國大員的談話之艱難深感無奈。卜力做過多年的香港總督，時常與中國官員打交道。這種交道給他的愉快感極少。他似乎看到在他與中國官員之間隔着一道看不見摸不着、但又分明存在着的厚牆深溝，彼此之間很難溝通。後來他才悟到，這是兩種文化的差異，他本人無法越過。他將與李鴻章的會晤告訴孫中山。孫中山高興地說：「晤談是成功的，請你過幾天再去見見他。」

誰知兩天後李鴻章便接到恢復直隸總督兼北洋大臣的任命，當卜力再次與他會面舊事重提時，李一口拒絕了。「兩廣獨立」的努力算是白費了。

遊說兩江總督劉坤一的，是後來做了新軍第六鎮統制的年輕留日士官生吳祿貞。吳祿貞通過一個在自強軍中做中級軍官的朋友引導，在總督衙門裏拜會了劉坤一。

吳祿貞是個直炮筒，不喜歡轉彎抹角，話沒說幾句就提到了「兩江獨立」的話來。劉坤一聽到這話，臉色陡然一變：「你是想走當年王闓運勸曾國藩的路嗎？這條路在我劉某人這裏一樣的走不通！」

在湘軍戰功鼎盛的時候，年輕的書生王闓運曾勸曾國藩蓄勢自立，遭到曾國藩的拒絕。作為一個性情剛烈的軍人，吳祿貞受不了劉坤一的這種奚落，一氣之下一話沒說，就走出總督衙門，心裏狠狠罵道：「真是個老廢物，還擺譜哩，等我們起義成功後，你向我投誠，我都不收留！」

自立軍的分部設在漢口，張之洞自然是自立軍首領密切關注的重要人物。中軍統領林奎採取江湖通常手段，選派四名武功高強的俠客在湖廣總督衙門旁邊遊弋，試圖尋找一個機會下手，劫持張之洞。因為北方局勢緊張，武昌各衙門已接到不少湖北地方亂民蠢蠢欲動的報訊，督署及省垣三大憲等衙門都大大加強了戒備，親兵營為督署增加兩個哨的兵力，日夜值班，不敢有絲毫懈怠。四名俠客在衙門四周遊弋半個月，有幾次甚至登上張之洞居住的後院上房屋頂，但始終沒有找到一個可以下手的機會。康有為得知這一情況後來電制止。這時唐才常也從上海趕到漢口，在緊靠英租界的寶順里住下。寶順里的房主李寶田在英國人辦的寶順洋行當買辦，以他的名義在寶順里購的六棟房屋，其實是寶順洋行的產業，受英國租界的保護。中國官府未經英國領事館同意，不能進入寶順里。因為有這層保護，唐才常住在這裏，並將自立軍總部機關也設於此。

否定劫持方案後，唐才常和傅慈祥決定光明正大地進督署遊說張之洞。這是因為唐才常和傅慈祥都有一個很好利用的身份——兩湖書院的肄業學生，而張之洞則是以總督、創辦者的身份一直兼任兩湖書院的名譽山長的。

正是武漢三鎮又成火爐的日子裏，午後，唐才常和傅慈祥兩人各穿一件薄竹布長衫，來到位於漢陽門碼頭附近的湖廣總督大門口，對門房說：「我們倆個是兩湖書院的肄業學生，得官費派往日本留學，現學成回來，特為拜謁恩師張大人，請代為通報。」

張之洞對兩湖書院的學生寄與厚望，凡有兩湖書院的學子造訪，均撥冗接待，何況他們又是官費資助的東洋留學生，想來張大人一定更為樂意接見。門房想到這裏，笑着對唐、傅說：「二位稍等一下，我去稟報大人。」

一會兒功夫，門房出來，果然客氣地說：「二位先生隨我來，張大人在客廳裏接待你們。」

在會客廳剛坐穩一會，張之洞便來了。令兩位過去的學生所驚訝的，還不是四五年不見的兩湖書院名譽山長的衰老，而是他的散漫隨意，不修邊幅。在兩湖書院就讀期間，他們曾多次見過張之洞。那時的張之洞雖其貌不揚，卻官儀十足。從一品的翎頂蟒袍、三寸高的白底烏筒靴，在前呼後擁的隨從襯托下，總督大人顯得威風凜凜，令那些年輕的學子兩眼不敢正視，心裏則羨慕得要死。而如今的這個老頭子，上穿一件灰白色的寬袖對襟夏布衣，下套一條半長闊腿玄色舊綢褲，不穿長衫已使人驚奇了，腳下還汲着一雙蔴與布混合織就的拖鞋，手上拎着一把有了裂縫的大蒲扇。若不是在督署客廳裏相遇，若不是先前認識，唐才常、傅慈祥怎麼也不會相信他就是威名赫赫的湖廣總督，分明就是一個老態龍鍾、毫無地位的普通市井老者，頂多只是三家村的一個窮老教書匠而已！早就聽說張之洞通脱簡易，看來傳說自有它的依據！

唐、傅見張之洞邁過了門檻，立刻刷地起身，彎腰向他深鞠一躬，然後自報身份：兩湖書院第三期學子湖南瀏陽唐才常，兩湖書院第五期學子湖北潛江傅慈祥。

「坐，坐下。」張之洞上下撲了兩下蒲扇，和氣地對着兩個後生學子說，自己也邊説邊坐下。「你們兩個都是兩湖書院的，我看着你們有點面熟，但若在路上相見，認不出來。」

這是實話。張之洞一年到書院不過兩三次，唐、傅兩人在書院讀書時也沒有格外突出的表現，當然不可能在他的心目中留下很深的印象。

唐才常說：「我們兩個從兩湖書院畢業已有幾年了，今天特來看望恩師。」

那時的官場士林時興認師拜師。親自教過的學生，哪怕只三個月半年，終生認其為老師，這是天經地義的。書院的山長，視書院的所有士子為生，反之，所有士子也認他為終身老師，這也是理所當然的。府試、鄉試、會試的各位座師、房師，被中式的秀才、舉人、進士視為老師，這也是順理成章的。各省學政、各府教諭，被該省的士子視之為老師，也在情理之中。所有這些，都有師與生的痕跡可尋。

還有一種普遍的拜師習俗，那就是下級官員執着門生帖子恭恭敬敬地拜上級官員為師，上司如果受了，今後就按師生形式頻繁走動。這種做法實在沒有一點師生之跡可尋，只是將赤裸裸的功利目的掩藏在深情脈脈的師生之誼中罷了。一旦到了原來的學生大為發跡，做的官和自己相當或甚至超過自己的時候，做師的便要將帖子奉還，表示自己現在已當不起你的老師了。據說剛毅與翁同龢的關係惡化便起於這件小事上。剛毅原來只是刑部的一個主事，因辦事能幹，翁同龢器重他，將他提拔為郎中。剛毅見翁同龢這條路子可走，便遞上門生帖子，翁收下了。從那以後，剛以翁的門生自居，執禮甚恭。以後外放地方官，每次進京，都要殷勤看望恩師。後來，翁將他再調進京來，做了禮部侍郎。那時翁是尚書，官位還在剛之上，剛仍對翁以師相待。不久，剛入軍機，升工部尚書，又調兵部尚書，又拜協辦大學士，和翁完全平起平坐了。翁卻沒有想到這時應該將剛的門生帖子還給剛，引起剛的極大不滿。最後，在慈禧面前多次告翁的惡狀，翁終於被開缺回籍，丟失了富貴仕途。

剛毅這種反目為仇的小人做法雖是少數，卻很典型地說明了晚清官場中所謂師生關係的實質，說起來真是令人可笑可歎！

主考、學政出身的張之洞，出任地方督撫之後，一向熱衷於辦學校作育人才，他自然樂於得過他一日之教的人終生稱他為師。對於那些為了干求而遞門生帖子的下屬，只要他看得起的，他也樂於接收其為門生，樂哈哈地聽人家叫他老師。見這兩個離開兩湖書院好幾年的年輕人來看他，還稱他為恩師，張之洞顯然高興。他笑着對唐才常說：「你從兩湖書院肄業後的情況我略知一點。你是回到湖南去了，為地方做事，時務學堂你參與了，《湘學報》上常看到你的文章。辦新政是好的，但不要太激烈了。聖人說過猶不及，你也過了點。當然，對比譚嗣同來，你又算穩當的了。」

唐才常注意聽着，在目前這個時候，提起譚嗣同，不罵他為奸佞，只是說他激烈、過頭了。身為朝廷大員，這種態度，已足夠友好的了。唐才常覺得欣慰。

只見張之洞又轉向傅慈祥，問：「你從兩湖書院肄業後做了些甚麼事？」

傅慈祥答：「我在兩湖書院讀了兩年後又轉到湖北武備學堂，讀了一年後，由官費派往日本留學，先入日本的成城學校，後入士官學校。」

張之洞聽到這，眼睛一亮，說：「你這條路選得好，湖北最缺軍事教官。你這次回來是休假，還是畢業了？」

傅慈祥猶豫了一下說：「我是回來休假的。」

張之洞說：「甚麼時候畢業？」

傅慈祥隨口答：「明年夏天。」

張之洞用蒲扇指着傅慈祥說：「我和你約定，明年夏天你一回國就來找我，我派你去訓練新軍。只要你好好幹，待遇和提拔我都會從優。」

傅慈祥笑了笑說：「謝謝恩師。」

張之洞搖了搖扇，說：「大熱天的，你們來督署來看我，還有甚麼別的事吧。既然是兩湖書院的學生，那我們師生之間沒有客氣可講，有甚麼事就直說吧！」

唐才常和傅慈祥互相看了一眼。唐才常挺了挺身板，操着瀏陽音極重的官話，聲音洪亮地說：「我們二人來督署，一來是好幾年沒見恩師了，心裏繫念，特來看望；二來，我們也確有一樁大事要向恩師稟報，求得恩師的支持。」

張之洞停止搖蒲扇，眼睛再次為之一亮。從這兩次的亮眼中，唐才常和傅慈祥都看出，張之洞外形雖老了，但內神並沒有老，依舊和前幾年一樣的充足健旺。

「恩師，學生就以直相告吧！」唐才常面色凝重地望着張之洞，顯然壓低了聲音，瀏陽官話變得渾厚低沉起來。「眼下北方拳民猖獗，京師更處在拳民的控制之下，載漪、榮祿、剛毅等人欺蒙皇上，挾亂民自重，竟然冒天下之大不韙，圍攻各國駐京師公使館。據最新消息，各國已調動近兩萬軍隊，組成聯軍，現正集結天津，不日將向京師開拔。拳民所謂刀槍不入純屬鬼話，在兩萬西洋聯軍面前，他們只有死路一條。京師危急，皇上危急，天下所有良心不泯的中國人皆憂心如焚，我輩亦如此，日夜籌思良策，試圖救皇上於兵火之中，挽神州於陸沉之際。」

張之洞繃着臉盯着唐才常，一邊聽着他如流水般滔滔不絕的講話，一邊想：此人濃眉大眼，臉如國字，膀闊腰圓，膚色黧黑，十足的一個帶兵勇將的材料，可惜他一直辦報搖筆桿，不去學軍事。相反，那個讀了三個中外軍事學校的傅慈祥，卻眉清目秀，一副書生模樣。人真的不可以貌而定。唐才常說的這個情況，張之洞已從盛宣懷的電報中獲得。不過，他同時還知道聶士成、李秉衡的部隊正在開往天津的途中。聶軍完全是按西洋裝備的新式軍隊，又是主軍，面對着身為客軍的聯軍有許多優勢，應當可以抵擋得住的。張之洞並沒有把局勢看得如唐才常所說的那樣嚴重。

「學生有幸看到，當此北國危亡中原動蕩之時，獨恩師與兩廣的李中堂、兩江的劉峴帥，頭腦清醒、目光犀利，不奉偽詔，不從亂命，不畏無識之流的詰難，毅然與西洋各國簽定中外互保章程，為皇上保東南半壁河山之安寧，為華夏免數省百姓之流離，這種置一己聲名於不顧，以社稷蒼生為重的風尚，學生敬仰至極，感佩無已！」

儘管唐才常、傅慈祥在張之洞的眼中並沒有甚麼份量，但他還是很看重唐才常對他參與中外互保行為的看法。因為這畢竟是背着朝廷與洋人簽的條約，若要深文周納的話，扣上「賣國」「漢奸」的罪名，也不是無憑無據的。唐才常這番話代表着一部分讀書人的看法，應是值得重視的。

「你們能這樣體諒老夫就好。」張之洞說着，手中的大蒲扇又輕輕地搖動起來。

「不過，學生們斗膽請問下恩師，假若京師出現了一種新的局面，恩師將作何種態度？」

唐才常目光炯炯地望着張之洞，張之洞分明感覺到一種無形的威脅。他為避開這種淩厲的挑釁，放下扇子，端起茶杯來喝了半口。心裏雖然有所意識，口裏卻不由自主地問：「京師會有甚麼局面出現？」

唐才常單刀直入：「西洋聯軍打進北京，皇上被囚，朝廷變成外國人聯合組成的政府。若是京師出現了這種局面，恩師，你的態度如何？」

張之洞拿杯子的手不自覺地抖了一下，茶水從杯口濺了出來，他趕忙將杯子放回几桌上。就在這個過程中，他的心緒很快恢復了平靜。

「在老夫看來，這樣的事是不會出現的。四十年前，英法聯軍也曾打入過京師，文宗爺在避暑山莊安然無恙。洋人嗜利，給他重利，他便與你和談，他沒有必要囚禁皇上。再說，京師裏有步軍統領衙門，還有神機營、健鋭營，新近又成立了虎神營，洋人要囚禁皇上也不容易。」

「這次和上次不同，」一直未開口的傅慈祥忍不住插嘴了，「上次是因續約不成，仇恨尚不大。這次是圍攻公使館。公使館就是國家的代表，打公使館就是打他的國家，這是對他的最大侮辱。何況，日本公使館死了書記官，德國公使乾脆給拳民殺了，這仇恨就大了。一旦打進京師，洋人囚禁皇上的可能性是大的。至於京城內外的軍隊，說出不客氣的話，他們根本就不能打仗，決不可能成為洋人的對手。」

傅慈祥的話也並非全無道理。你可以打人家的公使館，殺公使，人家為甚麼就不可以囚禁你的皇上？若是真的重演「靖康恥」的話，該怎麼辦？擁立泥馬渡江的「康王」，那誰又是今日的趙構呢？張之洞真不好回答這個問題了。他反問兩個學生：

「倘若真有那種大不幸的事情出來，你們看怎麼辦呢？」

唐才常抓住這個難得的好機會，堅定地說：「恩師，那時請您出面宣佈湖廣獨立。」

「獨立」！這個在十一年後的武昌起義時期，各省紛紛採取的行動，此刻在湖廣總督的腦子裏完全是不能想像的大逆不道。張之洞睜大眼睛，板起面孔：「湖廣是朝廷的湖廣，怎麼能獨立？」

傅慈祥立即說：「皇上被囚，朝廷已不復存在，湖廣宣佈獨立不再是對朝廷而言，而是對洋人而言，這不是背叛朝廷而是表示更忠於朝廷。」

對於一個在儒家學說熏陶下成長的讀書人，對於一個世代深受國恩本人又身居要職的朝廷命官，張之洞對這個奇怪的建議深感突兀，即便真的出現「徽欽被虜」的事，他也沒有想到過「獨立」二字。張之洞嚴肅地說：「此事太重大，不宜多談，何況今日談此事，也為時過早。」

康才常說：「恩師的這種態度我們可以理解，不過到那時，學生就要先採取行動了。」

「採取行動」？張之洞驚疑起來。他的兩隻雖有點昏花卻依然銳利的目光重新將這兩個昔日的學子打量起來：唐才常和梁啟超、譚嗣同一起辦過時務學堂，他莫非是康梁一黨？傅慈祥這些年在日本留學，據說在日本留學的中國學生流品複雜，不少人同情康、梁，有的甚至還同情那個以造反暴動為業的江洋大盜孫文。傅慈祥是康黨，還是孫黨？

來者不善！張之洞的腦子裏突然間浮出這四個字，他的聲音立刻威厲起來：「你們要採取甚麼行動？」

「勤王！」對於談話氣氛的變化，唐才常並不感到意外，他從容答道。

張之洞問：「你們憑甚麼勤王？」

傅慈祥頗為自得地答：「我們有十萬兄弟聚齊在長江兩岸，只待登高一呼，便會贏糧影從，直搗黃龍府！」

張之洞從這句話中嗅出一股異味來：這聚集長江兩岸的十萬兄弟，豈不就是那些嘯聚江湖的會匪黨眾嗎？

見張之洞沒有出聲，唐才常再挑明：「到時候，我們想借漢陽槍炮廠的槍炮子彈用一用。恩師造槍炮原是為了保衛皇上保衛社稷，到了皇上被洋人所囚，社稷被洋人所佔的時候，我們借用槍炮來勤王衛國，想必恩師不會不同意的。」

這是甚麼話！這豈不在明白告訴我，他們將會打劫槍炮廠，在武昌起事嗎？勤王，勤王，他們打起勤王的旗號，不知將要做出甚麼事來；退一萬步說，即便勤王，也只能由我湖廣總督出面，你們憑甚麼做這等事！

張之洞完全明白了，對面坐着的再也不是當年單純文弱的兩湖書生了，他們很可能是會黨之頭，綠林之首。與他們之間，再也不是師與生，而是官與匪的關係了。本應立即將他們拿下，但想想又覺不妥，這無疑將會把剛才這一番話公開出來，對自己不利，不如暫時不露聲色。他起身說：「老夫尚有許多公務要辦，你們回去吧！」

不等唐、傅說話，便對着外面高喊一聲：「送客！」

回到簽押房，張之洞獨自一人將會客廳的這一場會見從頭到尾，細細地回憶着，越想越不對頭，越想越可怕。他把大根叫來，低聲說：「給你一個緊急差事。你去張彪那裏挑選二百名精壯兵士，分成兩個營，日夜巡邏，加強戒備，特別注意要道關口碼頭和漢口各租界入口處的動態。這兩個營交給你統領，三天內組建好。」

大根一聽，全身血便立刻沸騰起來，頗帶幾分興奮地問：「四叔，發生甚麼事了？」

張之洞嚴峻地說：「有消息說：長江流域一帶的會匪正在蠢蠢欲動，近期內有可能在武漢三鎮鬧事，說不定會暴動。」

大根覺察到事態的嚴重，將纏在身上的精鋼腰帶勒了勒，說：「四叔放心，我會把這事辦好的。他們敢有點風吹草動，我會立即向您稟報。我這就去漢陽張彪那裏。」

「慢點，你稍等下，我要給張彪發個手諭。」

張彪三年前已離開親兵營，當上了湖北新組建的新式軍隊的統制。這個新軍完全仿照江寧自強軍的形式，分八個標，二十四個營，共七千餘人。

張之洞給張彪寫了封短信，告訴他局勢嚴重，要嚴加戒備，尤其是武昌城裏各衙門、槍炮廠、火藥廠要添派重兵看守，不能有絲毫懈怠，遇有情況，隨時報告。

張之洞將這封雞毛信用大漆封好，命大根立即趕去漢陽新軍統制衙門。

就在張之洞對武漢三鎮加緊戒備的時候，北方的局勢越來越壞，一道道令人恐悸哀痛的電文，通過上海電報分局源源不斷地發向全國各省督撫衙門：

洋兵攻陷天津，大清武衛軍統帥聶士成在八里台戰場英勇犧牲。

董福祥軍圍攻使館月餘不下，榮祿調國初攻北京時留下的紅衣大將軍火炮，但未中使館卻使民居大受其害。

主和派徐用儀、立山、聯元、許景澄、袁昶相繼被殺。

直隸總督裕祿戰敗自殺。

浙江提督、武衛左軍統帥馬玉昆大敗，退至武清河。

巡閱長江水師大臣李秉衡，在武清河被洋兵大敗，退兵至通州張家灣自殺殉國。

北京城被洋兵攻破，董福祥敗走彰義門，縱兵大掠逃逸西去。太后召見大學士六部九卿，竟無一人到場。京師城內拳民全數逃散。

太后攜皇上、大阿哥等人未明離宮，出西直門，向懷來方向逃去。洋兵佔領北京城。

京師陷落，帝后出逃，對於戰事來說，這是何等慘敗！對於國家來說，這是何等恥辱！然而這樣的事情，竟然發生在有着五千年文化傳承和四萬萬民眾的中華民族的國土上，發生在立國二百多年的大清帝國光緒二十六年七月二十一日。按照西曆計算，這正是十九、二十兩個世紀之交。中國和中國人民就是這樣以受人欺侮任人宰割、喪師失地、首都淪陷的奇恥大辱告別舊世紀，進入新世紀！

張之洞和所有良心未泯的中國官紳士民一樣，面對着這一道道無情的電文，陷於巨大的悲憤之中。得知袁昶被殺的那一天，張之洞罷去了晚餐，徹夜未眠。不到兩年的時間裏，自己一生寄望最大品學最優前景最為看好的兩個學生：楊銳、袁昶都在英年被殺害。殺害他們的又不是仇家怨敵，而是他們所共同尊崇的皇太后。這是怎麼一回事呀！這世道究竟發生了甚麼變化！他深知楊銳穩重厚道，決不會是康、梁、譚那一類激進亢奮的人，皇太后居然不加區分，不加審判，就將他和譚嗣同一道給殺了，真是冤枉。但此冤猶有可說：因為楊銳畢竟時運不好，和譚嗣同等人同時被授章京之職，很容易被誤認為康黨。但袁昶之死，卻無任何道理可說。難道在六部九卿的會議上，一個太常寺卿不可以發表不同的意見？朝廷主戰，難道主和的人就都得殺頭嗎？自古道言者無罪，現在是不但有罪，而且罪至於死！這是甚麼王法，這難道是清明之治嗎？更何況，袁昶的話完全是對的，是金玉良言，是耿耿忠心。皇太后呀皇太后，你精明一世，為何這兩年間糊塗至極？

這一夜，慈禧端佑康頤昭豫皇太后那拉氏英明聖哲的崇高形象，在張之洞的心目中降落了許多！

但是，在聽到太后攜皇上已安然無恙地逃出京師正行走在西去的驛道上，強佔北京的洋兵也並沒有派兵去追趕捕捉的時候，張之洞還是由衷地感到欣慰：太后和皇上沒有受辱，這是祖宗的庇蔭；洋兵並不越城追捕，這表明西洋各國並不想滅亡中國。太后、皇上還在，朝廷就還在；朝廷還在，大清的各級文武也就還在。

張之洞想起十多天前唐才常、傅慈祥的遊說，心裏默默地舒了一口氣：幸而腳跟站得穩，沒有聽信他們的胡說。「湖廣獨立」，這是多麼荒謬絕倫的設想。大清二百年深仁厚澤，國基篤實，是不會滅亡的。想在老夫面前玩花招，你們這些毛頭小子，還嫩了點！

4 為對付湖北巡撫，湖廣總督半夜審訊唐才常

這時，早已離開湖北現為安徽巡撫的王之春，給張之洞發來密電。電文說，中元節位於長江邊安徽桐城縣內的大通鎮發生會匪暴動事件，經過七天七夜的捕殺，現已平息。這次暴動的大頭目秦力山、吳祿貞係逃亡日本的康梁、孫文死黨。據搜獲的偽文書上說，大通暴動實整個長江流域暴動的一部分，暴動總部設在漢口，總頭目為唐才常，請武昌密切注意動向。

這份電報證實了張之洞的判斷。他立即命令湖北新軍統制張彪進一步加強對武漢三鎮的戒嚴，又給大根佈置一系列緊急應對措施。

不錯，大通鎮的暴動正是自立軍大暴動的一個環節。自立軍大暴動原本就定在中元節，七軍一齊起義，但起義所急需的軍餉卻一直未到。唐才常從日本回國時，康有為答應給他起義經費三十萬銀元，先領三萬，餘下的二十七萬在起義前再陸續匯來。離中元節只有幾天了，軍餉卻依然不見蹤影，打電報催，回電說正在籌集中。除開極少數有追求有抱負的志士仁人外，自立軍中絕大多數會黨頭目，其實是衝着錢財地位而來的：起義前的三十萬銀元，起義成功後的高官重權。

有好些頭目坐在漢口等銀子，等不到銀子，他們的興頭便減少了許多。這時，又有一個消息傳來，

說海外華僑早就捐足了銀元，被康有為等人在日本揮霍了。眾頭目聽後很生氣，罵康有為不是君子，罵唐才常欺騙他們，有的乾脆脫離自立軍，重操他們打家劫舍的舊業。唐才常、傅慈祥、林奎等人很着急，決定將起義日期延遲。

但大通附近的自立軍不知道這個決定，依舊按原計劃來到大通鎮集結。大規模的外鄉人突然匯集大通，這事引起當地官府的注意。在大通鹽局的密報下，安徽官軍逮捕了哥老會首領郭志太、陳得沅，起義計劃遂暴露了。秦力山、吳祿貞當機立斷，立即起義，張貼佈告，攻打鹽局，一舉佔領大通鎮。接下來便是與安徽官軍激戰，最終全軍失敗，所幸秦、吳兩位統領沒有被抓住。

這天傍晚，大根急急忙忙來到督署，對張之洞說：「四叔，這兩天，各個碼頭和通往城內的路口都發現許多神色異樣的漢子，估計他們是來武漢三鎮集結的會匪黨徒。」

張之洞說：「我剛才收到英租界送來的密報，寶順里住着幾個可疑的人，你說的情況和英租界的密報正好吻合。現在要緊的是把寶順里的情況弄清楚。」

大根說：「我有辦法。」

他附着張之洞的耳邊說了幾句。張之洞連連點頭說：「就按你這個想法去辦。」

第二天下午，一個四十多歲的剃頭匠挑了一擔剃頭擔子來到漢口寶順里。這漢子在巷子口四處望了望，然後敲起手上的小鐵片，一邊喊着：「剃頭，剃頭喲——」慢悠悠地向巷子裏走去。

寶順里的巷子並不長，西頭連英租界，東頭為鬧市區，因為地勢好，一條小小的巷子卻很有氣派。麻石鋪就的路常年洗刷得乾乾淨淨，兩旁的宅第多半豪華高大，從高牆鐵門後面時常會冒出幾分洋味來：洋歌曲聲、洋香水氣，外加幾隻油光水滑的洋狗。這裏的確住了不少洋人，他們多是英國人，也有法國人、美國人。

從三號到八號一連六棟房子，就是用李寶田名義購買的寶順洋行的產業。這六棟房子有兩棟已經住上了洋人，有四棟還空着。唐才常用高價租了兩棟，因為一來靠近租界保險，二來房屋高大闊氣，能住幾十個人又不至於引人懷疑。

這時唐才常和林奎正好飯後聊天，林奎聽到牆外的剃頭聲，對唐才常說：「佛塵兄，你的頭髮怕有兩三個月沒剃了吧，趁着這兩天有點空剃一剃，起義後那就忙了，沒有功夫了。」

唐才常摸了摸頭頂，又摸了摸下巴，笑了笑說：「上次的頭還是在開國會之前剃的。頭髮都有寸多長了，是該剃了。把剃頭匠叫進來吧，你也剃剃，樓上還有幾個兄弟也都來剃個頭。」

林奎走出大門，對着街那邊喊道：「剃頭的，到這裏來！」

「來羅！」

剃頭匠高興地挑着擔子過了街，隨着林奎走進了寶順里七號。進了大門後，他又四處張望了一下。這座房子有樓地二層，樓上有四個窗戶，估計有四間房，圍着樓房的四周種着花草樹木，還有鋪着鵝卵石的彎曲小路，是一座很典型的洋樓。剃頭匠邊走邊跟着林奎進了房。這是一個很大的廳堂，左邊、後邊也有房子，估計是廚房餐廳等。

廳堂裏的靠背椅上坐着一個壯碩的三十多歲的漢子，見剃頭匠來了，便招招手，說：「給我剃。」

剃頭匠見那漢子，心中一喜：正是他！原來，這剃頭匠就是大根裝扮的。那天唐才常、傅慈祥進督署時，他遠遠地見過。見眼前坐的正是唐才常，心裏想：原來這個兩湖書院的士子竟是會黨的大頭目，讀書人正路不走走邪路，真可惜。大根小時跟着父親跑江湖，三十六行，他懂一半，於是自告奮勇裝了一個剃頭匠來踏水路，果然一腳便踏進了賊窩。

大根走到唐才常的面前，給他繫上圍布，又拿出毛巾來將他的頭髮打濕，從布袋裏取出一把明晃晃的剃頭刀來，掛出尺把長的磨刀布，在刀上來回地刮了幾下，一副架勢十足的老剃頭匠的模樣。

「師傅哪地方人？」唐才常和大根聊起天來。

大根答：「小地方，直隸鹽山小羊莊的。」

大根本是南皮人，怕引起懷疑，臨時換了南皮的鄰縣。「刷，刷」，大根開始在唐才常的頭上動起刀來。

「家裏的日子還過得下去嗎？」唐才常又隨口問着。

「不瞞老爺說，家裏的日子苦，不得已才挑了這擔挑子，從直隸來到湖北，混口飯吃。」

唐才常閉着眼睛，讓大根一刀刀地剃着。他是個耐不了沉寞的人，沒多一會兒又問：「你也唸過書識字嗎？」

大根說：「老爺，俺命苦，三歲死了爹，五歲娘改嫁，討飯長大的，哪有機會讀書識字。俺是一天學堂門沒進，自家的名字還認不得哩！」

唐才常心裏想：是個不識字的人就好，不然還得提防着他。

頭剃好了，大根又給唐才常修臉。唐才常忍不住又開口閒聊：「聽到你們老家鬧義和團的事嗎？」

「聽過，聽過。」大根操着道地的直隸西部一帶的土音說，「聽說俺們老家就有好多個義和團哩，他們後來還到京城打洋人去啦。聽說洋兵把京城佔了，太后、皇上逃跑了。老爺，這大清的文武百官和軍隊都是太后、皇上開的餉，眼下，他們有難了，怎麼就沒有人去救他們呢，您說這是個甚麼理！」

唐才常心想：這個剃頭匠都曉得要救太后、皇上，比那些當官的、吃糧的良心要好得多。

正打算多說幾句，突然，傅慈祥風風火火地走了進來，手裏提着一個布兜。他來到唐才常面前，興奮地說：「都刻好了，全在這裏。」

唐才常也露出高興的神色說：「師傅停一下。」

大根停了手中的剃頭刀。

「字刻得怎麼樣，有印樣嗎？給我看看。」唐才常朝着傅慈祥伸出手來。傅慈祥望了望大根，猶豫着。

唐才常明白傅慈祥的意思，心裏想剃頭匠不識字，不必防他，便說：「不礙事，你拿出來給我看看。」

傅慈祥從布兜裏掏出一張紙來，揉平了，遞給唐才常。大根兩隻眼睛也趕緊瞟過去，這一瞟把他給嚇住了。原來那張紙上蓋的是四個鮮紅印信。一個三寸長寬的方印上面刻的是：中國國會分會駐漢之印。三個兩寸寬五寸長的條印分別刻的是：中國國會督辦南部各省總會關防，中國國會督辦南部各路軍務關防，統帶中國國會自立軍中軍各營關防。

唐才常笑着說：「這廖麻子的字刻得還蠻像個樣子，今後還叫他多刻幾個。」

大根問：「老爺，臉還刮嗎？」

唐才常摸了摸臉頰，說：「不刮了，不刮了，我要辦事了。」

說着從口袋裏摸出十文錢來問：「夠嗎？」

「夠了，夠了。」

大根收下錢，挑起擔子，慢慢地走出大門，一離開寶順里巷口，便飛起腳步向江邊走去。

這天半夜，江漢道稽查長徐升帶着五十多個兵丁奉湖廣總督之命，並帶着英國駐漢口總領事法磊斯親筆簽署的搜查證，突然包圍了寶順里七號大樓。唐才常、林奎、傅慈祥等人正在睡夢中，在一片兇狠的叱喝中被如狼似虎的兵丁捆綁起來，同樓的十餘個自立軍小頭目除一人逃跑外全部被捕。

徐升領着人將樓上樓下六七間房子仔細搜查，在這裏起獲了大批非法物品，包括數千張未發出去的富有票，六十餘支後膛長槍，七箱子彈，一大卷安民告示，以及大大小小的自立軍旗幟、花名冊和下午剛刻好的四顆印信，還有十多封康有為、孫中山寫給唐才常、傅慈祥等人的信件。第二天，又根據線索，在英租界李慎德堂逮捕了十多個自立軍骨幹。

江漢道稽查長徐升初審後，呈文報告張之洞。張之洞面對着這道呈文，整整思考了半天。不是不好定罪，罪證是明明白白的：憑富有票，可定會匪罪；憑槍支彈藥和安民告示，可定謀反罪；憑康有為、孫文的信件，可定康黨孫黨頭領罪。無論哪一項，都是死罪，殺無赦，這是毫無疑義的。張之洞的顧慮有兩個：一是唐才常、傅慈祥這兩個總頭目，就在半個月前還以學生的身份在督署和他聊了一個下午的話，而且說的又是獨立勤王等等。倘若他們在審訊時，對這事大加渲染，那將十分麻煩。第二，按照慣例，這種謀逆大案，必須是總督和該省巡撫同堂共審。湖北省的巡撫譚繼洵受兒子的牽連，前年便革職回瀏陽老家去了，接任的是于蔭霖。

于蔭霖是張之洞十分器重的人。早在光緒七年，張之洞初任山西巡撫時，向朝廷臚舉賢才的名單中，便有時在詹事府任職的于蔭霖，稱讚于：「學術純正，直諒篤實，正色立朝，可斷大事。」身為著名清流的張之洞的這個臚舉，對于蔭霖的仕途十分有利。十年間，他從道員到臬台到藩台，官運很順。譚繼洵革職後，張之洞向朝廷薦舉了時任安徽藩司的他。張之洞原以為于蔭霖會很合諧地與他在武昌共事。不料，于蔭霖深受傳統理學的禁錮，對外國人和洋務存着很深的偏見。他不認為洋務是導中國於富強的道路，因此對張之洞在湖北所從事的洋務活動極為反感，甚至說引進洋務是以夷變夏，這使得張之洞大為失望。于蔭霖又秉性耿直，將公與私劃分得一清二楚：他感激張之洞對他的薦舉，卻並不因此而放棄自己的理念附和曾有恩於他的人。張之洞對薦舉于蔭霖來湖北很是後悔。但于蔭霖清正廉潔，勤於政務，張之洞一時也找不出理由來趕走他，只得隱忍着與他共事。

與這樣一位人物來共審此次大案，一向我行我素的湖廣總督心裏不免有幾分擔憂。因為從初審的結果來看，一共捕捉的二十八名犯人中，兩湖書院的學生除唐、傅兩人外，還有三人，另有四人為湖北武警學堂的，有二人為湖北自強學堂的，兩湖、武警、自強都是張之洞所創辦的以西學為主的新式學堂，老百姓稱之為洋學堂。另外還有九名時務學堂的學生。當年陳寶箴在長沙創辦時務學堂，張之洞也是極力支持的。加上這九人，二十八名犯人中從洋學堂裏走出來的竟佔了二十名。而這九名時務學堂的人又都是唐才常的學生。唐才常又是張之洞的學生，如此說來，這二十人都是張之洞的弟子及再傳弟子。

倘若于蔭霖出於厭惡洋務西學的角度，如此這般地將他與這批犯人聯繫起來，並進一步全盤否定湖北的洋務事業，那就慘了。如果再遇到怨敵，又將于蔭霖的告發接過去，把這事與楊銳、袁昶一線串連下來，在太后面前告他一狀。他張之洞能擔當得起嗎？想到這裏，張之洞不覺有點發怵。

他把他視為智多星的梁鼎芬召來，與他商議。梁鼎芬想了想說：「香帥，這樁事你就交給我吧，由我來處理。」

梁鼎芬充當兩湖書院山長多年。他不是一個純粹的文人，渴望掌實權，做方面大員。張之洞知道他的心思，早已許下了他的武昌道的職位，但他至今尚未掌上武昌道的印。他希望藉此機會再立一個大功，以便早日做個真正的道台大人。他身為兩湖書院的山長，自然也不希望書院裏出康黨和孫黨，他的第一個想法是勸唐才常、傅慈祥二人放棄兩湖書院的學籍。

梁鼎芬青衣小帽來到武昌縣監獄，不惜降尊紆貴，在充滿霉味的破爛單身牢房裏，接見手腳都鎖了沉重鐵鏈的唐才常。

「還認識我嗎？」梁鼎芬面色溫和地問。

自譚嗣同就義後，唐才常早已置生死於度外，雖蹲在牢房裏卻心如常態，照吃照睡，並不焦急，所以看起來，除開衣服撕裂了，髮辮零亂些外，神色依然和平時一個樣。他看了看坐在對面的梁鼎芬，說：「我怎麼不認識，你是節庵山長嘛！」

梁鼎芬皮笑肉不笑地說：「離開兩湖書院好幾年了，你還認得我，我這個山長也沒有白做。不過，我倒希望你，不認識我為好。」

唐才常哈哈大笑：「你是怕我唐某人壞你大山長的名聲是吧！」

說完這句話，他收起笑容，辭色峻厲地說：「可惜我大業未成。若勤王成功，只怕你到處宣揚還來不及哩！人世勢利，此又是一明證！」

梁鼎芬被唐才常這一番搶白弄得很尷尬，略為定定神後，說：「此刻，你我師生之間，坐在牢房說話，完全可以拋棄往日書院裏的那一套偽裝。我身為兩湖山長，比你癡長近十歲，書籍和世事都比你多接觸一些。我實話對你說，平時書院裏所講的那些聖人說教，乃是為人的極端境地。這個極端境地，莫說我們這些凡夫俗子做不到，聖人自己也未必就做得到。孔老夫子見到國君就大談仁政，見到小吏則掉頭不顧，這說明他也勢利。至於朱老夫子，還有人說他與兒媳有染，在品行上那就更糟了。你說得對，人世間本就是勢利的。你要幹大事，先要做好成者王侯敗者賊的準備。好比說，你此番勤王成功了，你就會拜將封侯，史冊上你就是大英雄，不僅我梁某會四處宣揚你是兩湖書院出身的人，連張香帥也會以你為榮。如今你失敗了，官書文冊上自然會寫你為奸賊。我們這些吃官家飯的，自然要想方設法與你劃清界線，越遠越好，不僅我梁某人，張香帥也是如此。跟你說句實話吧，我今日來會你，就是秉的張香帥的鈞命。」

唐才常冷笑道：「罷，罷，你對包括我在內的成百上千兩湖學子說了多少套話假話，今天總算說了幾句真話。你就實話實話吧，你今天來見我，到底為了甚麼？」

梁鼎芬抹了抹頭上的虛汗，說：「事到如今，我也不打彎子了，我跟你說實話吧。不是為我，是為張香帥。湖北撫台于大人跟張香帥有點不對，為防他加害張香帥，在督撫公審的時候，請你幫張香帥一把。」

「哼！」唐才常說，「我一個階下囚，能幫他制台大人甚麼忙？」

「能幫，能幫。」梁鼎芬連連說，「你只要在公審時承認你不是兩湖書院的唐才常就是了。」

唐才常氣得大聲道：「我不是唐才常，那我是誰？」

「你說你是自立會的首領，冒了唐才常的名。」

唐才常笑道：「我既是自立會的首領，又是唐才常，我甚麼人的名也沒冒。」

梁鼎芬急道：「只要你在出審時這樣說說就行了，也不是真要你脫離你的唐氏宗族。」

唐才常見梁鼎芬這個模樣好笑，便逗他：「我若這樣說了，會給我甚麼好處？」

梁鼎芬喜道：「你若這樣說了，張香帥就不殺你了。」

唐才常又是一大笑：「梁山長，你這是在哄三歲小孩。我既然承認是自立會首領，就已經把頭送到砍刀之下，還有甚麼不殺頭的？告訴你，我唐某人可比得上古之豪傑，乃今之英雄，行不改名，坐不改姓，隨你刀劈火燒，我到哪裏都是唐才常，決不會承認是冒名頂替的人。」

梁鼎芬眼睛盯着唐才常，一時說不出話來。

「佩服，佩服！」過了好久，梁鼎芬才言不由衷地說道。

唐才常掉過頭去，不再理會他。

梁鼎芬又想出一個主意來：「你不願委屈自己，我也不勉強，如果你能在審訊時說上一兩句兩湖書院曾對你教育甚多，是你自己背棄了師長之教這樣的話，也就是幫了張香帥的忙。」

「不行。」唐才常斷然拒絕，「我勤王有甚麼錯？難道說兩湖書院教育我不忠於皇上，我忠於皇上是背棄了師長之教？」

「當然不能這樣說，不能這樣說。」梁鼎芬急忙打斷唐才常的話。

「那我說甚麼？」唐才常反問。

兩湖書院山長語塞了。他知道，唐才常已是鐵了心，要學他的朋友譚嗣同，甘願將這顆頭顱拋掉。對於一個不畏死的人來說，還有甚麼可以打動他的心呢？猛然間，梁鼎芬有了主意。

「佛塵先生，你的公子多大了？」

「今年九歲。」唐才常似乎意識到了甚麼，忙說，「我一人犯法一人當，要殺要剮由你們的便。你們不要連累我的兒子，也不要連累我的父母妻室。」

梁鼎芬聽了這話，心裏得意了：「佛塵先生，你犯的是謀逆造反大罪。按國初的律令，是要滿門抄斬的。太后寬仁，即便不殺你的兒子，也要叫地方官嚴加管束。你的兒子能留下一條命為人做奴，便是最大的福氣了，要想今後有所出息，那是絕對不能指望的。」

唐才常心裏冒出一絲悲涼來。他自己是早已不顧惜這條命了，但貽禍兒子，他卻深為沉痛。他也曾作過兩手準備，擬交一筆銀子給弟弟，萬一事不成，則託弟弟帶全家老小逃到香港或澳門去，但銀子一直等不來，這件事也便沒辦。唐才常是條硬漢子，儘管心裏很痛苦，但他不想求梁鼎芬。他知道梁鼎芬將會藉此為要脅，自己若答應將會於大義有虧。

梁鼎芬早已從唐才常的眼神中看出了他的心思，心裏有了把握：「我知道你既不願害了兒子，又不願得罪你的黨眾，我為你想了一個兩全之策。公審時，既不要你說是冒名頂替，也不要你說兩湖書院的好話，只要你甚麼話都不說，任于撫台如何問你逼你，你都不開口。你做到了這點，張香帥就保證此案不牽連你的父母妻兒，你的九歲兒子可以由你的兄弟帶出國門，張香帥可以保證他的安全。」

這個條件，唐才常可以接受。

「梁山長，你說的話算數吧！」

「一定算數！」

「好，我同意。」唐才常雙目如炬地望着梁鼎芬，「假若你們說話不算數，我的父母妻兒有甚麼好歹，我的魂靈決不會饒過你們。我唐才常生為人傑，死為厲鬼，你們是對付不了的。」

梁鼎芬感覺到了森森冷氣：「你放心，你放心，我們說話是算數的。」

停了一會，唐才常說：「我沒有甚麼東西送給我的兒子，今當永別，我作兩首詩，你幫我記下來交給他，就當我送他的禮物。」

「行，行，我會照辦的。」

梁鼎芬邊說，邊吩咐牢卒拿紙筆。

「你唸吧！」

唐才常將這兩天在牢房裏想好的兩首七絕一字一句地唸着，梁鼎芬邊聽邊記：

新亭鬼哭月昏黃，我欲高歌學楚狂。

莫謂秋風太肅殺，風吹枷鎖滿城香。
徒勞口舌難為我，剩好頭顱付與誰？
慷慨臨刑雖快事，英雄結束總為斯。

當梁鼎芬把與唐才常的談話原原本本地告訴張之洞時，張之洞的心裏湧出一股又恨又敬、又氣又憐的複雜情感來。

人們都說湘人倔強，從唐才常的身上，張之洞算是領教了。按湘人的性格，如此倔強漢子能作這種交換已是不錯了。他不說任何話，自然也就不會說起進督署遊說的事。如此，麻煩就可以少去許多。

無論是從牽涉到自身這一層來考慮，還是從牽涉到牢房外面數萬名會眾來考慮，唐才常、傅慈祥等這二十多名囚犯都不能羈押過久，處理得越快越好。這樣想過之後，他突然冒出一個對付于蔭霖的好法子來。

張之洞拿出一張紙，給于蔭霖寫了一封短函，告訴他近日破獲的自立軍案是一樁特大謀逆案件，與海外的康黨孫黨、省內外的哥老會大刀會聯繫密切，案情極為複雜，現正在抓緊時間清理頭緒，定於五日後即八月初一日與貴撫台在督署會同審訊。張之洞將這封短函封好後交何巡捕趕緊送去。

于蔭霖看到張之洞的信後，決定這兩天把手頭的事先行了決，從二十八日開始，用三天時間查閱此次案件卷宗，以便心中有數，會審時能有的放矢。

不料，第二天半夜，于蔭霖被督署來人從睡夢中叫醒。來人氣嘘喘喘地告訴他，一個小時前，有一隊人馬打劫牢房，要營救被抓的自立會大小頭目，已被撫標官兵們擊退。張制台深感事態嚴重，不能再拖了，請于撫台連夜過去公審，立即處決，以絕後患。于蔭霖被弄得昏昏沉沉的，但事關劫獄大案，他不能拒絕張之洞的相邀。帶着瞌睡蟲，坐着大轎，一路上迷迷糊糊地來到總督衙門口時，只見燈火明亮，刀槍林立，一副如臨大敵的戒嚴狀態。來到大堂時，更是氣氛恐怖，刀斧手兩旁侍立，殺威棒黑白分明，張之洞全身穿戴，正繃緊長臉，瞪着大眼，兇神惡煞般地坐在大堂正前方左邊的虎皮太師椅上，右邊椅子也鋪了一張特大的虎皮，虎頭上瞪着兩隻吃人的眼睛，散發出令人毛骨悚然的猙獰之氣。這虎皮椅刺目地空着，顯然是為于蔭霖留下的。

「于中丞，坐吧！」張之洞指了指右邊的空椅，依舊是黑着面孔，一點笑容都沒有。

巡撫與總督，官銜上雖差了一級，但並不是上下屬，彼此相見，得以平級之禮相待。倘然在平日，張之洞這樣做，於禮儀上不合，但今日這種場合，卻沒有甚麼不合的痕跡，反倒與周圍的氣氛相一致。于蔭霖面對着這一切，心中突然有一種底氣不足之感，好像是張之洞在為國宣勞，而自己卻在一旁悠閒似的，未會審，氣勢上已先矮了一截。他匆匆拱了拱手，陪着笑臉：「兄弟來遲了，來遲了！」看了看椅子上躺着的真虎皮，書生出身的于巡撫情不自已地生出一絲恐怖感來。

張之洞卻無笑臉相迎，也不同他商議，立刻拿起驚堂木來猛地一拍：「將犯人帶上來！」

在滿堂吆喝聲中，唐才常、傅慈祥、林奎等一長串人魚貫而上。燈火閃爍中，除唐才常神色如常外，其他人多少都有些沮喪頹廢之色，有的兩腿發軟，要靠獄卒扶持着才能邁開步，有一個後生子居然在大堂上放聲痛哭起來。

「不要哭，大丈夫死則死矣，不可示人以弱！」唐才常壓低着聲音，威嚴地對着哭者說。

後生子趕緊閉了嘴，卻還在不停地抽啜着。

張之洞滿臉兇惡地掃視眾犯人一眼，提高嗓門叫道：「你們這些無父無君、無法無天的匪徒們聽着，你們不好好交待罪行，竟敢勾結牢外會匪強盜，打劫牢房，這是罪上加罪，死有餘辜！老實告訴你們，本督軍隊天下無敵，你們那些烏合之眾，豈能成事？只能適得其反，加速你們的滅亡。你們已死到臨頭了，還有甚麼話說？」

二十多個自立軍大小頭目一齊望着唐才常，唐才常平靜地冷笑着，不做聲。甚麼勾結牢外會匪，甚麼打劫牢房，他一點都不知道，無從辯別是真是假，他能說甚麼！

見堂下一片死寂，張之洞轉臉對于蔭霖說：「于中丞，你有甚麼話要問他們，請說吧！」

這于蔭霖半夜三更被弄到總督衙門來，腦子裏本就暈暈乎乎的，不太清醒，面對着這個箭拔弩張的場面，先又輸了一籌，再說原本明天才看卷宗的，眼下被急忙叫來，對案件的來龍去脈一點都不知曉，叫他如何審訊？于蔭霖只聽說這樁案子的總頭目叫唐才常，是從日本回國的洋學生，便硬着頭皮叫了一聲：「誰是唐才常？」

「我就是！」唐才常不慌不忙地應了一聲。

「甚麼地方人，今年多大年歲了？」

「湖南瀏陽人，今年三十三歲。」

「你為甚麼要聚眾造反，你和康有為、孫文是甚麼關係，從實招來！」

唐才常覺得問這些話真是可笑，不值得回答，況且他與梁鼎芬有約在先，遂閉口不着聲。

于蔭霖氣道：「你為甚麼不回答本部院的問話？」

唐才常用蔑視的眼光看了一眼于蔭霖，仍舊不開口。

「唐才常，你在哪裏讀過書，是怎麼去的日本？」

一旁站着的梁鼎芬心裏緊張了：不知這小子說話算不算數，如果他把一切都和盤託出，那就糟了。這樣想過後便趕緊思考對策。

張之洞也有幾分擔心，見幾秒鐘過後唐才常仍不開口，便轉過臉對于蔭霖：「這班人是死心塌地要與朝廷對抗到底的逆賊，劫牢的匪眾揚言下次還要再來，本部堂以為宜早處置為好，免生意外。于中丞，你看呢？」

唐才常一問三不答，已令于蔭霖惱火了，何況他對案情本就一概不知，再審下去也無詞了，只得說：「就按香帥的意見辦吧！」

張之洞站起來，對着兩旁的刀斧手喝道：「把他們押出去！」

「慢點。」唐才常突然開口了，令張之洞和梁鼎芬一驚。

于蔭霖忙揮手制止刀斧手：「他有話說，讓他說吧！」

梁鼎芬瞪着眼望着唐才常，心裏罵道：這小子說話不算數，我要讓你死得不痛快！

只見唐才常緩緩說道：「拿一枝筆和一張紙給我！」

于蔭霖對着一旁的衙役說：「拿紙筆來！」

張之洞心裏雖有點急，但他不能阻止于蔭霖，只得暗自叫苦。

紙筆拿來了。唐才常接過筆，叫衙役把紙在地上鋪平。唐才常望了一眼兩位主審官後，揮筆在紙上寫道：

湖南丁酉拔貢唐才常，為救皇上復仇，事機不密，請死。

張之洞看了這行字後，心裏大舒了一口氣，對唐才常說：「好，本部堂成全你！」

然後再次命令刀斧手：「都給我押下去！」

七月二十八日凌晨，唐才常、傅慈祥等二十八人，在武昌小朝街旁的紫陽湖畔被殺。

過幾天，于蔭霖得知這二十八名死犯中有二十名係洋學堂畢業，而且唐才常、傅慈祥二人還以學生身份遊說張之洞時，心裏十分惱恨張之洞那夜突然襲擊似的會審，使得他沒有充足的時間做準備，白白失掉一個當着張之洞的面批判洋務西學的好機會。

但他還是補上一個摺子，借自立會案件提醒朝廷，洋學堂有培養叛逆的可能，必須多加提防，嚴格控制，只是因為沒有拿到活口，不能坐實遊說總督一節。于蔭霖與張之洞之間的矛盾越結越深，終於在第二年被張之洞藉故請出了湖北。

唐才常式的在野勤王活動被殘酷地鎮壓了。與此同時，一場由各省地方官發起的官方勤王戲卻在熱火朝天地上演着。

5 請密奏太后，廢掉大阿哥

七月二十一日，天色未明時，當得知洋兵已攻破廣渠門，城內已無任何守兵時，慈禧着青衣布履，裝扮成一個民間普通老太婆，帶着身穿布袍彷彿坊間店鋪小夥計似的光緒皇帝，匆匆忙忙地逃出紫禁城。慈禧在一片慌亂之中，甚麼都顧不上了，卻沒有忘記對她的眼中釘、她姪女的情敵、皇帝的寵妃珍妃以懲處。她命令宮中二總管崔玉貴將披頭散髮的珍妃活生生地推進頤和軒後的一口水井中。這口日後以珍妃命名的枯井，成了中國封建時代眾多帝妃愛情悲劇的最後一個實證。它以無比的淒豔，引發多情憑弔者和文人墨客的不盡詠歎。

隨着慈禧和光緒逃出的還有皇后、大阿哥及載漪、善耆、奕劻、載勳、載潤等王公和剛毅、趙舒翹、英年等大臣。他們一行出居庸關，至懷來縣，然後向西逃命。這一羣往日養尊處優、錦衣玉食的帝后王公大臣們，在逃命的途中懸心吊膽、飢寒交迫，若用舊時說書人常說的「忙忙如喪家之犬，急急如漏網之魚」來形容他們，一點也不過份。直到他們逃到山西境內，才略為安定下來。

這時，由盛宣懷居中串聯，李鴻章、劉坤一、張之洞、袁世凱等督撫連名上摺，請嚴懲縱容拳民闖下滔天大禍的肇事魁首載漪、載瀾、載勳、剛毅、英年、趙舒翹等人。慈禧見此奏摺，頗為不悅，為應付悠悠人口，只對他們予以口頭斥責，即便這種處罰，也將大阿哥的父親端王載漪排除在外。至於各省的勤王舉動，慈禧則歡喜無已。

最先向慈禧表忠心的是甘肅藩司岑春暄。這位前雲貴總督苗人岑毓英的大公子，早年是有名的京城惡少，以性格暴烈、膽大妄為、揮金如土、賓客如雲為人所樂道。後來收斂惡習，走入仕途，居然官運亨通，三十多歲便做了方伯大員。岑春暄看出落難的慈禧、光緒奇貨可居，便向陝甘總督陶模請求親自帶兵前去保駕護衛。當時慈禧一行正在直隸，要護駕也自以調直隸的兵為近，用不着甘肅的兵馬去越俎代庖，岑春暄此舉無非是想嘩眾取寵。但他旗號打得堂皇正大，陶模不得不准，便撥給他兵馬二千，餉銀五萬。岑春暄攜銀帶兵，日夜急馳，在直隸宣化縣境內迎上了慈禧的車駕。

慈禧再要強，也是個女人，何況又是一個望七之年的老女人，當此窘迫危難之際，忽見一支人馬前來保護她，怎能不感動，不感謝？當岑春暄跪在她面前，大聲叫「臣甘肅布政使岑春暄從蘭州帶兵前來保護皇太后、皇上，誰敢動太后、皇上一根毫毛，臣與他血戰到底」的時候，慈禧禁不住放聲大哭，以至於走到岑春暄的身邊，摸着他的頭說：「想不到我們母子遇此大難，差一點就見不到你了。大清朝文武官員成千上萬，惟獨你有這顆忠心，千里迢迢趕來護駕，我們母子不會忘記你的。」

慈禧這一哭，將那些跟隨他一起逃難的王公大臣們也引得痛哭起來。岑春暄沒料到一向威嚴不可侵犯的太后如此失態，也沒料到一向威風凜凜的王公大臣們如此脆弱，心裏對自己的這個決定十分得意。他也一邊大哭，一邊說着諸如赴湯蹈火、粉身碎骨也要保護好聖駕的話。慈禧當即任命他為督辦糧台大臣，負責警衛料理整個逃難人馬的安全及生活等一切事項。轉眼之間，一個小小的布政使便成為大清帝國流亡政府的實際控制人了。

岑春暄的這一創舉點撥了各省的督撫將軍們，他們猛然間彷彿都醒悟過來了：常言說飢者易為食，寒者易為衣，如今則是落難者易為功呀！這個「冷灶好燒」的極淺道理怎麼都忘記了，卻讓那個廣西苗子昔日惡少佔了頭功！

於是，不僅較近的山西、陝西、甘肅等省，就連較遠的河南、青海、四川也都紛紛勤王或送各種吃穿日用物品。自從進了山西之後，因為各省勤王人馬物品源源不斷地到來，流亡途中的太后、皇上也逐漸恢復元氣，小朝廷也日益像個樣子了。慈禧令奕劻、李鴻章等人進京與洋兵談判，自己帶着日趨龐大的隊伍繼續西行，在老太婆的心理上，是離北京越遠越安全。

遠在蘇州城裏蘇撫鹿傳霖，也悟到「勤王」是一條日後升官捷徑，不顧六十五歲的高齡，親自帶着一千五百名士兵及三吳珍稀特產，日夜兼程北上，終於在秦晉交界之處追上了浩浩蕩蕩西幸的車駕。鹿傳霖臨出發前，給妻弟一封信，希望張之洞也能於勤王有所表示。

這天，張之洞看了信後，順手遞給坐在一旁的辜鴻銘。

「香帥，這可是個好機會，你也可學鹿中丞的樣，自帶一支人馬北上護駕。這個功勞，太后、皇上日後會記一輩子的。」

辜鴻銘看完信後，笑着對張之洞說。

張之洞知道辜鴻銘是在調侃，在他心裏，對鹿傳霖親身勤王也不大以為然，但嘴巴上免不了對姐夫作一番辯白：「你不知道，我這個姐夫雖是個文官，弓馬功夫卻是自小就練就的，好得很哩。他二十歲那年，隨父住在貴州都勻府，當地苗民作亂，圍攻府城，他父母被苗民戕害。他一個人殺出重圍，飛馬百里外搬來救兵，到底把苗亂鎮壓下去了。他有這等武功，自然可帶兵勤王。我這個制台，雖是統率水陸幾萬軍隊，其實手無縛雞之力，不能跟他比。」

辜鴻銘收起笑容：「你就是有鹿中丞那樣的武功底子，我想你也不會親自帶兵去勤王的。」

「何以見得？」張之洞在公務空暇中是很樂意與這位混血幕僚聊天的，跟他閒聊輕鬆坦率，用不着半點防備和偽裝。

「因為太后身邊有一大批混蛋在包圍着，你去了會覺得憋氣，不舒服。你在這裏做武昌王做久了，怎麼習慣得了在那羣既令人瞧不起但又不得不對他們客氣的窩囊廢中過日子！」

「還是你辜湯生知我！」張之洞笑了一下後又嚴肅地說：「勤王與懲辦肇事者，這兩樁事還得分開，假若太后皇上有旨讓我帶兵去衞駕，我張某人還是會去的。只是眼下湖廣還離不開我，自立會餘黨，哥老會的匪徒們還在伺機復仇。」

「香帥，我有一個兩全其美的好主意。」辜鴻銘突然興奮地提高了嗓門。

張之洞興趣盎然地笑望着這位怪才，不知從他的口裏又要蹦出甚麼驚人之語來。

「你上個摺子給太后、皇上，請他們乾脆到武昌來住，立武昌為陪都。強龍壓不過地頭蛇。到那個時候，端王也好，莊王、肅王也好，統統都得服從你這個武昌王。」

「哈哈哈！」張之洞被辜鴻銘這極富創意的設想，弄得快樂地大笑起來。他連連拍着辜鴻銘的肩膀說：「湯生，你這個主意好得很，那咱們就擬稿嗎？」

辜鴻銘也快活得像個孩子似的：「我先擬個英文稿，再請念礽把他翻成中文。」「你這真正是脫掉褲子放屁！」

聽了總督這句粗鄙的話，辜鴻銘笑得眼淚水都流出來了：「香帥，這句話英文裏也有類似的表達，它是這樣唸的。」接着一陣咕碌咕碌的洋話，從辜鴻銘的口裏放水似地汩汩流出，張之洞自然是甚麼也聽不懂。

正在笑得舒暢的時候，梁鼎芬拿着一封信進來，對張之洞說：「香帥，有一位特別人物，過幾天要到武昌來拜會您。」

張之洞說：「甚麼人，讓你這樣神神兮兮的？」

梁鼎芬說：「此人雖只是一個知縣，眼下卻是太后最為親近和相信的人。他在太后的眼中，任哪一位王公宗室都不能相比。香帥，這裏有一封信，你請看吧！」

梁鼎芬從信函裏抽出一大疊紙來，正要遞過去，張之洞說：「這麼長的信，我不看了，你說說吧！」

辜鴻銘說：「我可以坐在這裏旁聽嗎？」

梁鼎芬笑着說：「還正要你辜湯生坐在這裏，我才會說得起勁哩！」

辜鴻銘喜道：「節庵在賣關子，這裏面一定有好故事聽。」

梁鼎芬坐下來慢慢說：「這個人名叫吳永，字漁川。他是浙江人，卻生在四川，長大後又客居湖南長沙，因此而有機會從郭嵩燾侍郎遊，又由此而到了曾紀澤侍郎的門下，並且得到小曾侯的賞識，做了他的乘龍快婿。」

辜鴻銘瞪大了眼睛插話：「這樣說來，他是曾文正公的孫女婿了。」

「正是。」梁鼎芬點頭。

「那我要見見他。」辜鴻銘十分認真地說。

張之洞笑道：「辜湯生近世甚麼人都不敬仰，惟獨敬仰曾文正公，可惜沒有機會見到他本人，又沒機會見到他的兒子。這次又可惜，來的不是孫子，而是孫女婿。孫女婿的身上是找不到曾文正公的痕跡來的。」

「這大概就是愛屋及烏吧！」辜鴻銘自我解嘲，「他是曾文正公孫女的丈夫，多少總通了點曾家的氣吧！」

大家聽了這話，都笑了起來。

梁鼎芬繼續說：「前幾年他被朝廷授為懷來縣知縣。太后、皇上這次離開京城，第一站便是懷來。老天爺成就了他，讓他成了第一個接駕的朝廷命官。吳永能幹，在極端困難的處境中盡力而為。太后很滿意，就叫他跟隨身旁，一路西行，封了他個前路糧台會辦。一路上，吳永成了太后得力的左右手，極受太后的寵信。這次他是以太后身邊人的身份來湖廣辦糧餉的。」

辜鴻銘說：「剛才我還和香帥在說勤王的事哩，看來不必派人去了，接待好吳永就行了。」

張之洞說：「你怎麼知道得這樣多，這信是誰寫來的？」

梁鼎芬揚了揚手中的信說：「這信是湖南俞撫台的公子俞啟元寫給我的，我曾教過俞啟元的古文。俞啟元現在和吳永一道會辦糧台，二人同時被太后派出辦糧餉。一個去江南，一個來湖廣。俞啟元怕大家不了解吳永而怠慢了他，故給我寫了這封信，先通報一下。」

張之洞問：「吳永甚麼時候到武昌？」

「初七八就會到了。」

張之洞說：「節庵，俞啟元既然寫了這封信給你，就麻煩你去接待他。對於這種人，自然不能怠慢，可安排他住在胡文忠公祠，並派兩個人在他身邊聽他使喚，待住下一兩天後我在督署衙門設便宴招待他。」

吳永說到就到了。梁鼎芬以接待欽差大臣的禮數接待他，將他安置在武昌城裏最好最安全的驛館——胡文忠公祠，又從兩湖書院抽調兩名略知文墨的僕人來專門服伺他。梁鼎芬鄭重告訴吳永：「明天晚上，張制台在督署為您接風。」吳永表示感謝。傍晚，臨離開胡文忠公祠時，梁鼎芬又悄悄對吳永說：「楚女又潑辣又風騷，要不要叫一兩個來陪陪？」

吳永微笑着搖了搖手。

第二天，湖廣總督中庭左側的宴客廳燈火通明，各種水陸佳肴擺滿整整一桌子，張之洞在這裏宴請來自太原行宮的要客吳永，陪席的有梁鼎芬、辜鴻銘、徐建寅、陳念礽、陳衍等人。三十六歲的曾門女婿不善飲酒，不到一個小時，飯就吃完了。張之洞把客人帶進小客廳，特為泡好上等龍井款待這位祖籍浙江的不平凡客人。

張之洞笑着說：「漁川，包括梁節庵在內的我的這批幕友，都是沒有見過太后和皇上的人。你在太后皇上身邊一個多月，而且又是在這種非常的日子，也可算是太后皇上的患難之交了。你跟各位隨便聊聊現在的情況吧！」

吳永說：「張大人言重了，我吳永甚麼人，怎麼敢說是太后皇上的患難之交。這也是國家不幸，吳永萬幸，能有機會侍候太后皇上。也不知吳家哪輩子積下的陰德，讓我這個不肖子孫給遇上了。」

辜鴻銘早已急不可耐，搶先第一個說話：「我曾有機會見過英國女王維多利亞，儘管她那時已近六十卻依然美麗過人、雍容華貴，她的氣質和風度是普通人所絕沒有的。漁川先生，我想像中的皇太后應該也和維多利亞女王一樣，但我沒見過，不知是不是一樣，你說給我們聽聽。」

在座的除張之洞外，誰都沒有親眼見過皇太后，即便是張之洞，也不可能看清那個召見她時高高在上威儀赫赫的太后，他和眾幕僚一樣地希望多了解這位大清國的第一人。他笑着對吳永說：「我這裏最是隨便，不受禮制和規矩的限制，這些人也都是些本份人，不會背後使絆子。你儘管放心大膽地說，不要有顧慮。」

吳永說：「有張大人這番話作擋箭牌，我就隨便和各位聊聊。但有一點，只在這裏說，出門以後我就不認賬了，不要說這話是聽吳某人講的，到時我會賴賬的，各位就不要怪我不是君子了。」

眾皆笑起來。

吳永說：「懷來縣城離京城不過百把里路，京城內外都鬧義和團，懷來自然不可免，也被鬧得烏煙瘴氣。我知道洋兵正在打京城，整日裏惶惶不安。七月二十三日傍晚，正要吃飯的時候，突然有一人闖進縣衙門，說是有緊急公文，遞上來時，乃是一團粗紙，無封無面，像一團破絮似的。我將紙團展開抹平，一看，嚇了一跳。原來上面寫着，皇太后、皇上，滿漢全席一桌，慶王、禮王、端王、瀾公爺、倫貝子、軍機剛中堂、趙大人等各一品鍋。另隨駕官兵，不知多少，應多備食物糧草，上面蓋着延慶州州印。我忙問來人，這是怎麼一回事。那人說，兩宮聖駕已在離懷來縣城五十里的岔道口上過夜，明天就到此地。我心裏想，現在一切都亂了，哪裏去預備滿漢全席、一品鍋，得連夜佈置。天明即回城趕赴岔道口。巳正時，在途中遇到了兩宮聖駕車騎。待我見到太后時，哪裏敢認，那簡直就是一個逃荒的老太婆：頭髮蓬亂，面色蠟黃，衣衫襤褸，原來太后已是一天一夜沒吃過東西了。」

滿廳一片唏噓聲。

梁鼎芬問：「見到皇上了嗎？皇上如何？」

「皇上也一個樣。」吳永說，「我見到皇上時，他正站在太后的身旁，身穿一件半舊玄色細行湖縐棉袍，寬襟大袖，上身無外褂，腰上無束帶，頭髮有一寸多長，蓬首垢面，憔悴已極。」

辜鴻銘驚問：「七月下旬的天氣，皇上怎麼就穿棉袍了，我們現在還未穿棉袍哩！」

吳永說：「皇上身子骨極弱。以後的日子裏，在太后吃好睡好後，我才發覺，太后其實是一個很好的老太太，既端莊秀美，又開朗健談。倒是皇上，一直是面色蒼白，一副病懨懨的樣子。」

陳念礽和辜鴻銘一樣也是好奇心極重的人，問：「漁川先生，你和太后、皇上朝夕在一起相處這麼久，你覺得他們跟我們普通人有甚麼不同的嗎？」

「我沒看出他們與普通人有多大的不同。」吳永說，「比如太后吧，她傷心的時候也會放聲哭，高興時也會絮絮叨叨地講個不停，與普通老太婆一個樣。剛見到她那一天，她說她想吃雞蛋，我好不容易給她弄了五枚雞蛋。她一連吃了三枚，給皇上留了兩枚，連說雞蛋味道好，說好久沒吃過這麼好的東西了。這與餓極了的人吃個包穀也覺得好是一樣的。至於皇上，更是無任何威儀可言。無事時，他甚至會和太監一道坐在地上玩泥蛋，又喜歡在紙上畫各種大頭長身的鬼形，再扯碎扔掉。有時在紙上畫一隻烏龜，烏龜背上寫着他所恨的人，然後貼在牆上，用竹做小弓箭去射，再從牆上扯下，撕碎，讓它隨風飄去。」

說到這裏，吳永猛然記起曾經親眼見皇上在烏龜背上寫了一個人的名字，那是當今一位十分重要的人物。當然，這個名字是絕對不能說出的，今後若有可能，也僅僅只能對張之洞一個人講。

眾幕友見大清國的九五至尊居然是這樣一個孩童般的人，都不可思議。有的人覺得有趣，有的人覺得滑稽，張之洞的心裏卻憂心忡忡：從百日維新的急躁和而今的病態來看，從醇邸中走出來的這個皇上，很可能是個心志不健全的人。一旦老佛爺山陵崩，大清國將走向何處？

「漁川，我問你，皇太后一向精細明慎，這次為何會上義和團的當？神靈附體、刀槍不入這等鬼話，太后當時是真的相信嗎？」

吳永說：「張大人你說得好，神靈附體，刀槍不入，這完全是鬼話，不是我自誇，懷來縣那些拳民也在我面前這樣裝神弄鬼的，我一概不信。太后當時怎麼會糊塗至此，我也納悶。我當然不敢問她老人家，我是後來慢慢從她周圍的人聊天說閒話中得知一二的。主要是兩撥人蒙騙了她。」

這可不是常人能曉得的宮闈秘密，大家都聚精會神地聆聽，尤其是辜鴻銘，瞪大那雙藍幽幽的眼睛盯着，讓吳永看了有點兒害怕。

「一撥人是剛毅剛中堂和趙舒翹趙大人。太后本是派他們兩人去涿州查看義和團實情的。端王是一心要用義和團，剛中堂迎合端王說拳民可用。趙大人是飽學之士，一見就知道拳民成不了事，但他是剛中堂引進軍機處的，不能抵觸剛中堂，回京稟報時含含糊糊，也沒說可用，也沒說不可用。太后聽了剛中堂的一面之辭，以為拳民真的有神術。另一撥是宮中的太監們。不知甚麼緣故，這些太監都沒有頭腦，都相信義和團那一套鬼把戲，許多太監都入了團，在園子裏設壇祭神靈。他們天天在太后面前說拳民們如何如何了不得，都說是自己親眼見的。你們想，三人都可以說成虎，幾十上百個太監都那麼說，太后怎麼會不相信？就拿火燒正陽門那件事說吧！義和團放火燒大柵欄一帶的教民住宅，火燒大了，一直燒到正陽門去了，這不闖了大禍嗎？拳民們也着急了。來了一個大師兄說，不礙事，我們請東海龍王來保護正陽門。於是所有拳民都席地而坐，跟着大師兄唸唸有詞，誰知不但東海龍王未請來，火反而越燒越旺，把正陽門燒成一座焦樓。拳民們嚇得全部逃走了。這本來是一個戳穿義和團花招的極好例子。不料，由太監口裏告訴太后的卻變了樣。他們說本來海龍王要來的，因為皇上不聽太后的話，要重用康黨，就不來了。火燒正陽門，是對皇上不孝的懲罰。太后聽了話，不但不加懷疑，反而說神靈有眼，拳民可嘉。這兩撥人就這樣坑害了太后。」

客廳裏一片嗟歎。

張之洞想，談論太后皇上太多了也不大好，而且他還要與吳永單獨密談在心裏琢磨了好久的一樁大事，於是起身說：「夜很深了，吳漁川還有許多事要辦，今夜就談到這裏吧。」

見總督發了話，眾幕僚們只得怏怏退出客廳。

原來，吳永來武昌，是要向湖廣代流亡朝廷討五十萬兩銀子和十萬斤糧穀、五萬疋棉布綢緞。這事屬巡撫所管，吳永在湖北境內盤桓了半個月，多次拜會湖北的巡撫、布政使、糧道、江漢關道等要員，然後又南下洞庭，找湖南的地方衙門去了。

有一天，梁鼎芬悄悄對張之洞說：「香帥，您不知道吧，吳永現在與曾家已斷了關係。」

張之洞頗為吃驚：「這話怎麼說？」

「他的夫人早幾年前就過世了。」

「夫人過世了，還有兒女呀，兒女跟外婆家的血脈是割不斷的。」

「可惜的是沒有兒女。」

一刻短暫的沉默。

張之洞說：「你去長沙住幾天，一則陪陪他，二則遇到方便時問問他想不想續弦。」

梁鼎芬說：「續弦是肯定想的，他還只有三十六歲，且無子女哪有不續弦的理。只怕是曾經滄海難為水，難有一個令他中意的人。」

張之洞說：「我叫你去長沙，也包含着這層意思，看他想要個甚麼樣的人。」

梁鼎芬領了張之洞這道鈞命，在長沙整整陪了吳永半個月。兩人談古論今，詩詞唱和，居然成了很好的朋友。吳永將續弦一事委託給了他。

回到武昌後，梁鼎芬開始為這事籌劃起來。他思忖着：吳永是太后的親信，又有曾家的背景，今後前途無量，自己若能與他將關係結牢的話，日後也算是朝廷有人了。這股肥水決不能流到外人田裏去，我梁鼎芬要和他攀下這門親。梁鼎芬把自家親戚中的女人們都列出來，挑盡了三姑六婆後，倒真給他看中了一個人：他廣東老家遠房八姑今年二十二歲，因高不成低不就，早過了出閣年紀仍待字閨中，成了個老姑娘。梁鼎芬忙修書一封通過官驛寄回廣東番禺，不久後收到了回信。八姑家對這門親事滿意極了，若男方無意見，可即刻護送新娘子前來武昌完婚。趁着吳永尚在湖南的空檔，梁鼎芬又去信老家，要她們去廣州城裏拍幾張照片寄來，把事情辦得儘量妥當些。二十多天後，照片寄來了，吳永也從湖南返回武昌。吳永看了照片，模樣端正，又是一個從沒嫁過人的黃花閨女，且是梁鼎芬的親戚，很滿意。這時已到初冬季節了，張之洞於是邀請吳永乾脆在武昌度歲，年前完婚，過完年後再回到太后身邊去。吳永一口答應。

慈禧、光緒一行早已在九月初到了陝西西安府，便將西安當作行都，行使起朝廷的職能來。慶王奕劻和直督李鴻章奉命與八國聯軍總司令瓦德西為首的洋人談判。洋人不但要賠四億多両白銀，而且開出一長串名單來，指控這些人均為肇事禍首，不殺不足以平各國之憤，奕劻、李鴻章看那名單，赫然列為第一名的便是聖母皇太后她老人家，不禁驚得目瞪口呆，半晌合不得嘴。接下來便是端王載漪、莊王載勳、國公載瀾、軍機大臣剛毅、英年、趙舒翹、禮部尚書啟秀、刑部侍郎徐承煜、前山東巡撫毓賢、甘肅提督董福祥。

奕劻對瓦德西等人說：「禍首列太后之名萬萬不可，這於中國國情相悖太大，不但我們不能答應，即便皇上也不能答應。太后死，皇上存，皇上將有不孝大罪，勢必不能獨活於世。」

瓦德西說：「要說名副其實的禍首，還只有你們這位皇太后夠資格，其他人都是聽她的，只能說是從犯。不殺她，怎麼說得過去？你們這個皇太后，我看還不如賽二爺，她的見識比皇太后的見識高得多。她請我不要殺老百姓，說老百姓無罪，罪在拳匪。這話有道理。」

賽二爺是誰？奕劻沒聽說過。他討好地說：「賽二爺是哪家的公子，我要獎賞他！」

瓦德西哈哈大笑：「賽二爺不是哪家的公子，她是八大胡同的妓女，一個會說德國話的可愛的女人，據說是你們以前駐德公使的夫人。」

將一個妓女拿來跟皇太后相比，不僅使奕劻，也使李鴻章氣憤不已。這簡直豈有此理，欺人太盛！奕劻、李鴻章恨不得將眼前這個可惡的紅毛藍眼魔鬼殺掉。但眼下他手裏有着一萬八千名手持洋槍洋炮威力無比的軍隊，殺人的刀把子不是在自家而是握在別人的手中。太后千叮萬囑和談只准成，不准敗。沒法子，只得強嚥下這個羞辱。奕劻陪着笑臉說：「無論皇太后有甚麼差錯，都不能讓她承擔，只要放她一馬，甚麼話都好說。我們大清國有的是全世界都見不到的寶貝，您和各國將軍們要甚麼，我們給甚麼。」

李鴻章聽了這話不是味道。國家的寶貝怎麼能隨便送人，這些人都是貪得無厭的惡狼，他們的欲壑你能填得滿嗎？但奕劻是首席和談大臣，又是親王，何況這是救太后的事，李鴻章也只得忍了。瓦德西獰笑道：「好哇，早就知道你們的寶貝多得很，拿寶貝來換皇太后的頭顱，也是可以的，但以下的那些人，是再也不能討價還價了。」

最後，雙方達成如下協議：中國賠銀四億五千萬兩，分三十九年還清，年息四釐，以關稅和鹽稅作抵押；劃東交民巷為使館區，中國人不准居住；拆毀大沽至北京城防炮台，外國軍隊駐紮北京和從北京到山海關沿線十二個重要地區；永遠禁止中國人成立任何反對外國的組織，違者處死，若再發生此類事件，當地官員立行撤職，永不敍用；嚴懲載漪等十餘名禍首。

奕劻、李鴻章代表朝廷簽下這個中國有史以來最大的不平等條約。

作為會辦和談大臣，張之洞除嚴懲禍首這點外，對條約中的其他幾條都很不滿意，尤其對賠款和駐軍兩條，更為不滿。賠款如此之多，幾乎要把中國的元氣耗盡，「徐圖自強」目標的實現不知又要向後挪動多少年。在中國的土地上允許外人駐紮軍隊，這有喪失領土主權之嫌。張之洞致書奕劻、李鴻章，明確表示不能完全贊同的態度。

李鴻章想起二十多年來，張之洞一貫與自己唱反調，心中甚是不快。外國政壇上有鷹派、鴿派之說，李鴻章覺得自己是中國的鴿派之首，而張之洞處處跟自己為難，是不是想當鷹派的頭領？他氣得對奕劻說：「這個張香濤，還是當年那一副書生作派，做了十三四年的督撫，應該有些歷練了，還是這樣喜歡放言高論，正是曾文正公當年所說的那句老話：看人挑擔不費力。」

奕劻說：「他是個喜歡出風頭的人，不去管他！」

後來，李鴻章在別處也多次說過這樣的話，終於傳到了張之洞的耳朵裏。他氣憤地說：「李少荃倚老賣老，不把國家當回事。他說我書生意氣，我沒有罵他老奸巨滑就算客氣了，他哪有資格說我？」

李張之間本來就很深的裂縫，變得更深了。

年關臨近，武漢三鎮飛起漫天白雪，梁鼎芬的八姑姑帶着龐大的護送嫁妝的隊伍來到武昌。梁鼎芬忙着為他們佈置新房。過小年這天，婚禮隆重舉行，大媒便是候補道兩湖書院山長、總督衙門總文案梁鼎芬。張之洞為他們作了證婚人，又破例從他珍藏多年的古董中選了兩件戰國青銅器：一面鳳舞九天圖紋銅鏡，一把八寸長的玉柄雙刃銅短劍，作為禮物送給吳永。

又娶了美嬌娘，又獲得張之洞的格外青睞，吳永這趟湖廣之差簡直是美不勝收。蜜月過後，吳永接到行宮來的電文，催他急返西安交差。

臨行時，他來到總督衙門表示他的由衷謝意，張之洞也要拜託他多多致意太后、皇上，二人說得融洽而深入。

為了答謝張之洞的厚愛，也為了在今後的仕途上增加一個強有力的靠山，吳永向張之洞透露了一個絕密消息。

「香帥，您知道皇上最恨的人是誰嗎？」

「不知道。」張之洞的心裏無端冒出一絲恐懼感。

「袁世凱。」吳永壓低了聲音。

「為甚麼？」

其實，張之洞先前也聽到過一些風聲。戊戌年事變後不久，從湖北巡撫衙門裏傳出消息，說譚嗣同曾去找過袁世凱，請袁救援皇上，袁表面答應，第二天回到天津就將這事告訴了榮祿。榮祿急告太后。於是便有太后訓政、六君子被殺、皇上囚禁瀛台的結局出現。袁世凱是個口是心非的小人，可恥的告密者！

對袁世凱的這個評價，成了所有傳說這個故事的人的最後結論。張之洞對此將信將疑。

「康有為和軍機四章京都極力推薦袁世凱，皇上相信了，將他從天津叫到北京，超擢他做侍郎，並召見他，以重任相託。袁在皇上面前慷慨激昂，忠心耿耿。不料他一回天津，就對榮祿說，皇上發動康黨圍頤和園，要挾持太后。引起太后大怒，並痛斥皇上不孝不仁，皇上矢口否認。太后說這是袁世凱說的，並有榮祿作證。皇上還是不承認有圍園劫后的計劃。因為此，皇上恨死了袁世凱，巴不得將他碎屍萬段。」

「哦，是這樣的。」張之洞深深地倒吸了一口氣：兩年多的一段傳聞終於得到證實。

「香帥，」吳永的語氣很誠懇，「袁世凱這個人我沒有見過，不知其為人到底如何，說他能幹的人很多。他這兩年也很能任事，東南互保的事，嚴懲禍首的事，他都與您一起參與了。他是有心要攀附您這棵大樹。我今夜把這事告訴您，想提請您注意這個人。他今後前途到底如何，還很難說，也可能飛黃騰達，也可能粉身碎骨。您對他，還是多留點神為好。」

這可真是個重要的提醒！對於袁世凱，張之洞原本並無甚好印象，只認他是個不讀書憑軍功發跡的暴發戶。去年以來他對袁的印象大有改觀。原因是袁任山東巡撫時全力鎮壓義和團，有先見之明，又積極參與中外互保合約，有膽魄。袁世凱很明顯地在與他套近乎，若沒有吳永的這個提醒，真有可能被袁世凱給套住了。

張之洞說：「漁川，謝謝你這個提醒，我今後會注意的。」

隔一會，他又說：「我想問你一件事，你不要對別人說。」

吳永悚然：「甚麼事？凡我所知的，我都可以對您說。」

張之洞的臉向吳永湊了過來：「你看大阿哥這個人怎麼樣？」

吳永略作一番思索後説：「大阿哥今年十七歲，人長得比皇上要精神些，也還靈泛，詩作得不錯。」

「大阿哥會作詩？」張之洞顯然對此很感興趣，「你能記得幾句嗎？」

「前幾日我收到西安行宮中一位朋友的來信，信中極讚大阿哥的詩才，説大阿哥近日有一首《終南山》確實做得好。詩是這樣寫的：入夜宮中燭乍傳，簷端山色轉蒼然。今宵月露添幽冷，欲訪楠台第五仙。」

「這詩是做得不錯。」張之洞微微點頭。「大阿哥的書讀得怎樣？」

「大阿哥的最大不足之處就是不愛讀書，好玩耍，心不能靜。還有一點，性情輕佻，喜怒無常。」

張之洞説：「就常人而言，大阿哥可算是一個聰明穎秀的少年，若有嚴父嚴師管教，日後或許也能做點事。但對大阿哥這個身份來説，他的長處恰恰是短處，而他的短處則不僅於自身不利，更將於國家不利。」

吳永仔細聆聽着這位社稷之臣的讜言莊論。

「吟詩作賦，是普通人怡情悅性的好方式，但一國之君不能沉湎於此。治國平天下，靠的是聖賢之教，史冊之鑒。十六七歲，正是發憤苦讀經史的大好時光，大阿哥的功夫不下在此處，卻用在詩詞上，是捨本逐末。隋煬帝、陳後主、李後主、宋徽宗都是詩詞歌賦中的高手，卻成了亡國之君。耽於詩詞，又加上輕佻，喜怒無常，這樣的儲君，真不是國家之福。」

吳永插不上話，説是也不宜，説不是也不宜，只好緘口聽着。

「漁川，有一樁事，我在心裏想了好久，要向太后稟報。但至今未稟報，一是拿不定主意，二是不知通過甚麼途徑傳到太后那裏。你這一來，既使我拿定了主意，又找到一條便捷通道，你一定要把這樁事當面稟報太后。」

吳永說：「我一定照大人的吩咐去辦。」

張之洞斂容正色對吳永說：「你回去後，找一個方便的機會，單獨對太后說：張之洞請太后廢掉大阿哥！」

吳永心裏大吃一驚，傻望着張之洞。

張之洞嚴肅地說：「去年夏天所發生的這場災難，是由立大阿哥而引起的，端王要借拳匪來打擊洋人，為自己出氣，才竭力慫恿太后圍攻使館。要說禍根，就在這裏。這已是官場士林中公開的秘密了。大阿哥年紀小，又沒管過事，他當然不會成為洋人所索求的禍首。現在禍首中的人雖然載勳、毓賢、剛毅、趙舒翹、英年、啟秀、徐承煜都已死了，但載漪、載瀾兄弟還健在。假若哪一天，大阿哥真正登極做了皇帝，載漪便是太上皇，載瀾便是皇叔，他們一定會唆使皇帝翻案，對指責他們的人報復。對洋人，只會更加仇視。無論對國外還是對國內，這都是極不利的。我早就想過，不廢大阿哥，不將他遷出宮，去年的事就不能算徹底清算。但我拿不定主意，這原因是我不知道大阿哥其人。若他真是明君之材，或不必擔憂，但聽你剛才所說的，我可以斷定此人必定成不了明君。」

吳永頗為緊張，想不到自己剛才的那幾句話居然對大阿哥的命運起了作用。一個小小的知縣，一介草莽出身的平常人，竟然會對當今帝王的廢立起作用，這真是不可想像的事，而此事竟然就發生了。想到這裏，吳永又不禁自豪起來。

「如此看來，我想，為了太后，為了祖宗的江山，也為了大阿哥自己，還是廢了為好，而且必須立即搬出宮，永遠斷絕他的念頭。這樁事不能寫奏摺，只能面稟。我又不能到西安去，真是天賜良機，讓你到武昌來了。漁川，你千萬不要前怕狼後怕虎的瞻前顧後，一定要以國家大義為重，將我的這個想法面稟太后。萬一有甚麼事出來，我張某人會向太后上書，說清事情的原委，洗去你的責任。你不要有顧慮。你曾經做過曾家的女婿，要向你的丈人和太丈人一樣，在緊急關頭，拋開一己得失，為國家挺身而出。」

這兩句話激勵了吳永，他站起身來堅定地說：「香帥放心，我一定會把你的這個建議如實稟報太后。香帥身處如此高的地位，尚且不顧自身利害，我吳永一個七品芝麻官，算得了甚麼！若能協助香帥為國家辦成這樁大事，也不枉曾家賞識我一場了。」

第五章 爆炸慘案

1 八閩名士向張之洞獻融資奇策

吳永離開武昌兩個月後，一道關於廢除大阿哥的上諭頒發下來。張之洞心裏欣慰：太后儘管糊塗迷誤過一段時期，但畢竟還是醒悟過來了。

是的，這次親身遭逢的巨變，的確給一向自以為了不起的慈禧以深重的創傷和刻骨的刺激，嚴酷的現實迫使她不得不自我反省，也迫使她不能不承認自己的失誤。為了挽回喪失殆盡的人心，維護自己搖搖欲墜的至尊形象，在西逃的路上，她便指示跟從的軍機大臣草擬以皇上名義下達的「罪己詔」。又在批准和約的上諭裏再次表示「自責不暇，何忍責人」的沉痛心情。在所有痛定思痛的奏章中，慈禧最看重的是朝廷奉為客卿的英國人赫德所上的條陳。這位擔任中國海關總稅務司近四十年的洋人，以極為誠懇的語言勸告太后，西方各國決不是要中國的國土和人民，只是希望中國改弦易轍，實行新政，奉行和他們一樣的國策。赫德請太后早日回鑾，今後只要認真實行改革，中國是可以富強的；中國富強了，與世界各國也就相安無事了。

慈禧完全接受這位洋朋友的建議，一面籌備回鑾北京的準備，一面籌謀實行新政，並明詔國民：「世有萬古不易之常經，無一成不變之治法，窮變通久，見於大《易》，損益可知，著於《論語》。蓋不易者三綱五常，昭然為日星之照世，而可變在令甲令乙，不妨如琴瑟之改弦。伊古以來，代有興革，大抵法積則弊，法弊則更，要歸於強國利民而已。」又要求各軍機大臣、六部九卿、各省督撫及出使各國大臣，取外國之長，補中國之短，參酌中西政要，對有關朝章國故、吏治民生、學校科舉、軍政財政等方面，向朝廷提出有關變法改革除舊佈新的建議。一時間，彷彿戊戌年的「百日維新」之劇又重新上演，只是戲中的主角由皇帝變成太后而已！

庚子年的這場慘變，任何一個稍有愛國之心的中國人都會痛心疾首，任何一個稍有頭腦的中國人都知道，要想不亡國滅種，只有變法一條路。相對於兩年多以前的那個夏天來說，這次的變法，在表面上已經是沒有反對派，大家咸與維新了。在新一輪的變法高潮中，最為積極也最為朝野看重的封疆大吏，當首推既有新政實質、又有「中體西用」理論主張的湖廣總督張之洞，次則為對辦局廠辦新軍有興趣的碩果僅存的湘軍元戎兩江總督劉坤一，另一個則是辦新軍大有成績，又在鎮壓拳民中嶄露頭角的山東巡撫袁世凱，他們都在組織一批智囊文膽，切磋研討關於變革方略的文稿。

袁世凱多次向張之洞寫信，以晚輩自居，請他牽頭，選擇幾個有影響的督撫會銜上奏，共同提出關於新政全局的建議來。因為有吳永的那番話，張之洞不理睬袁世凱的示好，而主動與劉坤一聯合，希望以他們兩人會銜的形式，提出改革方略。戎馬一生一向以戰功自炫的劉坤一，晚年親眼目睹湘淮軍在洋兵面前屢戰屢敗的現狀，真是痛心不已。洋兵打進京師，帝、后棄逃，在劉坤一看來，這無異於亡國，是軍人的奇恥大辱。他欣然贊同張之洞的建議，願意為中國的復興，與張之洞一起擔當這個重任。

經過兩三個月的起草修改審訂的過程，關於新政的三個奏摺產生了。第一個摺子名曰《變通政治人才為先遵旨籌議摺》。此摺提出變法圖強，以人才為先的主張，指出中國不貧於財，而貧於人才；不弱於兵，而弱於志氣。並提出育才興學四條辦法：設文武學堂，酌改文科舉，停置武科舉，獎勵遊學。第二個摺子名曰《遵旨籌議變法謹擬整頓中法十二條摺》。此摺從十二個方面提出對中國舊的法規法則加以改革，即提倡節儉，打破資格限制，停止捐納、考核官員並增加俸祿，改進官員詮選，取消書吏和差役，改善刑獄，籌八旗生計，裁撤屯衞、綠營等等。第三摺名曰《遵旨籌議變法謹採用西法十一條摺》，提出應當採納的切實有用的西法有：廣派官員出國考察，編練新軍，改良農業，提倡工藝製造，制訂有關礦業鐵路商業交涉等法律，貨幣改用銀元，徵收印花稅，推行郵政，多譯各國書籍等等。

第二摺的除舊和第三摺的佈新，都審慎地遵循張之洞的中體西用的理論：關於本體的方面，即中國的綱常名教、倫理道德，仍得堅持，不能改變；西法西藝，均作為功用而被引進，以促使本體的健壯強大。

這就是中國近代史上著名的「江楚會奏三摺」。它以形式上的溫和中庸，內容上的切實可行，時間上的恰到好處，上奏者的地位資望，獲得了以慈禧為首的朝廷執政者的一致認可，成為事實上的新一輪新政的實施大綱。這些變法設想，通過以後的一連串上諭，向全國各地陸續頒發推行。

張之洞趁着這個大好時機，加速發展湖北的洋務事業，在兩湖各府縣廣設各式新學堂，大量派遣官費生赴日本留學。他又在湖北擴大新軍。湖北新軍按全國統一軍制，將軍隊編為一鎮一混成協，即第八鎮、第二十一混成協，共有官兵一萬五千餘人，全部用新式槍炮及西洋器械裝備，聘請德、日教官充當軍隊教習。配合新軍建設，又在武昌辦起將弁學堂、武備普通中學和陸軍小學堂。這三所軍校擔負起培養新軍各級武官的責任。與此同時，張之洞又擬在武昌創辦火柴廠、水泥廠等工廠。

辦學堂，辦新軍，辦工廠，凡有興作，第一步便是籌措資金。到處需要錢，到處都向總督衙門伸手要銀子。「銀錢」兩字，令他焦急，令他憂慮。再一次「銀錢短缺」的重荷，壓得他透不過氣來。他多麼盼望能有點鐵成金之術：頃刻之間，他的面前便可出現金山銀山。他甚至幻想過，能在哪一處施工現場，突然發現前人埋在地下的金窖銀庫。當然，這都是不可能的事。懷着滿腔洋務宏圖的湖廣總督，從哪裏去獲得眼下所急需的大批資金呢？

這一天，陳衍來到簽押房。他對面有愁容的總督說：「卑職知香帥為資金一事苦惱，願向大人獻一奇策，可立解燃眉之急。」

張之洞頗為疑惑地望着這位瘦小的八閩名士，見他一臉正經，不像說笑話的樣子，弄不清他葫蘆裏賣的甚麼藥。張之洞似笑非笑地說：「你有辦法可立刻籌集一批大的銀錢？」

陳衍點頭：「是的，不出兩個月，您可得二十萬両銀子，半年光景，您可得七十萬両銀子。」

張之洞問：「你是去借錢？」

陳衍搖搖頭：「不是借。現在借錢利息都很高，何況也借不到這多。」

張之洞盯着陳衍的眼睛：「你想去學梁山泊的草寇，打劫生辰綱？」

陳衍哈哈笑起來：「香帥真會取笑。太平世界，朗朗天日，我一個弱書生怎敢打劫別人的金銀！」

張之洞也笑了，說：「那你的奇策是甚麼？」

陳衍收起笑容，正經八本地說：「我的奇策，既不靠借，更不靠搶，它靠的是真實的學問。這門學問，洋人稱之為貨幣金融學，我已經研究這門學問多年了。」

張之洞驚道：「看不出，石遺，我原來以為你只鑽研詩話學，想不到你對西學也有研究。」

陳衍說：「我的家鄉福建侯官，雖不如廣州、香港等地，卻也因地處沿海而得風氣之先。自林文忠公以來，侯官研究西學已蔚然成風。我曾偶爾得到幾本西洋人所著的貨幣和金融方面的書籍，便被這門學問所迷住，多年探索，頗有心得。」

張之洞聽陳衍這一解釋，知他不是走的野狐禪一類的歪門斜道，遂認起真來：「你說說，你有甚麼好辦法，若真的行之有效，你可為湖北的洋務立下一大功。」

陳衍說：「這個辦法其實也簡單。湖北現有兩台您從廣州帶來的鑄銀元機，就用這兩台機器，鑄造一種新的貨幣即銅元，每個銅元合銅二錢七分，由總督衙門規定，一個銅元值十文制錢。如此，湖北銀錢短缺之圍可立解。」

張之洞一邊摸着鬍鬚，一邊將陳衍這番話在腦子裏思考着：「我弄不明白，你這是玩的甚麼把戲，為何將制錢換成銅元，就能立即生財？」

「香帥，容卑職慢慢解釋。」陳衍知張之洞雖熱心推行新學，其實是連新學的門檻都沒進的人，於是耐心地剖析，「香帥，您是知道的，一兩銀子可兑換一千文制錢，一千文制錢重八斤，也就是說一千文制錢是用八斤純銅所鑄成。八斤即一千二百八十錢，也就是說，一文制錢含銅一錢二分八，將近二個制錢便可鑄一個銅元，這個銅元當十個制錢用，剩下的近八個制錢便是總督衙門所賺的了。十文賺八文，一兩銀子可賺八百文，百萬兩銀子可賺八萬萬文制錢，將這八萬萬制錢再換成銀子便可得八十萬兩銀子。我估計湖北一省半年市場銀子流通量大約有百萬両，當然這種計算是個概數，其實要兩個多制錢才能鑄一個銅元，再打個八五折，恰好近七十萬両。一年下來，可得銀子一百三四十萬両。香帥，拿這筆銀子，你辦甚麼洋務不成？」

聽陳衍這麼一說，果然這一百三四十萬両銀子的得來並不難。鑄銀之機確實是現成的，早在光緒十五年張之洞通過鄭觀應從香港購買了兩台。廣東省是大清國第一個鑄造銀元的地方，張之洞也便成了有史以來中國第一個鑄造銀元的官員，如果能在湖北最先鑄造銅元，那即不又成了中國第一個鑄造銅元的人？一向敢為天下先的湖廣總督被這個念頭所激動，大為興奮起來。但是，張之洞畢竟對貨幣金融學沒有研究，這是椿關係千家萬戶生計的大事，不能草率，他想多方聽聽意見。於是，拍了拍陳衍的肩膀說：「石遺，你這個想法很好，明天一早我在議事廳召開會議。你今夜好好準備下，明天當着眾人的面詳細說說，讓大家一道來參謀參謀。」

第二天上午，督署衙門中西兩文案房的一批有頭臉的幕僚集會於議事廳，聽陳衍講他的「以一當十」的融資奇策。陳衍以詩人的氣質，帶着濃烈的情感色彩，眉飛色舞地將他的奇思妙想當着眾人的面演說了一番。他滔滔不絕地講了一個多鐘頭，滿心期待幕友們對他的鼓掌讚揚。不料他的話音剛落，辜鴻銘便用手指着他的鼻尖，臉朝着張之洞說：「香帥，陳石遺乃大奸大惡。我想請你先取下他的頭來，再容我批判他這個惡毒的奇策。」

陳衍頓時嚇得面如土色，眾幕僚也被辜鴻銘的這一手所鎮住。

張之洞板起面孔說：「湯生，你這講的甚麼胡話！幕僚議事，誰都有發表自己意見的權利，我如何敢要他的頭？石遺的想法惡毒在哪裏，你說給我聽聽嘛！」

辜鴻銘指鼻尖的手放了下來，兩隻灰藍眼睛狠狠地盯了陳衍一眼說：「香帥既不肯取你的頭，就暫且讓它留在你的脖子上吧！」

眾幕僚被辜鴻銘的表演弄得笑了起來。

辜鴻銘卻沒有笑，他尖起喉嗓，大聲說：「陳石遺此計，乃真正的殘害民生的壞主意、惡念頭。他也不想想，老百姓沒有了制錢，有幾多不方便，都用當十的銅元，難道到醬園裏去買塊醬蘿蔔，到針線舖去買根針，也要用一個銅元嗎？久而久之，一個銅元便變成一文制錢用了，物價不就漲了十倍嗎？到時候，香帥不取陳石遺的頭，老百姓會剝陳石遺的皮的！」

看着陳石遺在辜鴻銘的斥罵下，那副灰頭灰腦的模樣，眾人又免不了笑起來。

剛入幕不久的鄭孝胥說：「制錢並沒有收盡，還可以用嘛！大錢小錢一道用，買醬蘿蔔、針線就用小錢嘛！」

鄭孝胥與陳衍同為福州人，又是詩友，曾在日本領事館裏做過事，精通日文。年初由陳衍介紹進了幕府，張之洞對他也很器重。

辜鴻銘說：「蘇戡，你不知香帥的脾氣。有這麼好的生意，香帥豈會不大做特做。要不了三年，湖北市面上就看不到制錢了，哪裏還有甚麼大錢小錢一道用！」

在督署裏，惟一敢當面批評張之洞的，便只有這個混血兒，其他人都沒有這個膽量。大家偷眼看了看張之洞，見他臉上並沒有生氣的神態，知道總督的心思或許已被辜鴻銘所說中。

張之洞朝大家掃了一眼說：「諸位都說說，陳石遺的這個辦法可行不可行。」又對着梁敦彥說：「崧生，你在美國多年，於美國的貨幣金融應有所了解，談談你的看法。」

梁敦彥思忖片刻說：「石遺的這個主意，本質上屬於通貨膨脹。」

「甚麼是通貨膨脹？」張之洞打斷梁敦彥的話。

「西洋各國已普遍實行紙幣，紙幣的印刷權利掌握在政府的手裏。貨幣的發行量與實際需要量平衡，市場則穩定，若發行量超過了實際需要量，則造成貨幣貶值，物價上漲。這種現象，金融學稱之為通貨膨脹。」

張之洞點點頭說：「如此說來，通貨膨脹不是個好東西了。」

「對老百姓來說，顯然不是好事，但對政府來說，則有它有利的一面。」梁敦彥繼續說，「政府財政有了虧欠，或是政府準備辦一件大事需要一大筆款子，用這種辦法可以彌補虧欠，或籌措資金。」

陳念礽接着梁敦彥的話頭說：「說穿了，就是政府通過這個辦法從老百姓手裏緊集一批錢來。說得好聽點，就是政府身上的擔子，讓全體老百姓來分擔。」

張之洞聽到這話高興了：「我們現在也正是這樣。總督衙門的擔子，要湖廣兩省的老百姓一道來分擔。看來陳石遺的主意可行。」

梁敦彥皺了下眉頭說：「政府做這種通貨膨脹的事，得有兩個條件：一是政府所辦的事，必須是為了全體百姓的利益；二是老百姓都能體諒政府，支持政府，願意與政府來共當擔子。」

梁鼎芬一直沒吱聲，他是一再揣摸張之洞的心思，現在他已經完全明白了，於是開口：「我看崧生說的這兩個條件我們都具備：香帥辦洋務，完完全全是為了我們大清國，為了湖廣的富強，是為老百姓謀利益的大好事，湖廣百姓也是完完全全體諒支持香帥的。香帥你就定下吧，按石遺的主意辦。」

張之洞望着梁鼎芬點了點頭。梁鼎芬見香帥讚許他的話，心裏很得意。

辜鴻銘討厭梁鼎芬這種當面諂媚的作風，說：「香帥，恕我說句直話，你辦洋務的確是為了國家富強。國家富強了，老百姓的日子就好過，歸根結底，辦洋務是為了老百姓。但是，要說老百姓眼下都體諒支持你，這種說法我不敢苟同。老百姓都是只顧眼前利益，看不到長遠利益，在沒有得到實利之前，要說都支持，怕不可能。」

得到張之洞首肯的梁鼎芬決心要討好到底：「照辜湯生的說法，香帥辦的洋務現在還沒有讓老百姓得到實利，故而老百姓不體諒，不支持？」

梁鼎芬這種露骨的獻媚，令梁敦彥、陳念礽等人也看不過去，但他們也不敢太拂張之洞的心意，都閉口不着聲。辜鴻銘氣得咬着牙齒說：「梁節庵，你這是為虎作倀，助紂為虐。」

梁鼎芬也反唇相譏：「辜湯生，你是反對洋務，坑害忠良！」

見議事會變成了攻擊會，張之洞大不耐煩起來，他拍了拍太師椅上的扶手，高聲道：「都不要吵了。這樁事老夫已弄清了，即便湖廣百姓一時不體諒，心有怨言，就讓他們說去，到時他們自然會明白老夫的一番苦心的。陳石遺，鑄銅元這個差事就交給你了。」

「卑職遵命。」陳衍滿心歡喜。「鑄銅元是樁大事，卑職想這得成立一個機構，卑職也得有一個名份才行。」

「陳石遺在向老夫要權！」張之洞笑了笑說，「名不正則言不順，他的想法也是對的。就把過去廣州那個現成名字改一個字移過來，就叫鑄銅元局吧。老夫任命陳衍為鑄銅元局總辦。」

這真是一個肥得流油的美差，梁鼎芬、鄭孝胥帶頭為陳衍的好運鼓起掌來。

在陳衍的指揮下，鑄銅元局很快開辦起來，大張旗鼓地化制錢鑄銅元，又以總督衙門的名義頒發通行「以一當十」的銅元流通命令。實行不久，老百姓便深感不便，怨聲載道。但庫房的銀錢卻與日俱增，一個月下來，便賺了近十萬銀子。張之洞心裏高興。半年下來，庫房又增加六七十萬銀子。張之洞拿出二千兩銀子來獎勵陳衍，稱讚他的奇策果然立竿見影。

有了銀子，甚麼事都好辦了，湖北的洋務局廠在張之洞的大力經營下，又出現了一派紅紅火火的場面。不料，正當湖廣新政蓬勃興起的時候，一場意料不到的慘案發生了。這便是中國洋務史上有名的漢陽火藥廠爆炸案，一位才幹傑出的科技專家因而殉職。此事給張之洞的洋務事業抹上了濃重的陰影。

2　徐建寅罹難，暴露出火藥廠種種弊端

這年二月十二日上午，張之洞在簽押房做他每天的常課：正式辦公前閱讀中外報刊。這些報刊包括北京的邸報、上海的《字林報》以及來自日本的由梁啟超主辦的《清議報》等等。《清議報》是朝廷明令禁止入境的報紙，但它每期還是有一兩百份從各種渠道流進國內。湖廣衙門裏的《清議報》，則是張之洞通過他在日本的親信，專為購買並夾在別的郵件中寄來的。

張之洞喜歡讀《清議報》。《清議報》指責國內的時弊，提出變政的建議，如果撇開它責罵皇太后那些內容不說，則是一份很有內容很有見地的好報紙。至於梁啟超那如同烈燄般的熊熊激情，和既流暢明快、又起伏跌宕的語言表述能力，更是海內外難有第二人可比。張之洞不僅自己看，還時常推薦給幕僚們看。在湖廣總督衙門裏，《清議報》屬於非禁品。

這時，張之洞正在閱讀半個月前出的第七十二期《清議報》。何巡捕進來稟報：「香帥，出大事了。」

「甚麼事？」張之洞放下手中的報紙。

「火藥廠爆炸了，徐會辦等人遇難！」

「徐會辦遇難！」張之洞的腦子裏嗡的一聲巨響，呆坐片刻後，沉重地說，「我們過江去看看。」

陳念礽、陳衍等人聞訊後也趕了過來。他們急忙走到江邊，然後登上總督的專座小火輪，橫過長江，來到位於江漢交匯口的龜山下。湖北火藥廠是兩年前才辦的一座新廠，因為它是為着槍炮廠造火藥，故就近建在槍炮廠旁邊。當張之洞一行趕到出事地點時，火藥廠總辦伍桐山正在指揮工人搬移碎鐵爛石，從裏面將那些受傷的人搶救出來，一見到張之洞便哭喪着臉說：「香帥，真沒想到出這樣大的事故，徐會辦他死得很慘！」

張之洞鐵青着臉：「徐會辦的遺體在哪裏？」

伍桐山指着對面一間小廠房說：「暫時停放在那裏。」

張之洞低沉地說：「帶我去看看。」

伍桐山帶着張之洞、陳念礽、陳衍等人走進了對面的小廠房。這裏一字形擺放着十多具罹難者的屍體，伍桐山指着打頭的一具說：「這就是徐會辦！」

張之洞走了過去。天哪，這就是兩天前還和自己談笑風生的那個徐建寅嗎？只見他頭上血跡斑斑，半張臉被炸得已不成樣子，右手右腳不知去向，就像半個血人似地躺在冰冷的洋灰地面上。再看看其他的炸死者，也大半血肉模糊，四肢不全。

張之洞緊繃着臉，一聲不吭，兩隻手反扣在背後，在徐建寅的遺體邊站立好長一會兒後，才邁開沉重的雙腿，走出小廠房。

「爹呀，你在哪裏？」剛出廠房門，一聲淒厲的喊叫迎面撲來。

原來是徐建寅的長子徐家保聞訊趕了來，跟在他後面的是徐建寅的女婿趙頌南。見到張之洞，徐家保顧不得禮節，嘶啞着聲音大喊道：「香帥，我爹給炸死了，您得為我們作主呀！」

看着徐家保哀痛欲絕的神態，張之洞再也忍不住了，兩行淚水從眼眶裏刷刷落下，抱着徐家保的雙肩，哽咽着說：「家保，你要節哀，我會查清這件事的！」

徐家保郎舅直奔小廠房，瞬息間裏面傳出撕心裂肺的喊叫聲。張之洞抹去臉上的老淚，混亂了半天的心緒逐漸安定下來。一定要徹底查清這場慘案！他在心裏下了決心。

他再次來到事故發生地，四處審視了一番，然後命令身旁的伍桐山說：「趕緊搶救受傷的人，安頓好死難者的家屬，盡可能地保存現場，晚上到督署來向我稟報事故的前前後後。」

回督署的路上，徐建寅和那一排罹難者的慘象始終晃動在張之洞的眼簾前。

十一年前，出於對徐氏家族及徐建寅本人技藝的尊重，張之洞禮聘徐建寅來湖北會辦鐵政局。這些年來，除開朝廷差使到天津、上海、福建等地短暫處理一些洋務難題外，徐建寅一直在湖北。他帶領鐵政局一班人查勘長江兩岸煤礦的分佈情形，並親自主持馬鞍山煤礦的開採及槍炮廠的生產規劃。徐建寅對西學洋務的精通與淡泊敬業的人品，給張之洞以極好的印象，認定他是個很優秀的洋務人才。

前年，張之洞創辦省城保安火藥廠，徐建寅又出任該廠會辦兼總技師。火藥廠生產黃色普通火藥。半年前，徐建寅帶領長子家保、女婿趙頌南一道研製最先進的黑色火藥。只經過三四個月，便研製成功，其品質與英、德等國的黑色火藥不相上下。誰知大規模生產才一個多月便遭此橫禍。徐建寅才只五十七歲，身體健康，精力充沛，正是為中國洋務事業大展才幹的時候，多麼可惜！張之洞不僅為國家失去良才而傷心，也為徐建寅本人身懷絕學卻未竟大功而惋惜。

晚上，火藥廠總辦伍桐山來到督署向張之洞稟報。因為自己不懂火藥製造的技術，他特命女婿陳念礽隨侍旁聽。伍桐山敍述了事故發生的前前後後。

昨天下午，臨收工的時候，火藥廠的主機即目前輾製黑色火藥的機器突然卡殼，不能轉動了。工頭晉老大吩咐工匠們散工，明早請徐會辦來處理。今天一早，晉老大來到離火藥廠三四里遠的徐建寅的臨時住所裏。這時徐建寅正和女婿趙頌南在餐桌邊吃早飯，聽到晉老大的報告後，放下未吃完的半碗熱稀飯，匆匆跟着晉老大來到廠裏。晉老大陪着徐建寅在機器面前四處檢查了一番，然後命令開機。開機後只有一兩分鐘，機器便爆炸了。

出事前的情形似乎非常簡單。張之洞緊鎖雙眉問：「就你看來，爆炸是甚麼原因引起的？」

伍桐山答：「詳情還在調查中。初步分析，可能是昨夜積壓在機器中的火藥粉，發熱後引起的爆炸。」

張之洞又問：「像這樣積壓一夜，第二天再開機的情況，以前也有過嗎？」

「沒有。」伍桐山答，「過去艾耐克總是一再招呼，下班前要把機器裏的火藥粉清掃乾淨，上班時也要仔細檢查一下，要在完全沒有積壓的火藥粉後再開機。」

艾耐克是火藥廠請的德國匠師，上個月回國休假去了。

張之洞問：「照這樣說，是因為徐會辦疏忽了才造成這個事故的。」

伍桐山沉吟片刻後說：「徐會辦當時心情焦急，一時忘記清掃積壓的火藥粉，是可以理解的。」

張之洞盯着火藥廠的督辦，厲聲重複一遍：「照你這樣說，這個事故是徐會辦因自身的疏忽而造成的了？」

伍桐山低着頭，沒有吱聲，半晌才說：「工頭有責任，應當提醒。卑職也有責任。」

「你有甚麼責任？」

「卑職是火藥廠的總辦，火藥廠出的一切事都與卑職有關，所以卑職有責任。」

張之洞問：「事故發生時，你在哪裏？」

伍桐山不好意思地說：「昨夜睡得晚，事故發生時，卑職尚在床上睡覺。」

張之洞心裏不悦，又問：「死了多少人，傷了多少人？」

伍桐山答：「除開徐會辦外，還死了十五個人，其中五個工匠，十個工人，重傷二十多人，輕傷五十多人。」

陳念礽插了一句：「工頭晉老大炸死了嗎？」

「他倒是沒死。」

張之洞覺得奇怪：「他就在徐會辦身邊，為甚麼沒死？」

伍桐山答：「機器開啟前一會兒，他就離開了廠房。」

念礽望了一眼岳父，張之洞會意，對伍桐山說：「你叫晉老大明天到我這裏來一趟。」

第二天，一個四十多歲的乾瘦男子來到總督衙門，一見到張之洞和一旁的陳念礽便跪下，磕頭如搗蒜，口裏不斷地說着：「大人，我有罪，我沒有想到徐會辦會死的！我有罪，十六條冤魂都會找我算賬。我沒有想到他們會死的！」

陪同前來的伍桐山說：「香帥，他就是晉老大。事故發生後，他就瘋了。一天到晚就這幾句話，大家都説，他是給嚇瘋的。」

張之洞注目看着晉老大：一臉黑氣，兩眼呆滯，渾身抖抖嗦嗦的，確有幾分瘋傻之狀。

「是你領着徐會辦去的，為何又離開了他？」

聽了張之洞的審問，晉老大抖得更厲害了。

「小人到廠房外撒尿去了。小人尿泡不好，經常要撒尿。」晉老大説完這兩句話後又喃喃唸道，「我有罪，我有罪！」

「是誰要你去叫徐會辦的。」陳念礽問了一句。

「我自己去叫的。」晉老大跪在地上，呆呆的兩眼望了望陳念礽，又望了望張之洞。隔了一會，又不停地磕頭，口裏一個勁地叫道：「我有罪，我有罪，我要死了！」

張之洞見審不出個所以然來，便對伍桐山說：「你帶着他回去，好好看着他，別讓他出意外，過幾天我還會再問他的。」

不料，第二天上午，伍桐山便慌慌張張地前來報告：晉老大死了，淹死在廠房邊的池塘裏。張之洞打發陳念礽去實地看看。

下午，念礽回來，向岳父稟報：「晉老大確實死了，是淹死的，看不出有勒索捆綁的痕跡。廠內外傳説紛紛。有説是他瘋了，自己走到塘裏去淹死的，也有人說是炸死者的靈魂將他拖到池塘裏去的。」

張之洞問：「晉老大這人平時口碑如何？」

陳念礽道：「廠裏人都說他是個小人，巴結上司，剋扣工人。不過，他平時對徐會辦倒是很恭敬的。」

「他有妻室兒女嗎？」

「他的家在黃陂，鄉下曾經有個婆娘。後來進廠當了工頭，就不要鄉下那個婆娘了，喜歡嫖賭，沒有兒女。」

張之洞兩手來回地捋着髯鬚，不再說話了。

「岳翁，」陳念礽望着張之洞，慢慢地說，「我這兩天來在想，這樁事故有幾點可疑之處。」

張之洞邊捋鬚邊說：「你有甚麼看法，只管說出來。」

陳念礽托着腮幫子說：「昨天晚上伍桐山講，是積壓的火藥粉受熱後引發的爆炸。這個說法難以成立。火藥粉受熱後只會引起大火，很難引起這種機器炸裂、廠房盡毀的嚴重後果。」

張之洞停止捋鬚：「如此嚴重後果，會在甚麼情況下出現？」

陳念礽說：「只會出現在有意爆炸機器的情況下。」

「有意爆炸？」張之洞的手從長鬚上滑落下來。「難道說有人存心使壞？」

陳念礽說：「這只是分析，不能作肯定。火藥只有擠壓成一團，再引火爆炸，才能形成殺傷力；分散的火藥粉，沒有這大的威力。最能解釋的假設是這樣的：有人事先將一包威力很大的炸藥塞在機器轉軸裏，然後在機器開動時，點燃火線。如此，機器才會炸得四分五裂，釀成廠毀人亡的慘重後果。」

張之洞說：「你懷疑是晉老大放的炸藥？」

「晉老大的可疑點最大。」陳念礽說，「是他去叫的徐會辦，爆炸前他又趕緊離開了現場，事故發生後他神態失常，現在他又淹死了。這幾點聯繫一起來看，可以有八九成的把握斷定炸藥是他放的。」

張之洞的手又不自覺地捋起鬍鬚來：「你這個分析有道理，但他為甚麼要害死徐建寅和這麼多的工匠呢？他和他們有甚麼冤仇？」

陳念礽說：「這是一個接下來需要解開的疑團。我想晉老大很有可能是受人指派的，也就是說，另一個人與徐會辦有仇，他收買了晉老大，讓他幹了這場傷天害理的事，事後又將他滅了口。」

「你是說晉老大是被人推下池塘淹死的。」

陳念礽點點頭：「這種可能性很大。」

「念礽，」張之洞輕輕地說，「你這些思考很有道理。這些話，你不要再對別人講了。你到火藥廠去住幾天，名義上是協助伍桐山處理善後事宜，實際上你去多看多聽，以便多獲得線索。我們要把這樁案子弄個水落石出，否則對不起徐建寅的在天之靈。」

陳念礽第二天就搬到附近的兵工廠住下來，白天在火藥廠和總辦一道處理因災難帶來的許多棘手問題。

半個月後，武昌城裏的徐公館為徐建寅舉行了隆重的祭奠儀式。

徐建寅的嫡妻及其弟頗負盛名的洋務專家徐華封也分別從無錫老家和從上海格致書院趕來了。

武昌城各大衙門的官員，各洋務局廠的總辦、主辦，還有火藥廠大部分工匠工人都絡繹不絕地前來徐公館弔唁，表達他們對徐建寅的痛惜和哀思。

張之洞帶着督署內的官吏和幕僚親自前來祭奠，並告訴徐氏家人，他將要為徐先生上一道請恤摺，請朝廷褒揚他的業績，封蔭他的子孫。徐氏家人對總督的厚誼深表感謝。

徐家保和趙頌南請張之洞到小客廳敍話，他們要向張之洞稟報一樁重要的事情。

一起來到小客廳後，徐家保將門窗關好，然後和姐夫並排坐在張之洞的對面。徐家保今年二十七歲，幼承家學，十多年來隨同父親南來北往，見多識廣，洋務造詣日漸提高，也算得上當今中國的第一流洋務人才了。

趙頌南也是一個精通洋文洋技的專家，因為此而被徐建寅看中，多年來一直是徐建寅的得力助手。出事那天清早，翁婿二人都在吃飯，徐建寅是放下飯碗就走，趙頌南則是把飯吃完後再去的，走到半路就聽到爆炸聲。雖然自己的一條命僥幸存活下來，但他卻為當時沒有拉住岳丈吃完飯再去而痛悔不已。

「香帥，有件事，我和姐夫商量過，認為應當告訴您。」徐家保先開了口。

張之洞以平時極為罕見的慈藹口氣說：「甚麼事，你們只管說。」

徐家保說：「來到火藥廠不久，有一次父親對我和姐夫說，廠裏從德國進口的主機是二手貨，別人用過很多年了。我說，您怎麼知道。父親說，光緒五年，他由駐德公使李鳳苞奏調為駐德使館二等參贊。有一天參觀柏林羅物機器廠，看到一部大型輾製火藥的機器正好組裝成功，他去祝賀。現場指揮的工程師很高興，將他的姓『徐』字用德文字母刻在機器中的齒輪上，以示紀念。來到火藥廠，他看到這部機器上的廠標：柏林羅物機器廠一行德文字，想起二十一年前參觀該廠，心裏很興奮，遂對這部機器有了親切感。他將機器上上下下裏裏外外仔細地審看撫摸，發現它已被使用多年，後來又碰巧在齒輪上發現了德文拼音『徐』，父親更有如逢故友似的高興，於是他確認這部大前年由德國進口的機器是二手貨。」

張之洞氣憤起來。他記得清清楚楚，這部機器是由伍桐山請他任駐美公使的堂叔伍廷芳向德國聯繫購買的。伍桐山向張之洞稟報，這部機器是德國的最新產品，出價三十二萬兩銀元。因為看在他堂叔的面子上優惠了五萬元，只要二十七萬，而且派人來中國免費安裝，加上運費六萬銀元，購買這架機器共花費三十三萬銀元。張之洞從來沒有想過這竟然是二手貨。如此說來，他受了欺騙。究竟是伍桐山欺騙了他呢？還是德國欺騙了伍廷芳叔姪？

「父親從側面打聽到這部機器花了三十多萬銀元後，對我們說，這種用了十多年的二手貨在德國只值三成價，用不了十萬銀元，運費也頂多在三萬左右。德國人嚴謹，講信譽，不會欺騙客戶，問題出在中國人身上。父親說，這些年經手洋務的人，貪污中飽、得回扣的多得很。當年駐德國公使李鳳苞就是一個代表。他就是因為不與李鳳苞同流合污而提前回國的。」

張之洞知道李鳳苞在為北洋購買鐵甲艦艇時貪污巨款，最後遭人告發，被抄家革職了。當年駐德使館中的不少人都牽涉進去了，唯獨身為二等參贊的徐建寅清清白白。

趙頌南說：「岳丈還對我說過，火藥廠的經費開支很混亂。從國外購辦的東西，包括原料和配件，都比通常情況要貴。就是從國內買的東西，包括建廠房的磚瓦材料開銷都很大。而這兩年來生產的黃火藥數量很少，在國外這樣的廠子早就倒閉了，火藥廠是因為皇糧多才維持下來。這裏的問題，要麼辦廠的人是大少爺，崽用爺錢，不心疼。要麼就是蛀蟲，把皇糧吞進自己的肚子裏去了。」

張之洞聽了這幾句話後，心裏很不是味道。火藥廠是他一手籌辦的，但建設的過程和建成後的生產尤其是財務上的管理，他基本上沒有過問。

他相信徐建寅的所見不錯，如此說來，自己至少是瀆職了。

見總督一直沉默着沒有開口，兩郎舅以為是這些話讓他不高興了，於是不說話了。

「說下去呀，徐先生這些見地非常好，可惜，他生前沒有告訴我。」

徐家保望了一眼趙頌南，得到姐夫鼓勵的眼神，他繼續說下去：「父親不讓我們對別人說這些，但他自己早幾天卻在酒席桌上忍不住對伍總辦等人說，買這部機器的錢花得太多了，這裏面保不準有名堂；又說廠裏浪費太大，會辦不下去的。當時，我就坐在一旁，聽了也沒在意。現在出了這場大慘案，我和姐夫都覺得有點不對勁，事情蹊蹺。昨天跟叔叔說起這事。叔叔說，你們要跟張大人稟報，這對查清這樁事故有幫助。所以我們倆趁着今天香帥親來弔唁的機會，把這些事情都說出來了。」

趙頌南說：「說句實話，我們都懷疑這個事故是人為的，但沒有確鑿的根據，只是懷疑而已。」

張之洞說：「你們提供的這些情況都非常重要，我會認真對待的。這些話再不要對任何人說起。」

說罷，起身告辭。

這些日子裏，張之洞心緒非常不好。火藥廠的爆炸事件，很快在武漢三鎮傳播開來，各種各樣的說法都有。正道的、小道的、眼見的、耳聞的、想像的、猜測的、渲染的，把個事故說得五花八門，千奇百怪，甚至誇張到整個工廠夷為平地，百多號員工無一幸存的地步。中外各種報刊也相繼報導，白紙黑字裏說的也多半不是事實。張之洞每看到這種文字，又氣憤又苦惱。

善後的事務是麻煩而頭痛的。撫恤的銀子發了一批又一批，家屬仍不滿意，天天都有去廠裏吵鬧的人。現場的清理也很費事。二十多天過去了，事故發生地仍是亂糟糟的一攤破爛。工是自然上不成了，不少人已自動離開工廠，怕再出事故，更多的人則在等待今後的安排。火藥廠已陷於癱瘓。更嚴重的是這樁事故，給湖北洋務帶來極其嚴重的影響。這個影響主要來自兩方面：一是以湖北巡撫于蔭霖為首的一批本就對洋務持反對或冷淡態度的各級衙門的官吏，如今借這個事故大作文章，大潑冷水，巴不得將湖北的這十多年洋務成績一筆抹掉。二是對湖北省內近十萬名在洋務局廠做事的技師和工人心理上的挫傷。煉鐵煉鋼，挖礦採煤，製造彈藥，調試槍炮，無一不與「危險」二字掛上號；且工作場地簡陋，設備不全，規章制度混亂，傷殘死亡的撫恤條例闕如。不少洋匠說，西方的條件比你們好過百倍，還常出工傷事故，你們這裏的管理一塌糊塗，隱患到處存在，出事故是正常的，不出事故才奇怪。洋匠們這一煽動，工人的心更浮動了。陳念礽告訴岳丈，兵工廠和鐵廠有人在私下串聯，工人們準備聯合起來向廠方和總督衙門要求改善工作環境、撫恤條例，不能把工人不當人看待。這些事弄得張之洞心情更為煩躁。

關於火藥廠裏的事，陳念礽還告訴岳丈，通過十多天與廠裏上上下下的接觸，的確深感廠子的問題很多，尤其是總辦伍桐山，許多人對他看不慣。他在廣東原籍有家有室，來到漢陽不久便娶了一房姨太太，又在漢口和武昌兩城各有一房外室。他的錢是從哪裏來的？另外，這兩年伍桐山還從廣東弄來一批他的朋友，包攬着廠子各重要部門，工人都說湖北的工廠讓廣東班給把持了。

陳念礽懷疑晉老大是作案人，而他背後的指使人便是伍桐山。因為徐建寅發現了購買機器上的舞弊情事，而舞弊者就是伍桐山，所以伍桐山要連人和機器一道炸毀，以便毀據滅口。陳念礽主張把伍桐山抓起來，嚴加審訊，事故的真相便可弄得個水落石出。

受張之洞委託，過問這個事故的陳衍不同意陳念礽的主張，他有他的理由。火藥廠的事故固然疑點很多，人為的可能性很大，但要查出個水落石出，卻很困難。一則最主要的兩個人：晉老大和徐建寅都不在了，得不到最重要的第一手材料。二則徐家保趙頌南的話是在徐建寅死後才說的，既無對證，便難保其中所說的都是真的。通常情況下，家屬都有一種心態：即親人的死非自己的原因，而是出於謀害。不能排除徐家人也有這種心態。三則伍桐山的種種揮霍奢靡，其銀子的來源雖甚堪懷疑，但僅憑這一點還不能把他抓起來審訊。假若抓錯了，事情如何收場？不如把事故定在「意外」這個範圍內來辦理，厚恤徐建寅和其他罹難者，盡可能把事故的影響減少為好。至於伍桐山，則不能再用，可以「管理不善」的過失來處罰他，讓他離開火藥廠，另委派能幹者來辦，或者乾脆就任命徐家保或趙頌南來接替總辦一職，也是可以考慮的。

張之洞覺得女婿的主張和陳衍的分析都有道理。作為朝廷的封疆大吏，作為湖北洋務事業的創始人，在處置這樁事故時他還不能不考慮到兩個方面：一是人事，二是影響。

火藥廠的事，認認真真地追查起來，最後的目標無疑是伍桐山。伍桐山這個人，張之洞過去對他並不了解，完全是看在伍廷芳的面子上才委派為火藥廠的督辦的。伍廷芳籍隸廣東卻生在新加坡，從小學習英文，後又在英國留學多年，以後在香港做律師做法官，再後來又入李鴻章幕襄辦洋務。在張之洞的眼中，伍廷芳是一個很好的洋務人才。四年前，朝廷委派伍廷芳出任駐美公使，路過武昌時，張之洞親自宴請他。席上，張之洞談起辦火藥廠的設想，伍廷芳完全贊成，並答應在國外盡力幫忙。又提議讓他的堂侄伍桐山來武昌協助辦廠。伍廷芳介紹了堂侄的經歷。原來伍桐山在香港英國人開辦的火藥廠裏做過八年的事，這兩年在新會自己辦了一個小廠，也有二三十個工人。既是伍廷芳的侄兒，又有這樣的經歷，張之洞一口答應了。過兩年，辦廠的經費籌集差不多的時候，便將伍桐山聘來武昌，委派他辦火藥廠。伍桐山的精明能幹很快贏得張之洞的信任，三個月後就任命他為總辦，將整個火藥廠交給了他，張之洞從此再沒有過問了。現在如果抓起伍桐山，審查他的舞弊行為，則直接牽涉到伍廷芳。這幾年伍廷芳作為駐美公使，給湖北的洋務事業幫助很大，一旦與伍廷芳交惡，對事業不利。

湖北所辦的洋務局廠耗銀太多，收效不明顯，為此張之洞已遭到來自各方面的攻訐。有人送他一個綽號叫做「張屠財」，意即專門以錢財為屠宰對象，諷刺他濫用錢財。如果按念礽所說的作為一樁因貪污而致殺人滅口的刑事案來處理，則更為攻訐者提供了一個實實在在的口實，對今後湖北乃至全國的洋務大局將會帶來極為不利的影響，當然，也包括他這位洋務制台在內。十幾年辛辛苦苦樹立起的「名督能臣」的形象，將因此而被抹上一塊大黑污！

張之洞思來想去，還是覺得陳衍的處置更為妥當些。但他心裏總有一股怒氣鬱積着：他恨自己錯用了伍桐山這個奸佞小人，給他造成這麼大的壞影響。火藥廠經營不善，伍桐山大肆揮霍，這是鐵的事實。至於徐家保說的二手貨的事，張之洞也相信多半是真的。也就是說，伍桐山在他的眼皮底下公開要手段、玩花招，從中貪污一二十萬巨款。以張之洞的性格，他如何能容下這種敗類，他如何能咽下這口惡氣！一想到這裏，他又覺得不應該如此便宜了這個小子，還是從嚴究查的好。

這天夜裏，伍桐山突然來到總督衙門，請求見一見張之洞。張之洞很不客氣地命令他進來。伍桐山一進門，便跪倒在張之洞的面前，邊哭邊說：「香帥，火藥廠爆炸，卑職有失職守，罪責重大，謹奉堂叔之命，願以十萬兩銀子贖罪。請香帥看在堂叔薄面上，不追查卑職的刑事責任，讓卑職回新會去侍奉老母，教讀稚子。這是堂叔給您的信。」

說罷，雙手遞上一張紙。

這是伍廷芳從美國寄給伍桐山信中的一頁。信上說，在美國得知湖北火藥廠爆炸，徐建寅先生等多人遇難，不勝驚訝。伍桐山是他的堂姪，又是他推薦的，他負有不可推卸的責任，已責令賠償銀子十萬兩，以此贖罪。請香帥念他親老子幼，並非有意，網開一面，法外施恩。又說已與德國羅物機器廠聯繫，該廠願以半價再賣一部同樣的機器，以利火藥廠早日恢復生產。

這最後一句話使張之洞猛然省悟過來：儘快恢復火藥廠的正常生產，才是對各方詰難的最好回答。既以十萬銀子贖罪，又以半價機器來補償，就給伍廷芳一個面子：網開一面，法外施恩吧！

張之洞惡狠狠地盯着伍桐山，真把他看得渾身篩米似的顫抖，口裏不停地說：「香帥開恩，香帥開恩，十萬銀子，卑職將在半個月內湊集。機器的事，堂叔說話是算數的。」

「哼！你這個不成器的王八蛋，辜負了我的一片苦心！」

「卑職對不起香帥，卑職有罪！」伍桐山又一個勁地磕起頭來！

「你給我滾吧！」

張之洞飛起一腳，把伍桐山踢翻在地，自己氣得早已胸悶頭痛，半暈了過去。

十多天後，伍桐山如期賠償十萬銀子，然後悄沒聲息地離開武昌南下了。同時，一紙厚恤徐建寅的奏章也從湖廣總督衙門轅門外放炮拜發。在奏章上，張之洞向朝廷報告火藥廠會辦徐建寅因機器炸裂而亡故，並滿懷感情地讚揚徐建寅為研製黑色火藥所作出的卓越貢獻，尤其稱頌他為國效勞、廉潔自律的可貴人格，建議朝廷為他建專祠，並宣付國史館立傳，並援軍功例，贈徐建寅子孫雲騎尉世職，世襲罔替，以彰其功。

同時，張之洞又任命徐家保為火藥廠總辦，繼承父親的遺志。火藥廠在徐家保的率領下很快復工了。

這樁事故和由此引發出的舞弊情事，給張之洞敲了一重棒。他決心從嚴管理湖北各級洋務局廠，特別是在財務開支和安全保障方面更要抓緊抓牢。

這年十一月，兩宮結束長達一年多的流亡歲月，回到北京，慈禧感念跟隨她度過這段苦難日子的文武官員，遂大加賞賜。吳永放廣東雷瓊道，岑春煊擢升陝西巡撫，鹿傳霖升任禮部尚書，授軍機大臣。吳永的外放，雖讓張之洞有點失望。姐夫的進軍機，則讓他很是興奮，這對自己今後的事業和仕途無疑是一個吉兆。

接下來又獎賞保守東南疆土免遭動亂的三位首功大臣：劉坤一賞加太子太保銜，張之洞、袁世凱賞加太子少保銜。這期間，李鴻章以七十九歲高齡去世，袁世凱以四十二歲的壯年擢升直隸總督兼北洋大臣。中國政局的這一重要異動，為十年後的大變故埋下了禍根。

正當張之洞全力整頓湖北洋務局廠的時候，突然間各大衙門在悄悄地傳遞一個天大的奇聞：皇上微服私訪，已來到武昌城！

3 連皇帝都敢假冒，這世界利令智昏到了何等地步

這天，接替于蔭霖的新任鄂撫端方急急忙忙地打轎總督衙門，見到張之洞後，把他拉到一旁，悄悄地說：「香帥，皇上到了武昌城，你知道嗎？」

端方字午橋，是滿洲正白旗人。此人聰明，詩文也不錯，有滿洲才子之稱，是中國近代史上一個著名的人物。可惜，他的著名，不是因為他的官做得大，更不是他的文才好，而是八九年後，被嘩變的士兵所殺，成為辛亥革命中的一個重要事件。此時年方四十出頭的端方風度翩翩，才情出眾，甚為張之洞所喜歡。正是因為這點，張之洞才在竭力擠掉不合作的于蔭霖後，將他所喜歡的端方從署理陝撫的位置上要來湖北。

「皇上到了武昌城？」張之洞睜大了眼睛。「這事我怎麼會不知道，還要由你來告訴我？」

端方比張之洞年輕二十多歲。雖是巡撫，張之洞平時對他，不像對待譚繼洵、于蔭霖那樣的注重禮儀，端方也像晚輩對長輩一樣地對張之洞恭敬禮讓。如此，督撫之間的關係反倒和諧起來。

「是呀，這事我也納悶。照理說，皇上到咱們湖北來，朝廷第一個要告訴的是您香帥，同時，也應知會湖北巡撫衙門。我事先並不知道，是衙門裏一個文案告訴我的。我剛聽也不相信，那文案說皇上是微

服私訪。我想，這或許也可以說得過去。」

張之洞知道，大清朝的皇帝微服私訪，那是康熙爺、乾隆爺那幾朝的故事。從嘉慶爺開始，這一百年來，就再也沒有聽說過微服私訪的事了，除到承德去避暑外，連公開到外地巡視也見不到了。難道說，咱們現在的這位爺，效法起老祖宗的榜樣來，要以一介草民的身份來體察人情世俗？

「你說詳細點，是個甚麼情況。」

端方說：「昨天，撫署裏的王文案告訴我，前幾天武昌金水閘客棧來了三個人，一主兩僕。主人二十幾歲，容貌清秀，舉止文雅，穿著打扮都是一副官家子弟的派頭。一僕三十歲左右，悍強健，類似保鏢。另一僕四十多歲，說話尖聲尖氣，像女人腔，又沒鬍鬚，是個太監。店小二見這三個人與眾不同，花費奢豪，遠過常客。最奇怪的是，早早晚晚進食進茶，僕人必跪下請主人，又對主人稱聖上，自稱奴才。又見主人吃飯的碗是一隻玉碗，上面鏤刻着一條鍍金的龍，龍為五爪。店小二見此情景，大為吃驚，便去告訴店主。店主將保鏢召去盤問。保鏢說，實不相瞞，主人乃當今皇上光緒爺，另一位乃沈公公。皇上四歲進宮後，便是沈公公服侍的，一天也沒離開過，故皇上將他帶來湖北。又說他自己姓蔡，乃九門提督下的參將，武功為京城第一，故皇上叫他來保駕。蔡參將於是帶店主進房間，打開隨身帶來的包袱，裏面都是繡着五爪金龍的衣袍和被面，還有一顆一寸見方的玉印，上面刻着『御用之寶』四個字。店主一看，知道真的是皇上駕到了，便跪下叩頭。又收拾好自己的一個宅院，讓他們三人住進去，每天好酒好飯地招待他們。」

張之洞覺得這事真是稀奇得很，問：「他們到武昌來做甚麼？」

端方說：「蔡參將說，皇上從直隸到河南，從河南到湖北，是為了查看民風，體恤民情。」

張之洞說：「好，這事我知道了，你去吧。巡撫衙門若打算做甚麼事，先知會我一下。」

「那是自然的。」端方打着千說，「這件事卑職不敢擅自做主，會隨時來請示大人的。」

端方剛走。新軍統制張彪又來了。張彪對張之洞說：「聽說皇上到了武昌城。皇上的安全是第一等重要的事，要抽調多少兵丁進城保衛，請大人指示。」

張之洞心想：張彪就把這事當真了！揮揮手說：「先不要調兵，甚麼時候調，調多少兵，到時我會通知你的。」

打發走張彪後，張之洞坐在簽押房裏一直在想着這件事。有可能嗎？為甚麼沒有接到從朝廷發下來的文書中看出一星半點影子？倘若真的是皇上，決不能怠慢；倘若不是的，又該如何處置？

第二天，湖北按察使李岷琛、武昌知府范尚德又相繼來到總督衙門，都說起這事，想從張之洞這兒打聽些消息。當張之洞告訴他們未獲朝廷通報時，臬台和知府也都不知該怎麼辦。張之洞對他們說，你們一律不要採取甚麼行動，一切聽總督衙門的安排。

晚上吃飯時，張之洞特意來到幕僚房，和眾幕友們一道吃飯，席上他把這個新聞告訴他們。幕友們聽後，既驚訝又興奮。他們都是沒有見過皇上的人，對皇上的一些模糊印象，還是庚子年秋天，從吳永嘴裏聽來的。現在皇上駕臨武昌城，真是千載難逢的好機會，誰不想親眼見見這個真龍天子？

張之洞笑着問大家：「你們說這會是真的嗎？」

「我看多半是真的。」辜鴻銘立刻接言。

張之洞問：「你有甚麼根據，斷定它多半是真的呢？」

辜鴻銘放下碗筷，一本正經地說：「皇上微服私訪，歷朝歷代都有，國朝的康熙爺、雍正爺、乾隆爺，都是最愛私訪的，民間流傳的故事多得很。據說還播了許多龍種在民間，朝廷也不好承認，那些龍子龍孫只好委屈做蝦子龜孫了。」

大家都笑出聲來。在幕友房中，調侃幾句太后皇上，罵幾句王公大臣是常事，大家都不在意。因為辜鴻銘的話說得刻薄風趣，聽後特別開心，有年紀大點的連嘴裏的飯都噴出來了。

「還有哩！」見大家都笑，辜鴻銘很得意。他天生喜歡這樣惹人注目，大家越注意他，他就越有勁。「皇上自戊戌年以後，形同虛設，有他沒他，都沒關係。他成天沒有事做，不如到外面走走，散散心。前一年的流落歲月，使他多少看了一點江湖，知道江湖上比他的紫禁城要好玩得多，所以他忍不住又出來了。珍妃死了，他身邊沒有一個知心女人，保不定這次瞞着太后出宮的目的，是要尋幾個民間美女。」

梁敦彥在一旁打趣：「湯生，你有沒有未出嫁的妹子或甚麼姑呀姨呀的，挑一個好的給皇上，你就是國戚了。」

大家又都笑起來。只有梁鼎芬臉上尷尷尬尬的，他覺得梁敦彥是在指桑罵槐，揭他巴結吳永的老底。

陳念礽說：「我看八成是個冒牌貨。你們想想看，皇上被太后當囚徒一樣地管束着，他能逃得出宮嗎？聽說他身子骨很弱，能走幾千里路，到我們武昌來嗎？」

張之洞在心裏點點頭：念礽這幾句話還真是說到點子上了。

陳衍說：「這也難說。他到底是皇上，真要出宮，別人也是不敢攔他的，說不定還是太后有意放他出來歷練歷練哩。歷練成了，今後還繼續讓他做皇上。萬一在外面有個三長兩短，她也不傷心，正好藉此再立一個滿意的……」

「石遺這話最有見地！」梁鼎芬忍不住打斷陳衍的話。「我看說不定是真的。」

張之洞在心裏想着：陳衍的話也並不是沒有道理。

梁敦彥說：「真假在這裏說都沒有用，最好是要當面驗證下。聽說兩宮回鑾時有照片登在上海的《字林報》上，你們誰見過這張報紙？」

大家都搖頭。

「我倒是見過。」陳念礽說，「不過這都一年多了，誰還能找得出這張報紙來呢？」

「我有辦法！」辜鴻銘興奮地拍着桌面。桌上的碗筷被他拍得叮噹響。「不是說他手上有玉碗嗎，我們借它出來，讓香帥鑒定鑒定。香帥是古董家，又熟悉宮中用品。若碗是真的，那人也就是真的了！」

梁鼎芬說：「湯生說的也是個主意，只是他們又怎麼肯讓你借出來呢？」

辜鴻銘想了一下，對張之洞說：「香帥，煩你出個公函蓋上湖廣總督關防，讓我帶上這個公函去見見他。他見是總督衙門的人，自然會借的。」

張之洞想：不管是真是假，總得要有人去見見面才是。便說：「這也可以，你就帶上個公函去拜見拜見吧！」

辜鴻銘高興起來，忙說：「見皇上是要行三跪九拜大禮的，我可不知道這中間的環節。香帥，你過會兒教我演習演習。」

陳念礽笑道：「還沒弄清是真是假先就演習起大禮來了，萬一拜了個假皇上怎麼辦？」

大家又都笑起來。

梁鼎芬想：這可是個千載難遇的好機會！若是真的，這就是一個攀龍附鳳的絕好時機；即便是個假的，見見也無妨。便說：「香帥，讓我也去一個吧，仔細替您辨辨。」

「行。」張之洞說，「不過，你們兩個都先自有個真皇帝的主見了，還得去一個相反看法的，方收兼聽之效。念礽抱懷疑態度，讓他也去一個吧！再說他見過報上的照片，多少有些印象。你們三個人一同去，都替我仔細看仔細聽，所謂聽其言觀其行，看誰是火眼金睛！」

第二天上午，辜鴻銘、梁鼎芬、陳念礽三人來到城西頭金水閘客棧，向客棧的店小二打聽。店小二神氣地說：「你們是拜見皇上嗎？你看那邊就知道了。」

順着店小二的手勢望去，只見百把丈遠的一個小巷子裏，早早地排成一條人的長龍。店小二說：「那都是想見皇上的人，你們在後面排隊吧！」

三人來到小巷子邊，見排隊的人足足有三四百之多。一個個都興奮無比，一邊慢慢地移動腳步，一邊熱烈地討論着。陳念礽說：「這要排到甚麼時候，只怕天黑了還見不着。」

梁鼎芬對辜鴻銘說：「你不是揣着公函嗎？我們到前面去，我們是辦公事，叫他們讓一讓。」

「說得有理！」

辜鴻銘大步向前面走去。來到宅院門口，只見店主和蔡參將一邊門柱坐一個，口裏不停地說：「一人一個銀元，不要和皇上說話，看一眼就走，後面的人多着哩！」

了銀元嗎？」

辜鴻銘出外一向不喜歡帶銀錢，再加上先沒料到，身上一個子兒都沒有，回過頭來問念礽：「你帶

陳念礽心想：這是怎麼回事，見皇上還要交一個銀元，這不是把皇上當猴兒耍了嗎？心裏先就有了幾分反感：「我們不交這錢，你把公函拿出來，給他們看看！」

辜鴻銘走到院子門口，對店主說：「我們是湖廣總督衙門的，讓我們先進去吧！」

店主一見紫色條形湖廣總督關防，立刻換上了滿臉笑容，忙起身打躬說：「既是制台衙門裏的老爺，請進吧！」

那邊的蔡參將說：「先進去可以，每人得交一塊銀元。」

「甚麼話？」陳念礽怒道，「辦公事還得交銀子嗎？」

蔡參將還要堅持，店主忙說：「你們進去吧，銀元歸我出。」說罷，彎腰打躬，請他們三人進去。穿過一個不大的庭院，便來到正房。沈公公站在正房門邊，見有人來，扯起男不男女不女的嗓聲道：「跪下，一叩首！」

辜鴻銘、梁鼎芬聽到叫聲，便身不由己地跪了下來。陳念礽不願跪，仍站着。沈公公瞪了他一眼：「見了皇上為啥不跪？跪下，一叩首！」

陳念礽很厭惡這種不男不女的腔調，身上彷彿起了雞皮疙瘩似的不舒服。梁鼎芬拉了拉他的衣角，陳念礽仍不跪。見這個年輕人實在不跪，沈公公也不再堅持，自顧自地繼續喊下去：「二叩首！三叩首！」

趁着這個機會，陳念礽把坐在正對面只有兩三步遠的「皇上」仔細地看了幾眼。

這是個二十多歲的年輕人，面皮白淨，五官清秀，帶有幾分女人味。頭上戴一頂古銅色小便帽，帽沿正中處嵌一顆大紅棗狀寶石，身穿一件暗紅四開褉長袍，外罩一件石青常服褂，脖子上沒有朝珠，腳登一雙三寸厚的白底烏緞靴。與他從《字林報》上看到的光緒照確有幾分像，心裏想：莫非是真皇上？

辜鴻銘、梁鼎芬叩了三個首後，沈公公說：「跪安吧！」

見他們還原地不動，又說：「你們可以走了。」

辜鴻銘從口袋裏揚出公函：「我們是湖廣總督衙門的，想和皇上說幾句話。」

沈公公接過公函，遞給年輕人。年輕人看了看公函，臉色微微一怔，但很快就恢復了正常，不待辜鴻銘開口，先笑着問：「你是洋人還是中國人？」

這位生在異域長在海外的混血兒，自從接觸中華典籍後，便在心靈深處滋生了一股很重的帝王情結。他依稀記得過去也在報刊上看過光緒的照片，的確也就是這個樣子，在他的想像中光緒皇帝也應該就是這個模樣。不知不覺間，他便認定這少年就是皇上了。

將近四十歲了，還從來沒有面對着皇上說過話哩，今日真是三生有幸，得遇真龍，機會難得，切莫錯過；即使他不是皇上，過過癮也好。想到這裏，辜鴻銘朗聲答道：「啟稟萬歲爺，臣辜鴻銘是中國人，祖籍福建同安。」

那少年又問跪在一旁的梁鼎芬：「你是甚麼人？」

梁鼎芬趁着閒在一旁的時候，也在仔細地審視着眼前的一切。他沒有見過皇帝，但他見過太監。就他的觀察，這個沈公公是個真正的太監。無論是從說話上，從無鬍鬚上，還是從他的舉止動作上來看，的確是個真正的而且是訓練有素的太監。太監是真的，皇帝的真實性便隨之增加。但梁鼎芬比辜鴻銘老練點，他還不能完全認準，他要借取別物來證實下。成天在皇帝身邊的王公大臣，他認識得極有限，一時也想不出個合適的人來。猛然間，福至心靈，他想起已做了自己八姑丈的吳永來。逃難過程中，吳永與太后皇上朝夕相處幾個月，若真的是皇上，他不可能不認得吳永。於是答道：「我是湖廣總督衙門總文案兼兩湖書院山長，吳永是我姑丈。」

少年問：「吳永是誰？」

梁鼎芬猛一驚，他不認得吳永，莫非是假的！這時辜鴻銘、陳念礽也都浮起與梁鼎芬同一個想法。梁鼎芬說：「吳永原是懷來知縣，後護駕西行，現蒙恩放了廣東雷瓊道。」

「喲，你原來說的是懷來吳知縣。」沈公公在一旁代為回答，「他是太后的人，皇上沒有跟他打過交道，皇上自然不認識他。」

這話說得對，吳永本是太后的人，皇上不認識他也可理解，辜、梁釋懷了，陳念礽卻仍有點疑惑。

「你們要說甚麼，快說吧！」沈公公顯然不願意和他們多說話，再次下逐客令。

辜鴻銘說：「回稟萬歲爺，張制台本想來朝拜萬歲爺的，但他沒有接到廷寄，不敢造次。」

那少年笑道：「張之洞是個老滑頭，他懷疑朕是假的，故不來見。你可以告訴他，朕並不想見他，至於朕是真是假，朕不多說。朕這裏有一隻玉碗，你可拿去給他看。他在京中做過翰林，應見過宮中物品，是真是假他看看就知道了。不過，明天你們一定要還給朕。」

沈公公忙說：「這玉碗不能隨便拿去，你們帶有甚麼值錢的東西嗎？存下做抵押，明天一手交碗一手還給你們。」

陳念礽說：「我們將公函放在你這兒做抵押還不行嗎？」

沈公公說：「公函又不值錢，它怎麼能做抵押！」

陳念礽心裏氣憤，但也不好與他們爭吵。

辜鴻銘在身上摸來摸去，突然說：「我這有塊英國帶回的金殼懷錶，上面有英女王的像，留下它作抵押吧！」

說罷將懷錶取下遞過去。沈公公接過看了看，又遞給那少年。少年接過懷錶，翻來覆去地看了看，滿臉笑容說：「這個懷錶值錢，行，留下做抵押吧。」

陳念礽心裏想：這人好像從來沒有見過洋人造的懷錶樣，憑這點看來也不大像。

辜鴻銘接過用黃緞布包好的玉碗，和梁鼎芬、陳念礽一道離開宅院，趕緊奔總督衙門。

張之洞正在翻閱着臨時叫大根從武漢三鎮買來的各種小報。這些小報上全都刊載了皇上來到武昌的新聞，有一份小報還將唐朝的事拿來類比，說太后是武則天，皇上是李旦，皇上到武昌，是來找張之洞保駕的。張之洞看後，真是又好氣又好笑。

張之洞捧着辜鴻銘帶來的玉碗，上上下下細細觀賞着：這是一隻羊脂玉雕的小碗，比通常的飯碗略小一點，上面鏤刻着兩條騰雲駕霧張牙舞爪的彩色飛龍。仔細看這兩條龍，又似乎跟通常所見到的帝王用品上的龍略有不同：它的線條豐富，色彩飽滿，富有立體感，給人一種活生生的彷彿就要離碗飛去的感覺。張之洞在心裏暗暗叫好，如同平日鑒賞古董一樣，他拿起碗對着窗外照看，為的是借用強烈的陽光來透視。這時，他看清了碗的一角有一塊小指頭大的裂痕。「這玉碗修補過。」他一邊想，一邊將玉碗輕輕地在手中摩挲着，有似曾相識之感。猛然間，他想起來了，這不就是那年潘祖蔭請大家看的那隻御碗嗎？

那是二十多年前的事了。張之洞剛剛從四川學政任上回到北京，立即成為以李鴻藻、潘祖蔭為首領的清流黨中的重要成員。那時潘祖蔭身為刑部尚書，以精於鑒賞古董聞名於京師官場。他也兼上書房師傅，教讀只有七八歲的光緒皇帝。有一天他去上書房較早，光緒正在早膳，因為粥有點燙嘴，發氣將碗一甩，掉在青磚地上。一旁服侍的太監嚇慌了，忙把碗拾起來，發現碗口斷裂了一小塊。主管太監將這個太監狠狠責打了四十大板。不是主管太監太兇惡，而是這隻御碗委實不尋常。它是當年康熙親手賞賜給乾隆的禮物。

康熙晚年，宮中來了一名洋畫匠，名叫郎世寧。他是意大利的傳教士，又是一位造詣很高的畫家，康熙喜歡他的畫。召他入值內廷如意館，賞給他三品頂戴，並讓他為自己畫像。晚年的康熙極疼愛他的第四子雍親王的兒子弘曆。弘曆十歲生日前，恰好盛京將軍向康熙呈獻一塊百年難遇的純淨無瑕的羊脂玉，康熙命工匠雕成一隻小飯碗，又叫郎世寧用油彩在碗上畫了兩條飛龍，然後再叫工匠依照郎世寧的畫鏤金鑲彩，成功了一件絕世佳品。在弘曆十歲生日那天，康熙親手賞給他的這個小愛孫。

因為此，弘曆跟郎世寧結下了友誼。到了他登基做乾隆皇帝後，郎世寧受到他的格外寵愛。郎世寧也感知遇之恩，盡心盡力為乾隆服務，不但為乾隆畫了《乾隆皇帝大閱園》這樣的傳世名畫，還成為圓明園工程的主要設計者。

乾隆很看重爺爺所賞的這隻玉碗，將他珍藏着，以後一直無人動用。同治帝登基時還只有六歲，慈禧疼愛兒子，希望兒子效法祖宗，便叫內務府找出這隻碗來給兒子吃飯用。到了光緒登基時，因為也是小孩子，於是沿同治舊例，也用這隻碗吃飯。不料今日給摔破了，這主管太監能不又惱怒又恐懼嗎？好在掉下來的那個小片還完整未碎，主管太監擬請人修補，但他不熟習這種事，便請教已親眼看到這一幕的師傅潘祖蔭。潘祖蔭一口答應，並樂意親自來辦理這事。主管太監求潘師傅把活儘量做好，做到讓人一眼看不出，如此才好遮人耳目。

潘祖蔭帶着這隻碗出宮，找了一個他平日所結交的修補古董的一等高手。經過此人的高超手藝，果然乍看起來，就像沒有破損的一樣。潘祖蔭心裏高興，他知道他的好友張之洞、陳寶琛、張佩綸、寶廷等人都是愛好鑒賞的人，平日沒有機會見到這等國寶，應該讓他們看看，開開眼界。於是，將他們四人請到他的家裏，五個人愛不釋手地把玩一整天。半年後宮中傳出消息：這隻經過修補的玉碗失竊了，任怎麼追查，都沒有查出個下落來。一件國寶，就這樣給丟失了。想不到，今日卻不用吹灰之力，便擺到了自己的眼前！張之洞心裏興奮莫名。

「香帥，這碗是真的宮中之物嗎？」宰鴻銘見張之洞品得出神，禁不住問。

「真的。」張之洞眼睛仍沒有離開這隻玉碗。「它是皇上小時候吃飯的碗。」

「那好啦！」宰鴻銘高興得鼓起掌來。「我的頭沒有白叩，的確是真皇上來了！」

「皇上是假的！」張之洞眼睛離開了碗，神色嚴肅地對宰鴻銘說。

「真碗怎麼反而換出個假皇上來？」辜鴻銘不理解，灰藍色眼珠子左右不停地移動。

「正因為是真碗，才是假皇上。」

張之洞把二十年前的那樁掌故大致說了說。

陳念礽說：「我一直覺得奇怪。既是皇上見百姓，為何要收銀元？拿碗給我們，還要以懷錶作抵押。小裏小氣的，就像跑碼頭的賣藝人一樣。說起吳永來，又懵然不知，就算是太后的人，他也不會從沒聽說過。」

梁鼎芬說：「說不定那隻碗後來又找到了呢？」

辜鴻銘說：「節庵問得有道理。失而復得的事是常有的。古人一顆珠子掉到河裏，二十幾年後還能從河蚌殼裏又得到哩！說真碗就是假皇上，有點武斷。」

陳念礽說：「我有個主意，不妨拍個電報到京裏去問鹿大人，他是軍機大臣，必然知道皇上的情況。」

梁鼎芬說：「念礽的這個主意可行，去問問鹿大人。」

張之洞說：「是可以拍個電報去問問鹿大人，但現在來不及了。他跟你們說好是明天要把玉碗還給他，假若他明天得了玉碗就離開武昌怎麼辦？我現在有八成把握斷定這一伙人是假的，但沒有十足的把握，又不好現在就抓他們。」

這時，大根在一旁插話：「我有個主意。」

大家都轉眼看着他。

「我想，做假的都在人前做，人後露出的一定是真相。今天夜晚，我伏在他們的屋頂上，掀開幾片瓦，看看他們做些甚麼，說些甚麼，就真相大白了。」

眾人都鼓掌叫好。

張之洞也笑着說：「我們這麼多飽學之士，當不得一個不讀書的人。我看大根這個主意最好，就請你今夜做個梁上君子。」

晚上，大根穿上夜行服，趁着彌天夜色，不露一點聲響地躍上了金水閘店主的宅院屋頂。掀開幾片瓦，屋子裏的一切便都暴露在他的眼前。

一盞小油燈擺在八仙桌的當中，桌上堆滿了銀元，三個人分佔着三方，六隻眼睛都死死地盯着那一堆閃着灰白光芒的銀元。

沈公公說：「張之洞派人來拿碗，就是懷疑咱們。咱們明天拿到碗就走。」

白臉少年說：「我看也是早走為好，張之洞那人不好對付。」

「怕甚麼，你們都是膽小鬼。」蔡參將一邊收銀元一邊說，「既然你們說是真的御用物，就不應該怕張之洞懷疑。生意才剛剛做起來，今天就比昨天多收了一百多塊，明天、後來還會更多，過兩天再走不遲。」

沈公公打了個哈欠，對白臉少年說：「小三子，聽我的，明天拿到碗無論如何要走。他實在不走，我們倆走！」

用不着再聽下去了，這哪是甚麼皇上，分明一伙騙錢的流氓！大根躡手躡腳地離開屋頂，一溜煙跑了。

「事不宜遲，現在就去抓！」張之洞聽完大根的稟報後，立即作出決定。「夜裏抓更好，免得驚動附近百姓，你帶兩個人去，抓來後先關起，我明天再請湖北三憲過來一道審。」

第二天下午，張之洞將湖北巡撫端方、湖北布政使瞿廷韶、湖北按察使李岷琛請到督署，並學西方國家的樣，邀請武漢三鎮報館派人參加旁聽。三個被押上公堂的案犯，見此情景，早已嚇得全身發抖，不用多問就全盤招供。

原來，沈公公真的是一個在宮中呆了三十年的太監。他的師傅當年偷了那隻玉碗，原想偷運出去賣掉，後來風聲緊，他不敢冒險，就在宮裏挖了一個洞將它藏起來。這一藏便藏了二十多年。臨死時，把這事告訴他惟一的徒弟沈公公，叫沈公公挖出這隻碗後離開皇宮，一輩子可以過自在的好日子。沈公公拿了這隻碗後逃出京城，在一個客棧裏遇到了小三子。小三子是一個戲子，在京城王府裏演過戲，對貴族旗人有些了解。小三子提出扮演皇上騙人的主意，皇帝的衣服就是他演戲的行頭。後來又找了一個刻字匠刻玉璽，於是這個刻字匠也入了伙，做了蔡參將。武昌是他們的第一站，幾天來已騙了近三千銀元。

審訊完畢後，張之洞將這三個騙子判了個殺頭示眾。第二天正午在漢陽門碼頭公開行刑，觀者達數萬人之多。張之洞又將此事寫成一個奏摺稟告朝廷，並說明失落二十多年的康熙朝玉碗已獲悉，將派專人護送至宮中珍藏。

一件轟動武漢三鎮的真假皇上案就這樣給破了。辦完這件案子後，張之洞心裏很長時間不能平靜：連皇上都敢假冒，這世界利令智昏到了何等地步！幾個騙子自稱是皇上，就有這麼多人相信，連省垣官府也將信將疑。這說明如今官場的章法多麼混亂，如今的百姓多麼愚昧。這樣的國家能自立自強嗎？

這天午後，梁鼎芬笑笑地走進簽押房，對正在辦公事的張之洞說：「香帥，按照您的指令，兩湖書院已選出三十二名品學兼優的學生，作為官費留日生。明天下午書院開歡送會，後天一早他們就要乘船離開武昌了。」

「哦。」張之洞放下手中的筆，轉過臉來。這些年來，張之洞十分注重派遣學生出國留學，除開各種實業學堂大批選派外，湖北的兩湖書院、經心書院、湖南的嶽麓書院、城南書院等以傳統中學為主兼習西學的官辦書院，也都選拔過一些優秀學子放洋深造。在張之洞看來，學實業的宜去英德美法那些國家，而學軍事、法政、師範等科目的則去日本更好。日本與中國同文同種，日本的經驗最值得借鑒，且相距近，費用少，中國的銀元也可在日本直接通用，彼此之間都省去了許多麻煩，故而張之洞大力提倡去東洋留學。因陳衍的銅元局為湖廣衙門增加了財力，這次擬在湖廣兩省派遣兩百名官費留學生，其中留日的有一百四十名，分配給十餘所書院，兩湖書院是人數最多的一所。

「兩湖的學生後天就走了，其他書院的呢？」

梁鼎芬說：「兩湖的先去上海打前站，約好所有留日生，月底在上海大東旅館聚合，再坐同一艘船去日本。」

「行，這很好。」

張之洞順手端起桌上一隻粗大的白瓷杯子。這杯子裏裝的不是茶，而是參湯。多年來，趙茂昌每月給督署送來十支特製人參。每天上下午喝下一杯這樣的參湯，已成了張之洞的習慣。

「明天書院的全體師生都要參加歡送會，場面盛大隆重。卑職想請香帥百忙之中，抽空去書院講幾句話，接見這三十二名學生，一來給卑職和兩湖書院增光，二來也為這批留學生壯壯行色。」

先前兩湖書院也送過幾批留學生，說是要去看看他們，總因忙也沒去成。這次人多，且今後要把此事蔚為風氣，借這個機會鼓吹鼓吹也好。張之洞點了點頭，說：「好哇！明天下午我去說幾句。」

梁鼎芬很高興：「那晚飯就賞臉在兩湖吃吧！」

「飯不吃。」張之洞立刻拒絕。停一會，又問，「這批學生中有特別出色的人才嗎？」

「個個都優秀，出色的也有好幾個。」梁鼎芬想了一下說，「其中有一個特別卓異之才，我看他今後有可能成大器。」

「噢，你說說看。」學政出身的張之洞對人才有一種出於本能的濃烈興趣。

「這個學生名叫黃興，湖南善化人，秀才出身兼習武術，二十四年進的兩湖。此生品學兼優，文武兼資，文似東坡，書工北魏，詩尤其豪氣磅礴。卑職掌兩湖十餘年，像黃興這種出類拔萃的人尚不多見。」

聽了這番話後，張之洞越發來了興趣：「你說他的詩氣勢壯，唸一首給我聽聽。」

「黃興有一首詠鷹的五律，我很喜歡，背給香帥聽聽。」

梁鼎芬略為思忖後背道：

獨立雄無敵，長空萬里風。
可憐此豪傑，豈肯困樊籠。
一去渡滄海，高揚摩碧穹。

秋深霜氣肅，木落萬山空。

「好！」張之洞高興地站了起來。「就為了見見這個黃興，我明天也要去一趟兩湖書院。」

次日下午，一向平靜的兩湖書院變得熱鬧起來，書院最大的會講場所——傳道堂裏佈置一新，講台上方拉了一條二丈多長的大紅布，上面剪貼着八個大字：負笈東瀛，為國求學。大字下面還貼着一行較小的字：歡送官費留日學生大會。書院六十餘名各科教習，四百餘名學生早早地來到這裏，絕大部分學生都對坐在第一排的三十二名留日生投去羡慕的眼光。

山長梁鼎芬主持這次盛大的歡送會，因為有張之洞的講話這場重頭戲，故梁鼎芬簡單地說了幾句開場白後就高聲地宣佈：「現在我們恭請制台大人張香帥訓話。」

張之洞雖然仍掛名書院的名譽山長，但自從出了唐才常的事後，就再也沒有來過兩湖書院了，這兩年進書院的學生才第一次見到他。原來是這樣一個又矮又醜的衰老頭子！許多學生望着走上講台未著官服的湖廣總督，心裏這樣嘀咕着。

「諸位師生，兩湖書院此次又有三十二名學生去日本留學，是一件大好事，鄙人很樂意參加歡送會，並說幾句話。」張之洞乾咳了一聲，操着帶有明顯南方口音的官話說着，「去年兩宮回鑾之際，鄙人同兩江劉峴帥，連上了三道條陳，其中有一條重要的建議，便是廣開遊學，得到了太后、皇上的旨准。兩湖用官費派遣留學生，本在各省之先，今後更要擴大名額，年年資遣。這次兩湖共有二百名去西洋東洋，光我們兩湖書院便有三十二名。明年，鄙人擬派二百五十名，兩湖書院可派五十名，只要品學兼優者，都有出洋的機會。」

學生中間已開始有小聲議論了。有的說，別看這老頭子模樣不中看，說話的中氣倒蠻足的。有盼望出國的學生，更喜形於色，禁不住悄悄地互相鼓勵。

「鄙人之所以動用大筆經費派遣留學生，當然首在為國家為兩湖培養人才。兩宮旨准了鄙人與劉峴帥的條陳，這表示兩宮將要在全國大辦洋務，大辦新政。國家和兩湖急需大批洋務人才，所以要派優秀學生出國學製造，學冶煉，學測量，學軍事，學法律，學師範，學成回來報效國家，報效兩湖。諸位留學的銀子，雖說是湖廣總督衙門拿的，其實都是湖廣老百姓的血汗錢。所以鄙人希望你們不要糟蹋了這筆錢，要好好讀書，多聽多觀察，真正地把洋人的本領變為自己的本領。若有到了東洋後，不把心思花在求學上而是去吃喝玩樂、下賭場窯子的話，鄙人知道後固然要重罰，只是，那些人首先要遭神明的詛咒。拍拍胸膛自問，這樣做對得起湖廣的父老鄉親嗎？對得起鄙人嗎？對得起自己的良心嗎？」

前排就座的三十二個即將赴日本的學生，人人臉上表情肅穆，心裏想：張制台並沒有打官腔，說的是實實在在的話。每年官府給每人四五百銀元的留學費，這筆錢可供七八戶六口之家生活一年了。留日生中大部分家境都不寬裕，想到這點，他們對即將開始的新生活更覺珍惜。

「當然離鄉背井，去國留學，也是很艱苦的。首先是要學別人的語言文字，此外還得要習慣人家的飲食習俗，更不要說和洋人打交道的麻煩了。你們現在恐怕是高興多於擔心，鄙人倒是要勸你們，多作點吃苦的準備。不過，古人早就說過，不吃苦中苦，難為人上人。你們一旦學成回國，那就不得了啦！要銀子有銀子。鄙人的洋務幕友，薪俸每月六十元，要比中文幕友多二十元。至於鐵路局、槍炮廠的督辦、高級匠師們更高，有一百到一百五十塊銀元的。你們想想，這銀元比別人多了幾多倍！想做官也容易。鄙人幕府中有個梁敦彥，從美國回來的，我已保薦他做江漢關道了，下個月就走馬上任。堂堂道台，正四品，再過幾年，他就可升臬台藩台，做得好，也可以做撫台制台，前途大得很。諸位不要擔心留學的沒有功名做不了官，只要有真才實學，今後一樣地戴大傘帽，亮紅頂子！」

張之洞這番大實話，引起滿堂師生大笑，大家情不自禁地鼓起掌來。這掌聲把張之洞的情緒大大調動起來，他說得更起勁了：「有人說，萬一回來沒事做怎麼辦，諸位也不要有這個擔心。你們是湖廣派出去的，今後都統統回湖廣來，鄙人有的是洋務局廠可以安置。鄙人向你們擔保，一回來就給你們三十塊銀元的月俸。」

兩湖書院的教習不超過二十塊銀元，在東洋讀了幾年書，一回來就是三十塊，真是優待。

「也有的心裏在想，你張制台六十多歲了，說不定哪天就死了，說話算不了數。諸位，你們放一千個心，鄙人會為湖廣立個章程，今後不管誰來做湖廣總督都得執行。再說，鄙人死了，兩湖洋務局廠是不會死的，有洋務局廠在，就有你們大展抱負的天地。好好的學本事吧，你們個個都會升官發財，飛黃騰達的！」

湖廣總督這番赤裸裸的演講，贏得了兩湖書院那些將要出國或盼望出國的學生雷鳴般的掌聲和歡呼！

在這片高漲的激情中，三十二名留日學生魚貫走上講台，接受總督的接見。他們來到張之洞的面前時，並足鞠一躬，張之洞再微笑着注目看一眼，算是答禮，站在一旁的梁鼎芬則將該生的姓名、籍貫、年齡向總督報告一遍。一個學生便接見完畢，第二個再上來。大約接見了十多個學生後，只見一個學生與他的同伴一樣來到張之洞的面前，並足鞠躬，張之洞報以微笑，梁鼎芬在一旁高聲介紹：「黃興，湖南善化人，二十八歲。」

噢，這就是黃興！張之洞的雙眼頓時亮起來，重新將面前的學生仔細看了一眼：中等身材，大頭寬肩厚背，兩目炯炯有神，渾身上下充滿着剛強和力量，站在那裏紋絲不動，如同一根柱石、一座石雕。張之洞心中暗暗叫好。他特為站起來，走近黃興一步，和氣地說：「我聽梁山長唸過你的詩，詩寫得很有氣勢。」

黃興並不因總督給予他的特殊待遇而激動。他平靜地說：「謝謝大人，我的詩寫得並不太好。」

張之洞饒有興趣地問：「你自認為可以做得最好的是甚麼？」

黃興不假思索地回答：「指揮千軍萬馬，戰必勝攻必剋！」

張之洞吃了一驚：此人心雄萬夫，看來深受湘軍的影響。

「有志氣！」張之洞脫口而出說了這句話後，心中無端湧出一絲不安來。「到日本後，準備學甚麼？」

「準備進弘文書院學師範。」

「這很好，很好！」

張之洞有種寬慰的感覺。他自己也覺得奇怪，見到黃興的第一眼時，他就想到此人是將材，應勸他進日本陸軍大學學軍事，但不知為甚麼，當聽到黃興說出「千軍萬馬」的話時，立時又感到不安。現在，聽說黃興要去學師範，他反而放心了。

三十二名兩湖學生接見完後，梁鼎芬對張之洞說：「有兩個武備學堂的學生，前幾年也是由官費派往日本的留學生，這次回國休假，明天也和兩湖學生一道去上海。今天也參加了這個歡送會，他們想與香帥見見面，您看？」

「叫他們上來吧！」張之洞爽快地答應了。

梁鼎芬向台下招了一下手，立時有兩個年輕的學生走上來。兩人並排來到張之洞的面前，並足鞠躬，然後自報家門：「湖北武備學堂學生吳祿貞，湖北雲夢人，現年二十二歲。」「湖北武備學堂學生藍天蔚，湖北黃陂人，現年二十四歲。」

張之洞見二人筆挺地站在他面前，頗有點軍人的英武之氣，問道：「你們是哪年去的日本，在日本學的甚麼？」

吳祿貞指着藍天蔚說：「他是大前年去的，我是前年去的，都在日本士官學校學軍事。」

「不錯。」張之洞點點頭，又問，「日本話都會說了嗎？生活上還習慣嗎？」

藍天蔚答：「日本話好學，有半年功夫就學會了。日本的生活與我們差不了太多，住兩年也就習慣了。」

「甚麼時候畢業？」

吳祿貞答：「他明年畢業，我要晚一年，畢業後想再進陸軍大學讀習兩年。」

「學成後有甚麼打算？」

藍天蔚說：「我們早就商量好了，回國後為湖北新軍服務。」

這個回答令張之洞十分滿意。他走過去，拍着藍天蔚的肩膀說：「好，本大帥等着你們回來。只要成績好，報到那天，本大帥便委任你做標統！」

「是！」藍天蔚、吳祿貞雙腳跟一靠，向兩湖新軍的統帥行了一個漂亮的軍禮。

一旁的梁鼎芬見兩個武備生搶了兩湖學生的風頭，心裏有點不是味道。突然間，他有了一個主意，對張之洞說：「明天的輪船十點開錨，九時準，我帶他們來督署向香帥辭行。」

「好吧，我等着他們。」

歡送會結束後，梁鼎芬招呼三十二名留學生：「剛才武備學堂的兩個學生說的話，你們聽到了嗎？回國後為湖北新軍效力，張香帥立馬便委任他們做標統。你們明天向張香帥辭行，也要表示回國後為兩湖效力，讓他把好缺留給你們。」

學生們大都表示願意。

第二天上午九時，梁鼎芬帶着三十二名學生來到總督衙門轅門口，正要進門，兩個挎刀的衛兵將眾人攔住。一人說：「制台大人一早傳下話，此處乃衙門，不是書院，進謁者須衣冠整肅，磕頭拜見。」梁鼎芬對眾學生說：「昨天是在兩湖書院，大家可依書院的規矩，向張香帥行鞠躬禮。今天要依衙門規矩，向張香帥行磕頭禮。」

不料，學生們卻議論起來。原來，隨着西學科目在兩湖書院的設置，西方文明也傳進了兩湖書院。在湖北士人中，兩湖書院可謂受西風影響最深的地方。學生們知道，在歐美各國，早就廢除了跪拜磕頭等禮節，他們大多對中國仍普遍實行這種有損尊嚴的禮儀心存反感。何況，他們並不是張之洞的僚屬下級，憑甚麼要向他跪下磕頭？於是大家都呆着不動。黃興說：「我們乾脆不辭行了，直接去漢陽門碼頭上船罷！」

眾學生都贊成。梁鼎芬急了，忙攔住大家說：「我去和香帥說說，看能不能免去磕頭這一項。」

梁鼎芬急忙走進衙門，來到簽押房說：「香帥，學生們不習慣磕頭，是不是請香帥免了？」

張之洞滿臉不悅：「這是衙門的規矩，怎麼能免？」

梁鼎芬說：「他們說，如果硬要磕頭，他們乾脆不辭行。」

「放肆！還沒出國就這樣無法無天了！」張之洞氣道，「這話是誰說的？」

「黃興。」

「哼！」張之洞大為惱火。「看來此生不是個安份守己的人！」

梁鼎芬心裏也焦急起來，後悔昨天不該多出「辭行」一事，招來了今天的麻煩。他彎下腰，低聲下氣地說：「香帥，這都怪卑職平日管教不嚴，使得這些學生無尊無卑，不懂規矩。但確實西洋各國現在都不行磕頭禮，他們才敢這樣放肆。眼看他們就要出國了，今後都會是國家的棟樑，香帥也犯不了為這點小事與他們鬧僵，倒是在他們臨行前再教誡教誡幾句最是重要。卑職想，就讓他們依原來書院的規矩，向香帥行鞠躬禮，借他們的口傳揚香帥大度寬容、禮賢下士的美德，也是一件好事。」

張之洞猛然想起唐才常的事來。是的，有幾句最要緊的話昨天在書院忘記講了，今天必須補上。磕頭或是鞠躬是次要的，這幾句話倒非講不可。

他板起面孔對梁鼎芬説：「就按你説的，讓他們進來吧！」

一會兒，梁山長帶着三十二名學生來到迎客廳。待學生們在迎客廳站好後，張之洞穿着全身官服，有意踱着方步款款走出。

「向制台大人鞠躬！」梁鼎芬扯着喉嚨叫道。

眾學生都向張之洞鞠了躬，抬起頭看時，但見張之洞拉長着臉，兩眼冷冰冰的。

「昨天在書院，有幾句話鄙人忘記對各位説了。各位所去的東洋，西學西政固然先進，但也是一個藏污納垢的國家。為害中國的罪魁禍首，康有為、梁啟超、孫文等人都麇集在那裏。他們不僅結會辦報，而且私購軍火，與國內會黨強盜聯通一氣，圖謀暴亂，推翻朝廷。他們是一批十惡不赦的壞人。在你們即將啟錨的時候，鄙人鄭重地對你們説一句：在東洋只能讀書走正道，切不可誤入康、梁、孫文的賊船。鄙人昨天説了，學了真本事回來，保證你們升官發財，飛黃騰達。若鬼迷心竅，與康、梁、孫文攪到一起，與朝廷作對，鄙人也決不會因你們是湖廣派出而法外施恩，到時別怪鄙人不仁不義了。各位快去碼頭上船吧，願一帆風順，好自為之。」

走出衙門的三十二名官費留學生，在昨日與今日的對比中，似乎發現了兩個截然不同的湖廣總督。

不久，國家又出了一樁大事，湘軍最後一位元老，做了三十多年督撫的兩江總督劉坤一病逝江寧，朝廷令張之洞兼署江督。張之洞本不想接受這道任命，因為他不願離開正在整頓與發展中的湖北洋務事業。但他想起此次去江寧，可以為自己了卻幾段情事，遂答應暫時署理三個月，請朝廷在這期間物色一個合適的兩江總督。

4 為着一個婢女，盛宣懷丟掉輪電二局

再次署理兩江總督的張之洞，時常有一種淡淡的傷痛感。船過采石磯時，他想起六年前與時任皖南道的袁昶的歡快聚會。袁昶一向被他視為門生中最有識見的幹才，且仕途順遂，實可指望日後成為國家的樑柱。誰知恰恰是他的過人識見，招致殺身之禍。現在雖然已給他昭雪，並予以「文貞」的美謚，但到底是人去樓空，一切都晚了。從他個人來說，是冤裏冤枉地丟掉了一條命；對於朝廷來說，五大臣之死，隨同當年那場荒唐透頂的鬧劇一道，留給史冊和後人的，將是永遠的恥笑和指謫。一股濃烈的悼念之情，聚集在他的胸臆間，不得不發而為詩，借以宣泄：

七國聯兵徑叩關，知君卻敵補青天。
千秋人痛晁家令，能為君王策萬全。
民言吳守治無雙，士道文翁教此邦。
白叟青衿各私祭，年年萬淚咽中江。

鳧雁江湖老不材，百年世事不勝哀。
采石磯上青青樹，曾見傳杯射覆來。

江寧城內的雞鳴山，是一處風光秀麗且承載着厚重歷史積澱的名山。那一年，楊銳匆匆遊了一趟雞鳴山後感歎：倘若在此山上建一座樓房，供遊覽者飲茶小憩，遠眺山景，是一樁功德之事。張之洞記住了這句話。這次一到江寧，便撥款給雞鳴寺，委託寺僧承辦，限定在三個月內建好。寺僧為討總督歡心，不到兩個月，一座二層樓的屋宇便在山頂建立。落成之日，請總督題匾額。

張之洞一生題聯題匾已不計其數，而對着雞鳴山上的這座樓，他手中的筆久久不能提起。若說袁昶的被殺，讓張之洞憤慨憂慮的話；楊銳的被殺，則令他傷痛哀絕！

對於楊銳，張之洞有着遠非一般門生可比的師生情誼。將近三十年了，由學生而幕友而常駐京師的代辦，這種非同尋常的關係，在張之洞的周圍再也找不出第二人。

楊銳得張之洞的器重，除開他的學問人品外，最主要的是在中國維新改革這件大事上，他和老師持完全相同的態度。

他主張變革，主張學習西方，主張引進西學西藝直至西政，是一位站在時代潮流前端的激情洋溢的維新志士。

但他的維新主張是穩健的，他希望中國的改革是漸進的，是次第推行的，不贊同康有為、譚嗣同等人試圖一夜之間改變中國面貌的激進行為。他也希望中國的改革是溫和的，是在不過多傷害既得利益者的前提下達到國強民富的願望。他更服膺張之洞的「中體西用」的說法，認為這才是導中國於正途的惟一準則。他最大的願望是中國每個督撫都能像張之洞這樣腳踏實地地在本省舉辦新政，發展洋務實業，若中國每個省都像湖北省一樣，辦工廠，開礦山，建學堂，練新軍，有個十年二十年，還怕中國不富強嗎？

他的這些想法和張之洞非常吻合。可惜，他被當作「康黨」殺了頭，真是冤枉透頂。真正的康黨至今逍遙海外，被冤枉的康黨卻已屈死多年，人世間是多麼的不公！令張之洞心中更為痛苦的是，楊銳的千古奇冤，他卻不能為之申訴，更不能為之公開辯白！明明含着一肚子苦水，卻不能把這苦水吐出！袁昶雖也是冤死，卻很快得到昭雪，親朋友好可以名正言順地祭奠他，他的子孫不會因此而受牽連。可憐忠心為國的楊叔嶠，至今仍身負惡名。朝廷沒有為他平反，人們便不敢公開悼念他，他的妻兒便不能抬起頭來堂堂正正地做人。作為一個國家大臣，張之洞只能把對楊銳的這份情誼深埋在心底。得知楊銳的妻兒已安全回到四川綿竹老家後，張之洞曾打發大根悄悄地到綿竹，代他去看望，再送二千兩銀子，叮囑他們切不可自暴自棄，天道神明，總是會保祐忠良的。

儘管如此，這幾年來，他每當想起往事，楊銳那張憨厚的娃娃臉便會浮現在他的眼前，令他有如利箭穿心般的痛苦，也為自己身居總督高位卻不能援救一門生而難受。現在，他突然有了個想法：這個樓房本就是因楊銳的建議而修築，何不就用此樓而紀念他呢？借題匾額來表達這種心願吧！但這種表達又不能讓人看出來，諸如甚麼「楊銳樓」「叔嶠樓」之類的名字都不能用。煞費苦心地想了很久，張之洞終於想起楊銳背誦杜甫的八哀詩來。八哀詩並非杜甫詩中最好的作品，且篇幅很長，但楊銳卻喜歡誦讀，且能一字不漏地全部背出。張之洞知道，這是楊銳在借古人之酒澆自己胸中的塊壘，老杜傷的是開元、天寶，楊銳傷的是當今。

「君臣尚論兵，將帥接燕薊。朗詠六公篇，憂來豁蒙蔽」，楊銳那略帶川音的抑揚頓挫之聲又響在耳畔。「豁蒙」吧，皇上受康梁之蒙，太后受宵小之蒙，才會釀成戊戌年那場本可避免的悲劇，導致楊銳的含冤受害。也是因太后受載漪、剛毅及義和拳之蒙，才有庚子年那場本不應發生的慘禍，使得袁昶無緣無故地丟了頭顱。其實，又何只太后、皇上要豁蒙，中國數萬萬百姓更需要豁蒙。幾個頭領登壇一吆喝，便有數十萬人響應跟從，相信神靈附體、刀槍不入，這還不蒙昧嗎？有多少人終生不識一字，非但不懂西學洋務，連孔孟先聖的教導也不與聞，既不知富民強國，也不知修身養性，從生下到死去，混混噩噩、糊糊塗塗地過了一輩子。這些碌碌生靈，難道不更需要豁蒙嗎？這「豁蒙」二字，既寄撫了對楊銳的哀思，又表明了自己的期盼，真是太好不過了。

張之洞想到這裏，揮筆寫下了「豁蒙樓」三個遒勁的蘇體。

雞鳴寺為豁蒙樓舉行了隆重的落成慶典。在一片鼓樂歡呼聲中，人們發現，張之洞赫然站在樓上，神情份外激動。堂堂總督大人對這座並不高軒的豁蒙樓如此重視，讓許多人納悶不解。

下午，張之洞回到督署，剛剛坐定，巡捕便來報告：直隸總督袁世凱舟過江寧，希望會見香帥，現在下關客棧等候鈞命。

官場慣例：官員過境，同品級的當地官員要盡地主之誼，有客氣的則更是既迎又送，宴請之外再加饋贈。通常的督撫路過江寧，兩江總督都會奉行這些禮節，何況直隸總督光臨？直督乃天下疆吏之首，連總署對直督，也以平級相待，不用上下之間的稱呼，以表示對第一疆吏的尊重。若是別的直督路過江寧，遇上的又是另外的一個江督，那必定是一派熱鬧非凡的官場迎送場面。但眼下是袁世凱過的張之洞的地盤，彼此之間的關係很是微妙。

在張之洞的眼裏，四十歲剛出頭的袁世凱，不過一後生小子罷了。在以魯撫身份驅逐義和拳出山東之前，袁世凱從沒引起過張之洞的重視。儘管那以前的袁世凱，在朝鮮武功卓著，回國後在小站練新建陸軍廣受稱讚，乃至於破格簡授侍郎銜。所有這些，在張之洞看來，都算不了甚麼。平定朝鮮內亂，能與打敗法國人的諒山大捷相比嗎？至於新建陸軍並沒有經過戰場上的考驗，不能因為它操練時的步伐整齊、甲冑鮮明，就斷定它是一支強大的軍隊。衡量一支軍隊強大與否，只能是戰場上的勝與敗。部署過越南戰爭，創辦過自強軍和新軍的制台張之洞，並不因為別人的表揚而特別看重小站那支新建陸軍。何況出身名門的袁世凱居然連個舉人也未考中，足見是個不走正路的紈絝子弟，充其量不過是個「不學有術」者而已。

真正使得張之洞對袁世凱刮目相看，是庚子年事變前，袁世凱對拳民本性的深刻洞察和所採取的強硬鎮壓措施，以及事變後參與東南互保的積極態度。這兩樁事使得張之洞對袁世凱的認識有了很大的改變：這小子至少在「有術」二字上還可以加上兩個字——有識。

然而，這種好感不久便被吳永的一番密談給沖淡了。儘管張之洞絕不贊成譚嗣同等人圍園挾后的荒唐做法，但對袁世凱的告密離間更為厭惡。他認為袁世凱此舉是地地道道的小人行徑。這是關係到一個大臣的人品操守的大事，史冊上的奸佞，不就是指的這等人嗎？

出於對袁世凱品性的反感，張之洞不願意與他往來，但袁如今是直隸總督，路過江寧請求見面，又怎麼能不見他呢？再說，袁雖是順道拜訪，其實是有目的的。袁的目的，張之洞早已知道。

原來，一個多月前，盛宣懷的父親盛康以八十四歲高齡病逝於老家武進縣。訃聞傳來，張之洞派女婿陳念礽代表他前去弔唁。盛宣懷告訴念礽，朝廷擬由直隸接管輪船招商局和電報局，但兩局商股董事們不同意，請香帥在這個關鍵時刻幫他的忙。念礽問他怎麼個幫法。盛宣懷說，袁奪輪電兩局，是因為這兩局獲利甚豐，但他同時還兼漢陽鐵廠督辦，而鐵廠虧空甚大。請香帥告訴袁世凱，他是將輪電的贏利來補鐵廠的虧空，若北洋要輪電，則乾脆連鐵廠一道要去，否則的話，鐵廠無法辦下去。如此，袁有可能放棄奪輪電的想法。

陳念礽回江寧後，將盛宣懷這番話如實稟告岳父。張之洞知道，盛宣懷所謂的商股董事們不願意，實際上就是他不願意，因為他是商股中控股人。對於盛宣懷，張之洞的看法是複雜的。

他本能地不喜歡這個人，這是因為，第一盛宣懷是個以追逐利益為人生目標的商人，深受儒學熏陶的張之洞對「唯利是圖」有很深的成見。第二盛宣懷是李鴻章的人，是靠李鴻章而發跡的。當年的清流骨幹一向對「濁流」李鴻章存很大的反感，即便他後來做了督撫，經辦與李鴻章相同的事業，也不改對李鴻章個人的初衷。因為厭惡李鴻章，於是也便不喜歡李鴻章看中的人。

但是，張之洞又不能不佩服盛宣懷的洋務才能，尤其是鐵廠，讓盛做督辦的這幾年間，鐵廠的經營有了很大的變化。首先，鐵廠生產出來的鋼鐵質量大為提高。其次，在江西萍鄉找到了很好的煤礦。萍鄉煤礦，品質既優，蘊藏量又大，可以滿足鐵廠的需要。萍鄉煤的發掘，使得成本大為降低，鋼鐵的價格也就降下來了。質量提高，價格下降，遂使得銷路迅速擴大，尤其是蘆漢鐵路的開工，全國鋼鐵的需求量很大，有時甚至供不應求。就這樣，漢陽鐵廠近兩年來紅紅火火，往日的虧空正在彌補中，盛宣懷的大贏利就在眉睫了。

這事，讓張之洞對盛宣懷不得不佩服！

盛宣懷是既不肯把輪船局和電報局交出來，也不願意把鐵廠交出來的。他是借鐵廠恐嚇不懂內情的袁世凱，希望懂內情的張之洞不要說出鐵廠的真相。這一點，張之洞看得很清楚。

張之洞自然不願意輪電兩局落在北洋衙門的手裏。因為這幾年盛宣懷的確從輪電兩局中騰出大量資金投入鐵廠，如果落入北洋的手，則斷了這道活水。袁世凱年輕而雄心勃勃，一旦讓他得到了輪電兩局，更是如虎添翼，眼裏不會再有別人的位置。讓一個不通文墨的暴發戶平白撿下這大的便宜，張之洞實在不情願。經過這樣一番利益權衡後，張之洞決定幫盛宣懷一把。

前些天，他收到盛宣懷的信，說袁世凱借給母親營墓的機會請假南下河南項城，繞道長江回天津。其目的：一是實地看看湖北的洋務，二是在江寧見張之洞，三是在上海見盛宣懷。

見不見袁世凱，張之洞這兩天在心裏猶豫着：不見他，讓這位新貴碰個軟釘子，殺殺他的驕盛之氣，這可為日後與他談正事增加幾分威懾力；見見他，看看他到底是個甚麼人，與他當面談盛宣懷所託辦的事，遏制一下他的張狂之心？

袁世凱並沒有像別的督撫一樣，沿途下滾單，明示地方官接待他，而是悄悄地來到江寧。這倒令張之洞生出幾分好感來，也促使他立時打定了主意。他吩咐何巡捕持他的名片，帶二十名衙役、五十名兵丁，抬一頂綠呢空轎，前去下關客棧接袁制台。

袁世凱這次下江南，其實是他龐大計劃中的一部分。

袁世凱二十六歲隨同吳長慶出兵朝鮮，只用了短短十六年功夫，便從一個流落江湖的落魄漢爬上疆吏之首的高位。異乎尋常的順遂和成功，給了袁世凱巨大的自信力，也刺激了他更大的野心。他決心在直隸轟轟烈烈氣勢磅礴地大辦新政——開廠礦，練新軍，辦學堂，以出色的政績為今後攀登更高的地位、攫取更大的權力奠下基礎。他要更積極更主動地籠絡朝中權貴，依靠他們的力量，為更輝煌的仕途掃除障礙鋪平道路。所有這一切的成功，最重要的保證是銀子。李鴻章利用截曠、扣建結餘下來的八百萬両軍餉，幫了袁世凱的大忙，但要實現宏偉的規劃，這筆銀子仍是不夠的。如何廣闢財路，成了袁世凱治直的第一件大事。他的心腹藩司楊士驤自然也在為此而思慮。這一天，楊士驤興沖沖地對袁世凱說：「慰帥，有一個人願意送財神菩薩來，您接不接？」

「財神菩薩來，怎麼不接？」袁世凱拍着楊士驤的肩膀說，「蓮府，坐下來慢慢細說。」

「我的二弟士琦一向三教九流的朋友很多。昨天他對我說，他有一個朋友，原是盛宣懷的紅人，近來兩人鬧翻了。」

「盛宣懷的紅人？此人叫甚麼名字？」袁世凱禁不住插話。

「此人名叫朱寶奎。他是盛的同鄉江蘇常州人。從美國留學回國後，便被盛所網羅。朱寶奎西學好，又極精明會辦事，大得盛的信任。先在輪船局做事，後又在電報局做事，從中獲得暴利。朱又花錢捐了一個候補道，盛於是委派他為上海電報局總辦。盛做了鐵路公司督辦大臣後，又委任朱為材料處長。十多年來，朱寶奎不僅積下巨資，且對盛宣懷辦洋務斂財的內幕非常清楚。這次的鬧翻，緣於一個女人。」

女人？平生最好女色已擁有一妻七妾的袁世凱，聽了這兩個字立時精神倍增。

「是的，一個婢女。」說這種豔事，楊士驤也是興趣極濃的。「盛宣懷身邊有一個很標緻的婢女，朱寶奎看中了。他請盛宣懷將這個婢女送給他做小妾，他願出十萬銀元為這個婢女贖身。朱寶奎滿以為自己為盛宣懷出了很多力，又願出這等高價，盛一定會同意。不料，盛聽後怒火中燒，大罵道：朱寶奎，你這個狗日的，貪得無厭，居然打起我的主意來了，莫說十萬，就是百萬我也不會讓出。朱寶奎老羞成怒，決計離開盛另覓出路。」

袁世凱說：「盛宣懷是個明白人，他怎麼會為一個丫鬟而得罪這等重要的伙伴呢？」

「我也這麼想過。據士琦猜測，這個婢女可能早已是盛宣懷的人了。盛宣懷是個老色鬼，身邊有個這樣的美人，他會放過嗎？」

「對對，很可能是個通房大丫鬟。」袁世凱連連點頭，「朱寶奎被美色衝昏了頭，沒有想到這一點，活該挨罵！」

楊士驤說：「士琦對我說，若慰帥趁此機會將朱寶奎挖過來，可以為直隸帶來一筆大財富。」

「這話怎講？」

「盛宣懷經營的輪、電二局本是北洋的產業。這些年輪、電二局賺了數千萬兩銀子，由於李鴻章放手不管，這些銀子全都進了盛的腰包。假若把輪、電二局收回北洋，那北洋一年豈不多幾百萬銀子的收益？」

袁世凱說：「據說輪、電二局是官督商辦，現在是商人集股在經營，直隸要完全收回來，在道理上有障礙，盛宣懷會死死地抓住不放。」

「所以朱寶奎這一來，便是天助慰帥。」楊士驤說，「輪、電二局裏面一定黑幕不少，別人不清楚，就說不到點子上。朱寶奎知內情，到時他可以揭發盛宣懷在這中間玩的手腳，直隸便可藉此接過來官辦，諒他盛宣懷到時不敢跟慰帥硬挺下去。」

「好主意！」袁世凱拍了拍茶几。「你告訴你二弟，就說直隸歡迎朱寶奎來，問他要甚麼價？」

楊士驤說：「慰帥可以給他一個甚麼價碼？」

袁世凱想了一下說：「先讓他做直隸洋務局總辦。若忠心替我辦事的話，三五年之間，我保薦他做個侍郎。他現在哪？」

「聽說住在京師。」

「你叫令弟去說吧！」

朱寶奎接受了袁世凱的價碼，並將他所知道的輪、電二局的內幕都告訴了袁世凱。

正在這時，盛宣懷的父親去世。朱寶奎抓住這個機會，向袁世凱建議，趕緊上一道摺子，說盛丁憂，輪、電二局無人管理，宜由直隸收回，請朝廷允准。這是個好主意，袁因此而不得罪盛，朱也免去賣主的譏責。

不出所料，盛宣懷果然以輪、電二局係商股集資為由拒絕交出。

無奈之際，袁世凱只得拿出第二套方案，即以為去年去世的母親修墓作藉口，親自去常州面見盛宣懷。至於他的底牌，便是朱寶奎的揭發材料。

離開保定前幾天，袁世凱給盛宣懷拍去了一個電報。第二天便收到回電：直隸若硬要收回輪、電二局，請連漢陽鐵廠一並收去，因為無輪、電二局贏利為補貼，漢陽鐵廠則無法辦下去。

因為這個緣故，袁世凱決定順路察看設在武昌的洋務局廠，路過江寧時拜訪張之洞，當然也有另外一個目的：聯絡聯絡當今這位天下真正的第一總督。

袁世凱不愧為一代梟雄。他除雄心勃勃、精力過人外，且洞悉人情世故，精於官場上的做工。他深知張之洞今日所處位置的重要程度，決定不惜以門生和晚輩的身份去巴結依附。他在武昌停留三天，由署理湖督端方陪同，細細地參觀了鐵廠、槍炮廠和布、麻、紗、絲四局。他本是一個極愛鋪張排場的人，卻有意減殺儀仗，降低規格，輕車簡從不露聲色地來到江寧城。張之洞派出這樣一支龐大的隊伍來接他，他心裏甚是高興。

轎隊離兩江總督衙門外的木柵轅門還有百把丈遠的時候，袁世凱便吩咐停轎。他走出轎門，步行通過轅門，然後在大門口肅立，請何巡捕將他的名片呈送給張之洞。袁世凱此舉，用的是晚輩見長輩、門生拜老師的禮節，全不像是直督與江督之間的平等會見。

一會兒，何巡捕恭請袁世凱進去。袁世凱帶着一名貼身侍衛，跟在何巡捕的身後，穿過逶逶迤迤的回廊小徑，來到西花園旁邊的花廳。張之洞穿着一身鬆軟的絲棉長袍，坐在一把粗大的舊藤椅上看報，見袁世凱快要走近了，站起身來，滿臉堆笑地打着招呼：「慰帥，你來了！」

袁世凱走到張之洞面前，畢恭畢敬地鞠了一躬：「給香帥請安！」稍停片刻，又補充一句：「世凱是晚輩，請香帥千萬不要以慰帥相稱，叫一聲慰庭，我已受寵了。」

張之洞哈哈一笑說：「好，難得你這般謙抑，我就叫你慰庭吧！」

說着，伸出一隻手，指了指對面一把高背靠椅：「坐吧，今天陽光格外好，我請你到西花園會面，順便讓你瞧瞧洪天王的石舫與李文忠的九曲橋。」

洪秀全建天王府時，特為在西花園的湖中雕刻一座大型的石船。後來李鴻章做兩江總督，修復被火焚燒的天王府，又在湖中架起一座彎彎曲曲的石橋。於是，石船和石橋便成了江督衙門裏的景點。但稱洪秀全為洪天王，又將他與李鴻章的謚號並列稱呼，袁世凱覺得有點怪怪的，心想：人言此老與眾不同，果然有點標新立異的味道。遂笑道：「久聞江督衙門裏西花園的大名，果然景致好。」

張之洞見袁世凱穿的衣服不多，便問：「江寧地面冬天冷，你穿的衣服夠嗎？」

袁世凱說：「晚生在朝鮮十年，那裏冬天滴水成冰，已習慣寒冷了。江寧雖冷，比起漢城來要暖和得多。這些衣服足夠對付。」

張之洞望着眼前這位個頭雖矮卻壯實英挺的直隸總督，不覺歎道：「到底是年輕，老夫怕冷，若是陰雨天，都不敢出門。」

說話間，衙役早已端上香茶果點。

袁世凱笑着對張之洞說：「光緒三年，先伯父病逝，朝廷飾終甚隆。御賜祭文和御製碑文均出自香帥手筆。二十多年來，我袁家一直拿這兩篇文章作為範文命子弟誦讀，不唯銘記皇恩，也讓子弟從小就知道甚麼是好文章。晚生也從中得益甚多。如『風淒大樹，留江淮草木之威名；月照豐碑，還河岳英靈之間氣』這樣的句子，真是字字珠璣，句句警策。」

袁世凱雖是在恭維張之洞，但說的是事實。光緒三年，刑部左侍郎袁保恆在陳州放糧時染時疫而歿。張之洞那時正在翰林院做編修，奉旨為袁保恆草擬御賜祭文和碑文。文章是做得不錯，他自己也引為得意。袁世凱提起這段往事作為初次見面的開場白，應該是極為聰明的一着。但張之洞有意不賣賬，淡淡一笑，說：「那是老夫的奉命之作，不必太看重。」

袁世凱心裏一冷，但立刻便又恢復笑容，說：「在香帥您是小事一樁，在袁府可是特大之事。因為此，晚生從小便崇仰香帥。這次有幸能在江寧城拜見，實慰平生素志。晚生特備一份薄禮，敬獻香帥，以表心意，還望香帥笑納。」

袁世凱側過臉去，對站立在一旁侍衛說：「把獻給香帥的禮物拿出來。」

侍衛答應了一聲，從隨身帶的長布袋中取出一個約兩尺長的木匣，雙手捧着。

袁世凱親自打開木匣。張之洞看時，原來木匣裏平放着一把手劍，劍鞘上鑲滿一排光亮耀眼的各色珠寶。

袁世凱說：「這是一把德國打造的元帥劍。香帥身兼兩湖兩江制軍，手創自強軍和新軍兩支軍隊，這把元帥劍佩戴在香帥身上，最是適宜。」

袁世凱是一個請客送禮、拉幫結派的高手，最善於送禮，也捨得在這件事上花力氣花錢財。為給張之洞送禮，他和他的幕僚們反反覆覆地商議了好久。他們知道，張之洞是個不受苞苴的清廉人，送銀票送珠寶，他定然不會接受。張之洞平生雅愛古董。有些幕僚建議，送他一個商周鼎爵或是漢唐陶雕。但也有人說，張之洞是這方面的專家，而我們又缺乏此中學問，萬一送了個假古董，遭他取笑，反而不好。最後還是袁世凱自己作了決定，將他那把在德國打造的元帥劍送去。因為一則此物貴重，張身為制軍，禮物和身份相吻合。二則張是文人，缺的是武威。常言說，缺甚麼盼甚麼，張以文人典兵盼的正是肅殺之氣，這把元帥劍能讓他滿足這種企盼。眾幕僚都佩服袁世凱的過人之見。

袁世凱親手捧上木匣，對張之洞說：「請香帥笑納，給晚生一點面子。」

張之洞瞇起老花眼，仔細地盯看這把光彩四照的寶劍。這把劍的確引發了他的興趣。儘管張之洞不收受禮物，但一年到頭，總有不少人為了自己的目的，挖空心思地向他敬呈各種禮物。不過，從沒有誰送他兵器一類的禮物，大家都當他是一個文人，沒有人懂得他借武補文的心理需求，袁世凱是惟一懂得這種心態的人。

如果沒有對袁世凱的成見，如果沒有「給點顏色看看」的準備在先，張之洞很可能會欣然接受的，但現在他要拒絕。

「慰庭，你這是甚麼意思？」張之洞拉下他的長臉。「老夫雖是制軍，卻是一介儒士，並不會使槍弄劍。倘若有人要謀殺老夫，老夫即使握着你這把劍，也保護不了自己。若是要靠佩着這把劍來增加統帥的威嚴，那羽扇綸巾的諸葛亮，布袍葛帽的王陽明，從不執刀佩劍，他們號令三軍的威嚴，又從何而來？你不要再提『笑納』『面子』一類的話，快把它收起來吧！」

毫無商量餘地的拒絕，滿臉秋霜似的冷淡，換在任何一個督撫的身上，一時都難以擺脫尷尬的困境，然而袁世凱只在一瞬間的難堪之後，立時心緒坦然，依然臉掛微笑。

他輕輕地把木匣蓋上，再遞給侍衛收起，然後重新坐好，從容說道：「香帥這番話給晚生很大的啟示，晚生讀書少也不求甚解，只知刀槍劍戟可增將帥的威嚴。今日聽香帥這番話，方知古人說的不怒自威、不武自強的道理。看來，古之諸葛亮、王陽明，今之香帥才是真正領兵的大帥，像晚生這樣只看重刀槍武功的，已落入第二流了。」

這幾句話，說得張之洞心裏十分受用，他捋起長鬚笑道：「你這話算是悟道之言，看來你是一個有天份的人。老子說大方無隅，大象無形，《易·系辭》說形而上者謂之道，形而下者謂之器。大者上者，總是無形的，無形的方為道；小者下者，有形可求，卻只是器而已！慰庭呀，你平日做事多，讀書少，不懂學問的精奧。不過你還年輕，今後做事之餘，還要多讀點書才是。」

袁世凱一副誠懇的模樣：「香帥指教的極是。晚生少年不好讀書，只樂於騎馬射箭，以為讀書無用，打天下靠的是武力，治天下靠的是峻法。後來做了巡撫，方知治天下乃是絕大的學問，才覺得肚子裏的書少了。我是真心實意想拜香帥為師，今後能得到您的多方指教。」

張之洞心想：都說袁世凱不通文墨，只知詐術，看來並非如此。他也知道學問的重要，知道自己讀書少，這就是聰明了。常言說知恥近乎勇。孺子可教！張之洞心中對袁世凱的反感頓時減了幾分。

「你要拜老夫為師，這心意當然好，但大可不必。」張之洞緩緩地說，「你現在身居天下第一督撫的位置，可以廣延天下第一流英才，只要你不拘一格攬人才，自然良師佳友滾滾而來，強過拜老夫一人為師多多唉！」說罷捋鬚哈哈大笑。

張之洞公然以師自居的態度，若擺在別的督撫面前，也會令人難以接受，但袁世凱聽了心裏卻很高興，又感覺到張之洞這一「哈哈大笑」把彼此間的氣氛弄得活絡了，於是也笑了起來說：「若真有天下第一流英才願來直隸衙門，我會學築黃金台拜郭隗的燕昭王，推心置腹，以師相待。」

「好。」張之洞脫口而出。「有你袁慰庭這個氣度，自然會有今日郭隗去投靠的。」

袁世凱覺得因送劍而引起的不諧氣氛已消除得差不多，是轉入正題的時候了。

「香帥，這次我在武昌和漢陽看了您所創辦的好幾處洋務局廠，一個個規模闊大，氣象宏偉。您為了大清的富民強國，十多年來踏踏實實地做大事，辛辛苦苦地辦新政，如今是業績彪炳、碩果纍纍，不僅為湖北造福祉，也開天下之風氣。晚生在武漢三日，受益之多，終生難忘。原先只是耳聞，這次是目睹。對香帥，晚生實在五體投地了！」

說袁世凱對張之洞辦新政佩服，也不全是虛假的。戊戌年，建議調張之洞入京主持新政大計，態度最積極的便是袁世凱。這些年湖北的洋務局廠已成了張之洞生命中的重要組成部分，他已和它們血肉相連、息息相關。他本是個性情中人，情緒化很濃烈，誰要是在他面前敢於詆毀他辦的這些洋務局廠，他很有可能立刻將他視為敵人，反之，本來心有嫌惡，卻可以瞬間化為朋友。

「慰庭，不是老夫自誇，辦洋務，老夫雖不是首創之人，卻是一個有大格局、遠眼光的人。你看漢陽鐵廠，是全亞洲最大的鋼鐵廠，這話不是老夫說的，這話是洋人說的。布、紗、麻、絲四局，直接為民造福。過去曾左沈等人辦洋務，眼睛都盯在軍事上。軍事當然重要，但老百姓的日常生活更為重要，洋務局廠要辦到讓老百姓都感到得利獲益，這洋務才算真正辦成功了。」

這話說得好。袁世凱點了點頭，但他此刻不是來領教辦洋務局廠的，他是衝着盛宣懷手中的輪、電二局來的。盛宣懷提出要收輪、電二局就非得把鐵廠收不可的條件。他看鐵廠，拜會張之洞，就是來摸這個底的。

「漢陽鐵廠，真個是氣概非凡。晚生在那裏足足看了一天。見那裏鋼花飛濺，產品山積，通往長江碼頭的路上，搬運鋼材者車水馬龍。在直隸時聽人說，漢陽鐵廠是名聲在外，其實生產蕭條，虧空嚴重，實地一看，才知道那是造謠……」

「說這話，不止是造謠，簡直是造孽！」張之洞迫不及待地打斷袁世凱的話。「正在興建中的蘆漢鐵路上鋪的鋼軌，全是用的漢陽鐵廠的產品，僅這一項，每年便為國家節省數百萬兩銀子。現在，漢陽鐵廠的鋼材已遠銷南洋，甚至進入了歐洲市場，前景好得很。罵鐵廠的人，不僅有眼無珠，而且無心肝！」

儒雅的江督這兩句罵人的話，雖然粗陋，但他急切展示自己業績的表白中，卻透露了一個重要的消息，那就是漢陽鐵廠不是雞肋，而是肥肉。

「香帥，不怕您惱火，有人說，漢陽鐵廠是靠盛杏蓀的輪、電兩局護持的，沒有輪、電兩局，鐵廠早垮了。」袁世凱又適時拋出一顆探深淺的石子。

「胡說八道！」張之洞的火氣一下子就被撩起來了，他突然懷疑這話很可能是盛宣懷說的，是盛宣懷在打擊他而抬高自己！「沒有盛杏蓀的輪、電二局，老夫就不能辦好鐵廠了？豈有此理！慰庭，我跟你說句實話，鐵廠如今是比以前興旺了，興旺的原因不是盛杏蓀從輪、電二局拿出了二百萬兩銀子，而是因為蘆漢鐵路的動工。老夫已做好準備向香港銀行借二百萬洋款，有了這筆洋款，鐵廠一樣地可達到今日的興旺。盛杏蓀找了老夫，自願拿出二百萬兩銀子，與老夫合作辦鐵廠。盛杏蓀是撿了大便宜。蘆漢鐵路建好後，還要建粵漢鐵路，粵漢鐵路建好後，老夫早就想到的川漢鐵路也可動工了。漢陽鐵廠，光生產國內的鐵軌，就至少可以高枕無憂二十年……」

張之洞被一股好勝之心所激動，滔滔不絕地說了一大篇。說到這裏，他突然意識到，自己方才的話已出了軌。一則明明是盛宣懷為自己解了難，反而說成是自己幫了盛宣懷。二是明明答應盛宣懷要在鐵廠一事上幫他說話，現在反而將鐵廠的前途虛誇得這樣美好，更弔起袁世凱的胃口，給盛宣懷幫了倒忙。張之洞為自己的失言而不安，現在惟一的補救是不再講話了。他閉起兩眼，斜靠在藤椅上，一會兒功夫，便輕輕地打起鼾來。袁世凱見此情景頗為奇怪，剛才還神采飛揚，怎麼轉眼間便老頹如此？

侍立一旁的何巡捕也從未見過這種現象。他急中生智，對袁世凱說：「香帥近來身體一向不大好，昨夜為修改一份摺子，又忙到三更天，想必是累了。卑職陪袁大人在西花園裏走一走，過會兒他醒來後再接着談。」

袁世凱會見張之洞的目的已經達到了，又親眼見到這位外間傳聞得不可一世的張香帥，其實已經是一個衰朽老翁，不可能成為自己前進路上的障礙、競技場上的對手。袁世凱已沒有必要再跟他談甚麼了，便站起來，輕輕地對何巡捕說：「香帥困了，不要驚動他，讓他好好睡一覺。我明天還要趕到上海，就先告辭了。」

說罷，躡手躡腳地走出西花廳。

張之洞乾脆裝到底，也並不叫住他。晚上，何巡捕持了一封張之洞道歉的親筆函前來看望袁世凱。袁世凱看後淡淡一笑，置之一旁。

第二天，袁世凱來到上海，滿臉哀戚地在盛康的遺像前三鞠躬後，便胸有成竹地和盛宣懷談起輪、電二局的管理來。

袁世凱做出極大的誠意和真心關懷的姿態對盛宣懷說，許多人都在打輪、電二局的主意，若讓他們得手，今後便難收回。若讓北洋衙門來管理，一則此二局既為北洋所發端，現交北洋管，名正言順，二則你為北洋舊人，眼下只是因守制暫不過問而已，三年後復出仍可繼續督辦北洋的洋務局廠。盛宣懷對此早有預料，便大談輪、電二局每年需要撥巨款維持漢陽鐵廠的經營，若北洋收回輪、電二局，則請連漢陽鐵廠一道拿去。不料袁世凱已知底細，未作絲毫猶豫便一口答應。這下反而弄得盛宣懷非常被動。

盛宣懷本是個機智過人的人，稍稍一愣便有了主意。他說，不管輪、電二局也好，漢陽鐵廠也好，實行的都是董事會制，這樣重大的事情，必須召開董事會，由董事會作決定。盛宣懷推出董事會來，一為拖延，二來藉此作轉圜。

袁世凱在心裏冷笑一聲，嘴裏淡淡地說了一句：朱寶奎現正在直隸做洋務局總辦，要不要他回來和你商談董事會的開會日期。盛宣懷聽了這句話全身都涼了。他知道袁世凱已掌握了他的內幕，再不交出，結局會更慘，遂咬緊牙關，忍痛將輪、電二局暫時讓給直隸，今後再尋機報仇。

盛宣懷寫信給張之洞，請張之洞務必為他保住鐵廠。張之洞當然不願意袁世凱染指他的地盤，便函告袁世凱，鐵廠是湖廣的洋務，與北洋無關。袁世凱本不要鐵廠，回函說鐵廠只能由香帥經營，北洋無權也無能管理。盛宣懷終於保住了這塊肥肉。

袁世凱與盛宣懷的交手，以袁的全勝而告終。但這只是第一個回合。到了六年後袁世凱罷官回籍，盛宣懷借機捲土重來，將輪、電二局奪了回去，他又勝利了。這些當然都是後話。

5 秦淮河畔，兩江總督與賣菜翁暢談六朝煙水氣

轉眼三個月期限已到，並未見有回湖督本任的諭旨下達。眼見從武昌帶來的銀錢所剩無幾，在江寧主管家政的環兒心裏着急。朝廷給官員的薪俸極低，一個一品大員的年薪也不夠一百八十両，靠正薪是根本不能過日子的，真正度日的銀子是養廉費。一品官員的年養廉費為一萬両。有了這筆錢，日常的開銷足可以打發，但也不能過得奢華。其實，幾乎所有的大小官員都用度奢華，他們的銀子從哪裏來？顯然不是靠朝廷所發的正常俸薪，而是另有渠道。除貪污受賄外，其渠道主要來自各種可由地方自行控制的收費，如火耗、折色等，各級官府從這裏抽出一部分來分肥。管軍隊的衙門則可以從軍餉中打主意，如截曠、扣建等。官場都這樣，便見怪不怪，只要不貪污受賄，就是清官了。

湖廣總督的經費也有這條來路，但張之洞用這筆錢來廣招幕僚。湖督衙門的幕僚最盛時曾高達八十餘人，供應這個龐大的幕府需要一筆很大的經費，張之洞有時不得不從自己的養廉費中支出。除此之外，他還要常年接濟兩個哥哥留下的遺孤。因此，張府的銀錢一向並不寬裕。養廉費通常都要到次年的正月才發放，年關一天天地近了，無論江寧寓所還是武昌家中都存銀不多。這天夜裏，環兒對丈夫說：

「還有十幾天就要過年了，銀錢不夠怎麼辦？」

張之洞問：「還有多少銀子？」

環兒答：「所有散碎加在一起，還不到一百兩。」

張之洞緊鎖着兩道眉毛，想了很久，想不出一個辦法來。

環兒冷笑道：「你為辦洋務，可以設法籌集幾百萬兩銀子，為家裏籌集幾百兩銀子，你都想不出個辦法來。你這個一家之主怎麼當的！」

與佩玉不同，環兒仗着年輕漂亮，時常在張之洞面前說點不客氣的話，張之洞喜歡這個小妾，也並不生氣。

「你有甚麼好辦法嗎？」

「這還不簡單。」環兒不屑地說，「你是堂堂的江督，不問江寧衙門要錢，已經是很清廉了，難道不可以向江寧藩司借點錢？」

「向江寧藩司借錢？」張之洞睜大了眼睛。「這個口怎麼開？」

「借錢怎麼不好開口，有借有還嘛，過年後開了養廉費再還給他們不就行了？」環兒說話一向伶牙利齒。「你作總督的不好開口，我叫大根去借好了。」

「不能這樣！」張之洞斷然否定這個辦法。「你不知道，兩江有多少人想打我張某人的主意，只是找不到藉口罷了。你若向江寧藩司借錢，他們立馬就會知道張某人缺錢用，主動送錢上門的人就會踏破門檻，到那時你怎麼辦？傳出去也不好聽。」

環兒反問：「那你說怎麼辦呢？年總得過呀！」

張之洞說：「你別着急，讓我來想辦法。」

張之洞躺在床上想了很久，終於有了一個主意。

第二天清早，他問環兒：「你說說，過個年需要多少銀子？」

環兒想了想，說：「緊打緊算，至少要八百兩。」

張之洞說：「到典當舖去當八百兩如何？」

環兒笑道：「我們到江寧來是做客，本來就沒帶多少東西。你看看，家裏擺的用的就這些，能當得八百兩銀子嗎？」

張之洞說：「這你不管，你給我找出四隻空木箱來。」

從武昌帶來的木箱子有六口，現在大部分都是空的。環兒稍作調整後，便騰出了四口空空的大木箱來。她望着丈夫道：「你拿這四口空箱子去當？」

張之洞說：「你把大根叫來。」

大根很快進來了。

張之洞對大根說：「你到外面去撿些碎磚斷石來，每個箱子裏放半箱的磚石。」

大根大惑不解：「四叔，您這是做甚麼？」

張之洞附着大根的耳朵，輕輕地說了一番，大根笑得咧開了嘴。

「你可不能對任何人說起喲！」張之洞叮嚀着。

大根笑着點頭：「您放心，我不會說的！」

這天放晚，大根親自趕了一頭大騾車，車上放的正是這四口裝了磚石的木箱子，只是每個箱子上多了一道蓋有兩總江督衙門關防紫花大印的封條，來到白下街一家名叫興發的當鋪前。賬房先生忙迎上來。

大根一副神氣十足的派頭，從車上跳下，對賬房說：「你是老闆嗎？」

「鄙人是賬房。要當東西，找我就行了，不需要找老闆。」

大根白了一眼賬房，大大咧咧地說：「你知道大爺我是誰嗎？我是兩江總督衙門上房管家，總督夫人急着要點銀子用，一時手頭短缺，拿出四口箱子來抵押，向你們典當點。你們老闆不親自接待行嗎？」

賬房聽說是兩江總督衙門來的，早就神情緊張，起身忙說：「大爺稍等，我馬上去叫老闆。」

一會兒，一個肥肥胖胖的中年人急忙走出來，對着大根點頭哈腰，滿臉堆笑：「小人是興發舖的老闆，怠慢了，怠慢了，請大爺進屋喝茶抽煙。」

大根挺起胸膛命令道：「叫兩個人來，將這幾口箱子抬進屋，要仔細點，碰壞了，你們賠不起的！」

「是，是！」

老闆陪着大根進了屋，立時便有人上茶敬煙壺。

大根蹺起二郎腿，將煙壺擱在茶几上，先喝起茶來。

這興發典當舖開了二十來年，還從來沒有正經官員在這裏當過東西，現在居然招來了個兩江總督，這個主顧可了不得！今後甚麼時候說起來，都是興發舖的光榮。把這個事兒傳揚傳揚，舖裏的生意豈不大大地興旺發達？

老闆想到這裏，心裏十分高興，客氣地說：「請問大爺，這箱子裏裝的是甚麼？」

大根瞪了一眼：「夫人裝的，我怎麼敢問！咱們家老爺素愛古董，八成可能是前人的寶貝兒。」

許多做大官的都有好古董的脾氣，瞧這箱子重的，不是青銅，便是細磁。但老闆生性精細，怕上當，又試探着說：「大爺，凡來舖子裏當的，我們都得看看，也好估個價呀！」

大根沒好氣地說：「要你們估甚麼價，這些東西又不賣，只是做個抵押而已。你看看這封條，總督關防嚴嚴實實地蓋着，你能啟封嗎？」

老闆細細地看了看封條，果然清清晰晰地蓋着三寸多長一寸多寬的紫花大印，老闆見過蓋着這種印信的文告，相信了。

「那末，請問大爺，這四口箱子要當多少銀子？」

「不多，八百兩就夠了。」

老闆心裏大大地鬆了一口氣：原以為四口裝着古董的大木箱，要當幾千上萬兩銀子，不料只這麼一點。老闆高聲對賬房說：「取八百兩紋銀來給這位老爺。」

賬房捧了銀子過來，大根接過。賬房彎着腰說：「大爺既是總督衙門的，想必有進出的腰牌，請給小人看看，以便登記造冊。」

「你是不相信你大爺，好吧，你拿去看看吧！」

大根從腰帶上取下一塊小銅片來，賬房雙手接過，翻來覆去地看了看後，又雙手奉還，連連說：

「這是小舖的規矩，請大爺包涵包涵。」

大根也不去管他，提起銀包上了車。

正要吆喝騾子時，他記起了張之洞的叮囑，忙把老闆叫過來，板起臉說：「這事你不要對任何人說起，要不了十天半個月，我會將本息一起還給你的。」

「是，是！」

老闆忙不迭地答應。

有了這八百両銀子，環兒不再為在江寧過年發愁了。

這天午休時，梁鼎芬到西花園散步，看見張之洞在石舫甲板上曬太陽，便走了過來，說：「香帥，我昨天去了趟鍾山書院，蒯光典告訴我，張幼樵已在上月底過世了，靈柩也在前幾天運往他的老家豐潤去了。據說身後蕭條，除幾箱文稿外，並無長物，李家也沒有人來。」

「幼樵過世了？」張之洞大為吃驚。「他比我小十一歲，今年才不過五十六歲，怎麼就會過世了？」

「聽蒯光典講，這幾年幼樵心情抑鬱，一天到晚以酒消愁。前年李少荃過世後，他更覺起復無望，從那以後愈加消沉厭世。憂愁是傷人的祖師，他哪裏經得起這多年的折磨。唉，可惜呀，一代才子便這樣無聲無息地了結了。」

張之洞的心裏也不好受，沉默片刻後說：「幼樵病重時，張家也不給我一個信，讓我最後見他一面，說幾句話也好呀！」

梁鼎芬說：「我也這樣對蒯光典說起過。蒯光典講，上個月中，他和鍾山書院幾個教習去看他，問他要不要香帥來見見面。幼樵說，他是個大紅大紫、飛黃騰達的人，我是待罪之身，不要牽連他。」

張之洞聽了這話，心口陡然堵塞似的悶得難受，長長地歎了一口氣說：「幼樵到死都在記恨我！」

是的，也不能怪張佩綸記恨。上次，張之洞在江寧做了近兩年的署理江督，對住在同一城的張佩綸不聞不問，只在離開江寧前函邀他與陳寶琛一道遊焦山。難怪張、陳均不接受這個邀請，也難怪張佩綸至死不願與張之洞見面。從張佩綸那邊來看，張之洞的確是一個只顧仕途而薄於友情的俗吏。然而，從張之洞這邊來看，他也有瞧不起張佩綸的充足理由：紙上談兵時慷慨激昂頭頭是道，一到戰場便手足失措，貪生怕死；當年罵李鴻章時，何等理直氣壯、正義凜然，誰知轉眼之間，又做了李府的入贅女婿，這與賣身投靠有甚麼區別！

就這樣，二十年前，輝耀京師台諫的清流雙子星座，到了晚年，一人地位顯赫，一人聲名狼藉，而在感情上，卻彼此都嫌隙甚深，雖近在咫尺，卻老死不相往來。中國是一個講究朋友交誼的國度，三千年的中國史冊上，記載了數不清的朋友之間形形色色的故事。晚清二張，可謂朋友掌故中的又一趣談。

然而，今天，在聽到張佩綸英年去世身後落莫的時候，一股濃重的傷感與懷念相交織，立時將十年來的疏離給彌縫了。他對梁鼎芬說：「明天一早，你陪着我再帶上湯生，我們三個人去看看幼樵在江寧的寓所。在生時我沒有去看幼樵，他心裏恨我；死後，我去憑弔憑弔他的舊居，希望他的在天之靈能稍得慰藉。」

第二天一早，張之洞乘了一乘普通小轎，梁鼎芬、辜鴻銘隨轎步行，三人離開總督衙門，向城南方向走去。張佩綸卜居江寧城的寓所原先在紫金山腳下，後又遷到武定門外，離督署有十多里路。一個多小時後，他們來到夫子廟旁的秦淮河畔。今天是個冬日的好天氣，陽光溫暖，和風惠暢，坐在小轎裏的張之洞看着簾外一派生機勃勃的景象，早已耐不住了。他拍了拍轎杠，吩咐停轎，走出轎門後，對轎夫說：「你們先走，在武定門洞裏等我，我和節庵、湯生慢慢走，隨後就來。」

辜鴻銘高興地說：「隔着轎簾說話費勁，我巴不得香帥早點下轎了。」

張之洞四面看了看，對梁、辜說：「我們順着秦淮河往南走吧！」

張之洞一身布帽棉袍，走在鬧市中，猶如老塾師，好比鄰家翁，沒有絲毫特別處，自然也不會引起周圍的格外注意。明媚宜人的冬陽，熙熙攘攘的人流，帶給署理江督一份好心情。

他指着身邊小河，對辜鴻銘說：「這就是胭脂花粉秦淮河了。前人說江南佳麗地，這裏便是佳麗集中之處。你聞到花粉香氣了嗎？」

辜鴻銘從書本中得到的秦淮河印象，是兩岸秦樓楚館酒簾高挑，河中流着花瓣殘酒，浮着畫舫笙歌，但此刻走在秦淮河畔，滿目盡是破樓舊屋，河邊觸目所見的皆是流黑汗的船夫、洗衣服的老媽子，不覺胃口大跌。他頗為失望地說：「哪裏有花粉香，我倒是聞到汗臭了。」

梁鼎芬笑道：「湯生，你有沒有看過說部《薛丁山征西》？」

「沒看過。」辜鴻銘搖搖頭。

張之洞也不明白，說得好好的秦淮河，怎麼又扯到薛丁山身上去了？

「野史上的薛丁山是西涼國王薛平貴的兒子。他的太太，白天是醜婦，夜晚是美女。這秦淮河就好比薛丁山的太太，胭脂花粉香是要夜晚才聞得到的。」

這個新奇的比喻引得大家一陣好笑。

見總督高興，梁鼎芬興致更高。他大聲說：「江寧乃六朝古都，龍盤虎踞之地，歷來騷人墨客吟詠甚多，光這條秦淮河就不知寫進了多少詩詞歌賦中。我建議，我們每人背誦一首前人寫江寧的詩，因為太多了，得有限制：一為唐人七絕，二詩中要有秦淮河。」

「好哇！」張之洞欣然贊同。

「我先背！」辜鴻銘腦子裏立即浮出一首極有名的詩來，他生怕別人搶先背了。「杜牧詩曰：煙籠寒水月籠沙，夜泊秦淮近酒家。商女不知亡國恨，隔江猶唱後庭花！怎麼樣，既是唐人的七絕，又有秦淮河。」

張之洞笑道：「讓湯生揀了個便宜去了。」

梁鼎芬說：「聽我的。劉禹錫曰：山圍故國周遭在，潮打空城寂寞回。淮水東邊舊時月，夜深還過女牆來。」

「沒有秦淮河！」梁鼎芬剛一背完，辜鴻銘便叫了起來。

「怎麼沒有？」梁鼎芬急道，「淮水就是秦淮河。」

「是這樣嗎？」辜鴻銘問張之洞。

張之洞說：「節庵說的不錯。這條河原本叫淮水，秦始皇東巡會稽，路過江寧，命人鑿山砌石，引淮水北流。新鑿的這條河渠稱之為秦淮河。久而久之，整個淮水都被叫做秦淮河了。」

梁鼎芬說：「湯生，你得感謝我，由這首詩讓你又增加一段學問。」

辜鴻銘說：「香帥你也背一首。」

「這容易。」張之洞隨口背道，「也是劉禹錫的詩：朱雀橋邊野草花，烏衣巷口夕陽斜。舊時王謝堂前燕，飛入尋常百姓家。」

辜鴻銘笑道：「香帥，不怕你見怪，你背的這首詩再怎麼解釋也找不出個秦淮河來！」

梁鼎芬說：「湯生，你真正的孤陋寡聞。香帥背的這首劉禹錫的詩，句句關切秦淮河。朱雀橋，乃古時秦淮河上最熱鬧的一座橋，烏衣巷乃東晉時秦淮河邊第一富豪之處。後面說的也是秦淮河，你想想，那些燕子認慣了烏衣巷，一時找不到王謝兩家，也只在附近人家築巢安居，還是在秦淮河邊嘛！」

辜鴻銘瞪眼看着梁鼎芬，又服氣又不服氣，但也找不出反駁的話來。張之洞見他這副神態，禁不住哈哈大笑起來。拍着辜鴻銘的肩膀說：「湯生，你知不知道，我們三個人剛才的言談，不知不覺地走進了一種氣氛中。古人對這種氣氛有個很富有詩意的說法，叫做六朝煙水氣。」

「六朝煙水氣？」辜鴻銘瞪圓兩隻灰藍色大眼睛，兩隻肩膀朝上聳了聳。「這五個字美極了。可惜，我不明白！」

「節庵，你給他解釋解釋。」

這種學問本是兩湖書院山長的看家本領，遂侃侃而談：「江寧乃吳、東晉、宋、齊、梁、陳六個朝代的都城，當然，明代朱元璋父子祖孫也在此地做過幾十年的皇帝，但那時以後的事，唐宋時的文人通常都把江寧稱為六朝古都。江寧富庶繁華，文風興盛，詩酒歌舞，香豔風流。此外，江寧城得江山之形勝，雄偉壯闊，以一城而納江河湖泊山巒田舍，海內罕有其匹。歷代名勝古蹟甚多，可謂每處山水每座樓台，都有一段引人入勝的故事。更因六朝從首到尾不過二百多年，這二百多年之間更替六個朝代，數十位帝王。這種變化不定的政局，最易引起文人墨客的世事桑滄、弔古傷時之感。韋莊的一首《台城》

最是道盡了此種消息。依我看，這香豔、幽思、傷懷等種種情調，如煙如雲如霧如水般地籠罩在江寧城，這種氣氛便是六朝煙水氣。」

韋鴻銘聽得心旌搖動，如醉如癡，喜道：「節庵，要說你的中國學問，許多人都稱讚，但我一向不大佩服。今天，你說的這段六朝煙水氣，我倒真是服了。」

梁鼎芬笑道：「你這個狂妄的辜湯生，我梁某人的學問，你佩服不佩服，我也不在乎。你不要以為今天服了我的這番話，我就臉上有光了！」

辜鴻銘也並不以梁鼎芬的譏諷而在意，倒是真為自己今天增加了學問而高興。

張之洞說：「湯生，江寧的這種六朝煙水氣在文人身上隨處可見，自然不在話下，就連挑水賣菜這些做粗事的愚民身上都有着。」

「挑水賣菜的人身上都有六朝煙水氣，我不相信。」辜鴻銘滿臉疑惑地望着張之洞，又望了望梁鼎芬，見他們都哈哈地笑着，便說，「你們在逗我！」

童心未泯的混血兒的天真，激發了張之洞的情趣。他說：「不信？我們試試看！」

辜鴻銘忙說：「我去問。」

他四處張望着，恰好見一個人挑了一擔水，從碼頭邊走過來，忙急步走過去，將那人上上下下仔細打量一番。但見那人衣衫破爛，滿面菜色，大冷的天氣，打着一雙赤腳，兩隻腳凍得紅紅的。辜鴻銘心想：「此人這副模樣，與香豔、幽思、傷懷的六朝煙水氣相差豈止十萬八千里！」

辜鴻銘正盯得出神時，挑水漢破口罵道：「你這個遭瘟疫的，攔着我的路。你找死呀！」

辜鴻銘不知該用甚麼話來回答。只見那漢子抬起頭來看了他一眼，先是愣了一下，接着又沒好氣地說：「原來是個洋鬼子，觸楣頭了。」

那漢子不再叫辜鴻銘讓路，挑了滿滿一擔水快步從他身邊走過。

辜鴻銘老大不快，衝着趕來的梁鼎芬說：「這哪裏是六朝煙水氣，這簡直是兇神惡煞氣！」

梁鼎芬快樂地笑道：「誰叫你長這副模樣，他把你當洋人看了，讓我去試一試。」

梁鼎芬發現前面有一個賣水果的小伙子正在吆喝着，兜售着他攤子上的橘、柚和江寧特產——青皮紅心水蘿蔔。梁鼎芬走過去，小伙子忙笑臉迎道：「老爺，買橘子柚子吧！」

梁鼎芬說：「橘子等下買，我先問問你，你家住在秦淮河邊嗎？」

小伙子答：「是的，我今年十八歲了，從生下來起，一天也沒離開過秦淮河。」

梁鼎芬滿意地點點頭：「那你該知道，秦淮河有個桃葉渡了。」

「知道，知道。離我家只有二三里地，那塊比這塊還熱鬧。」

「你知道桃葉渡的來歷嗎？」

「不知道。」小伙子一臉茫然。

「王令風流舊有聲，千年古渡襲佳名。這詩你聽說過嗎？」

「沒有聽過。」小伙子搖了搖頭。

梁鼎芬不灰心，又問：「秦淮河口有個名叫白鷺洲的地方，你知道嗎？」

「知道。」小伙子歡快地說，「我還到洲上拾過鳥蛋哩。」

「唐代大詩人李白有首詩寫的就是這個白鷺洲：三山半落青天外，二水中分白鷺洲。你知道嗎？」

「李白是哪個？」

李白都不知道，兩湖書院山長甚是氣沮。他不想再問下去了，正要走時，不料小伙子卻主動說起詩來：「老爺，我沒有發過蒙，不懂詩，不過我昨天倒是聽人說過兩句詩來。」

小伙子也說詩了！梁鼎芬立刻高興起來，拍着身旁辜鴻銘的背說：「怎麼樣，沒有發過蒙的賣果子小販都可以說詩，這還不是六朝煙水氣嗎？」

辜鴻銘也來了神，興奮地說：「且聽他說的甚麼詩？」

小伙子說：「昨天兩個相公來我這塊買橘子。一個說，寧飲建業水，不食武昌魚。另一個說，對呀，咱們江寧的水比武昌的魚都好，怪不得張制台賴在我們江寧不回武昌。」

辜鴻銘望了望張之洞，不覺笑了起來。

張之洞拉了拉梁鼎芬的衣角：「走，我才不想賴在他們江寧哩，我天天都想回武昌去。」

三人走了十多步遠，還聽見小販子在高聲喊：「你還沒買我的橘子哩！」

正走着，迎面一個六十來歲的老頭子挑了一擔白菜、胡蘿蔔，慢悠悠地向他們走來。

張之洞指着這人對辜鴻銘說：「別地方的賣菜翁挑擔子都是急急忙忙的，你看他悠悠閒閒，踱着方步。這人身上必可尋到六朝煙水氣，讓我來跟他聊一聊。」

「老人家，你這菜好鮮嫩呀！」張之洞笑着與賣菜翁打着招呼。

賣東西的人，你說他東西好，你好比在女人面前恭維她長得漂亮似的，立時可博得她的好感。果然，老頭子放下擔子，高興地說：「你這人好眼力，我這菜都是今早上才出菜園子的，白菜碧青，胡蘿蔔生脆。我這菜挑到集上，不到半個時辰就會被人搶光。」

是個好說大話的爽快人！張之洞心想，又說：「老人家，你住的這秦淮河可真是好地方呵！」

「可不是嗎！」賣菜翁心情甚好。「這是塊真正的風水寶地，要不，前代那些人怎會拚死拚活地來爭鬥。我們江寧城，可是出了好多個天子的地面呀！」

張之洞得意地望了望辜鴻銘，眼神裏似乎在說，你看，一開口便是六朝風味了！

又轉過眼來望着賣菜翁：「聽說，秦淮河邊有座媚香樓，前明留下來的大院落，怎麼找不到了呢？」

這一下，賣菜翁的興頭更大了。他索性放下擔子，從肩上取下長長的扁擔，將它豎立在腳邊，一手扶着，猶如武士仗着長矛似的。

「客官，看來你也是個尋豔買歡的人。實不相瞞，老漢我年輕時最愛的就是這檔子事。」

辜鴻銘笑着望了望張之洞，心裏說，好個張香帥，你這下成了賣菜翁眼中的嫖客了。

張之洞心中雖不快，卻也不好壞了這老頭子的興頭，只得不做聲，繼續聽他說。

「要說那媚香樓，可真正是個好去處，那裏美女成羣，香氣撲鼻，日日笙歌，夜夜燈火。老漢我年輕時家裏有錢，不愛讀書，就愛這脂粉女人。讀了十年的四書五經，連個秀才也沒考上，卻把家裏的銀子都送給那些婊子了。直到咸豐二年，媚香樓前還是車水馬龍的。第二年鬧長毛，先是一把火把媚香樓燒了，接着便是十多年的禁止妓院青樓，江寧的溫柔鄉元氣大傷。這不，長毛平定三十多年了，元氣還未恢復過來，媚香樓喊了二十多年，也還沒恢復。唉，老漢真為時下這些有錢的哥兒們叫屈呀。客官你看，他們腰裏纏着的銀子，想找個好花銷的地方都沒有呀！」

看來，這個賣菜翁要沒完沒了地說下去了，張之洞哪有心思聽他對昔日尋花問柳歲月的追懷，忙抱個拳，拉着梁、辜告辭了。

走了幾步，張之洞笑着對辜鴻銘說：「怎麼樣，節庵說的香豔、幽思、傷懷，一樣不少，十足的六朝煙水氣。前人說的不假吧？」

辜鴻銘說：「六朝煙水氣不假，可賣菜翁是個假的。」

梁鼎芬說：「明明挑的一擔子菜，怎麼是個假的？」

辜鴻銘說：「你沒聽他說讀了十年的書嗎！他是個落魄的讀書人，中年以後才做灌園叟，還不假嗎？」

張之洞笑着說：「不要爭了，管他是假是真，你若不在江寧城，到任何一個地方都不會遇到如此賣菜人的。咱們不能多停留了，轎夫怕是在武定門洞等急了。」

到了武定門，坐上轎，出城門兩三里，便看到張佩綸生前最後住過的幾間房屋了。這是一個極普通的民居：一圈疏稀竹籬裏圍着四五間大小青瓦屋，前院有幾畦菜土，後院有幾個小雞舍。房子都鎖着，還沒有搬進新的主人。張之洞等人透過窗戶，可以看到裏面還擺着一些陳舊的傢具和廚房裏的閒鍋冷灶。這裏沒有一絲人氣，也不見一隻雞鴨，菜土上殘留的幾株剩蔥斷韭也已枯黃憔悴，一切都是人去樓空、生機消失的冷寂荒蕪之態，剛才在秦淮河畔訪談六朝煙水氣的心緒已蕩然無存。想起張佩綸少年得志時的倜儻瀟灑，想起他那些剛勁尖利擲地作金石聲的奏章，想起二十多年前京師清流聚會的熱鬧場合，想起自己和張佩綸當年意氣相投的忘年之交，張之洞心中百感交集，一股強烈的憐憫之心佔據整個胸腔，他對自己兩度署理江督而未訪故人深感愧疚：即便張佩綸有千差萬錯，畢竟當年曾是摯友呀，可以責他罵他，但不可不見他；節庵的指責或許是對的，心靈深處還是怕他牽累了自己呀！

他叫轎夫在附近買來幾迭錢紙，一束線香，就在前院焚紙燃香，望空作揖，算是為故友送行。坐在回衙門的轎子裏，張之洞為此行吟了兩首七絕：

北望鄉關海氣昏，大招何日入修門。
殯宮春盡棠梨謝，華屋山丘總淚痕。

廿年奇氣伏菰蘆，虎豹當關氣勢粗。
知有衛公精爽在，可能示夢儆令狐。

過兩天，一道諭旨下到江寧：調雲貴總督魏光燾任兩江總督，着張之洞進京陛見，主持己卯經濟特科。張之洞對大根說：「我們還是回武昌過年吧，今夜你去把那幾口箱子贖回來。」

夜裏，大根帶上贖金，依舊神氣十足地從興發典當舖裏取回箱子。來到一個偏僻之處拆開封條，將那些斷磚碎石全部倒掉，然後把四口空木箱還給環兒。

過了元宵節後，張之洞急匆匆地踏着冰雪啟程北上。離開京師整整二十一年了，他是多麼渴望再見一見太后，會一會老友，重溫昔日那種縱論時局、激濁揚清的清流歲月啊！可惜，時過境遷，一切都變了！

第六章 後院起火

1
一心要破譯蝌蚪文的張之洞，給京師學界留下一個千年笑柄

張之洞進京後，住在靠近兒子家旁邊的寶慶胡同。第三天，太后便安排召見。養心殿東暖閣，分別二十一年後君臣再次見面，張之洞見太后雖着力打扮，卻依然掩蓋不了臉上的皺紋、頭上的白髮。慈禧眼中的張之洞則更是削瘦矮小，鬚髮盡白，儼然一個衰翁。彼此都有滄桑之感。當張之洞一聲「太后受苦了」的話剛說出口，慈禧便忍不住失聲哭起來。

庚子年的動亂，似乎使一生剛強的慈禧變得脆弱多了。回鑾一年多來，每當一人獨處，她就會無端想起倉皇出逃宮門時的驚恐，想起西行途中的顛沛流離，想起洋人欺負百姓指責時的恥辱。惡夢似的流亡日子，雖已過去多時，但餘悸至今尚在心頭存留，揮之不去，閒時又來。

她變得膽小了，害怕孤獨，害怕黑夜，甚至害怕炮竹聲。她的心腸比先前也要軟多了。她不但給袁昶、許景澄等人恢復了名譽，也對皇帝和氣得多了。她甚至命令崔玉貴將珍妃的屍體從井裏打撈出來，予以隆重安葬，追封她為皇貴妃；還讓身邊的小太監半夜代她給珍妃的亡靈燒紙錢，求寃死的珍妃寬諒她。

外省督撫來京陛見，只要說起庚子逃難，她就忍不住要流淚。對於那些聖眷較濃的大臣，她甚至會

失態大哭，絮絮叨叨地對他們說個不休。

太后變了，變得愈來愈像個普通的民間老奶奶，與過去那個冷酷、威嚴、無任何忌憚的老佛爺相比，有了很大的不同。這個不同，不但她身邊的太監、宮女感覺明顯，那些時常與她接觸的王公大臣也看出來了。當慈禧不厭其煩地與張之洞談光緒七年前的瑣事，而對洋務新政所說並不多的時候，張之洞也在心裏發出一聲輕微的感歎：太后老了！

見過太后的第二天，便有好事人作了一首詩來記敘他們的這次見面。詩曰：

京闕重逢聖恩稠，少年探花已白頭。
說到倉黃辭廟日，君臣掩面淚長流。

張之洞聽說後，胸中泛出一股淡淡的哀傷來。他的這種哀傷，在以後的日子裏越來越濃。他去看望姐姐和姐夫，鹿傳霖夫婦也老了。他去看望二十餘年前的清流朋友們，他們大多官運蹇滯、境況窘迫。在弔唁王夫人的哥哥王懿榮時，心情更是蒼涼。庚子年洋兵打進北京時，國子監祭酒王懿榮率領一班熱血學生執刀守衛城門。城破後，王懿榮懸梁自盡。前一年，王懿榮剛以發現刻於龍骨上的商代甲骨文而轟動學術界。如今，慷慨報國、殺身成仁的王懿榮的道德學問贏得官場士林的高度讚許。國子監特在監內的韓文公祠裏，為王懿榮掛了一副遺像，希望他千秋萬代享受監生們供獻給他的血食。張之洞在國子監裏讀到王懿榮的臨難絕筆，參拜他的風骨凜凜的遺像，敬仰與悲歎交織，揮筆為國子監師生留下一首悼詩：

戟門階下綠苔生，鳳翥鸞翔老眼明。
人紀未淪文未喪，巋然石鼓兩司成。

他又到磨兒胡同看望潘祖蔭舊宅，到西山憑弔寶廷的墓。當年京師清流的詩酒文會，臧否朝政，是何等意氣風發，如今，人既早已凋零殆盡，舊事也鮮有人再提起，彷彿灰飛煙滅、風流雲散似的。面對着潘祖蔭屋檐間的青苔、寶廷墓上的宿草，前詹事府洗馬神色黯淡，恍然有隔世之感，一首淒婉七絕從心底裏流淌出來：

翰苑曾記清諫風，至尊能納相能容。
楓林留得愁吟在，樂長疏星獨聽鐘。

接下來的經濟特科更讓它的主考大人心傷氣沮。

有清一代人才選拔的途徑都是科舉考試，即通過從府試到鄉試到會試到殿試的層層考試，每三年錄取百餘名進士，分發朝廷各部門及各州縣。除開這種考試外，還有一種由朝廷直接主持的考試，名為制科。制科也是一種歷代相傳的選拔人才的方式。

清代的制科有康熙十八年、乾隆元年舉行的以詩文為主的博學鴻詞科，另有間或舉行的以孝行為主的孝廉方正科，以經學為主的經學科。鑒於時局阽危急需實學人才，朝廷接受貴州學政嚴修的建議，舉行以經濟為主的經濟特科，命各部院堂官各省督撫推薦，各部省共薦舉三百七十餘人，定於光緒二十九年閏五月舉行，委派張之洞為主考，另委裕德、戴鴻慈等人為閱卷大臣。張之洞極為看重這次選拔真才實學的制科考試，嚴格督促所有閱卷官員，盡心盡力為國掄才。第一場考試後放榜，錄取一等四十八名，二等七十九名。不料張榜後沒有幾天就有人舉告，說一等第一名梁士詒，是梁啟超的兄弟，其姓名的第三字「詒」與康有為的表字祖詒同字，經濟特科第一名取梁士詒係別有用心。梁士詒是廣東三水人，梁啟超是廣東新會人，連同族都不是，更不是兄弟。至於說「詒」字相同，便有聯繫，尤為荒唐不經。這本是一個一文不值的舉報，卻讓對康梁又恨又怕的慈禧見了惱怒不已，即行否決這一榜，命令再次考試重新錄取。張之洞捧着這道慈諭，真是哭笑不得。他不明白，太后怎麼會懵懂膽怯到這等地步？他沒有別的法子，只得遵命再考再錄，但「為國掄才」的初衷經此折騰，已消失殆盡了。

因為有這場無端風波雜夾其間，使得這次經濟特科完全流於形式，再次考試錄取的八十多名人才，十之八九沒有安置，依舊回到原地做原事，極少數得到安置的也沒有受到重視。一場準備了五六年、為天下士人所矚目的制科，便這樣兒戲般地散場了。人才沒有得到，得到的是一片恥笑聲。一生以主考學政甄拔人才為榮的張之洞，首次主持全國大考，便落到這個結果：身負謗名，替人受過。張之洞的心情鬱悶極了。他巴不得早點離開京師，回到洋務事業正在如火如荼開展的武漢三鎮去。誰知一道上諭頒佈，命他繼續留下，和管理學務大臣張百熙一道擬訂京師大學堂的辦學章程。

張之洞只得硬着頭皮領旨。

這是一件軟差事，時間可長可短，事情可多可少，標準可高可低。這位湘人張百熙是個病號，又因戊戌年間薦舉康有為而受過革職處分，年紀雖不大，卻早已滋生遲暮之氣。他視這個差事為閒職，並不當一回事。急性子張之洞找過他幾次，他都以拖拉延宕來對付，弄得張之洞毫無辦法，只得強壓住性子在京師閒住下來。

天氣不好心緒不佳的時候，他便在寶慶胡同寓所讀書，溫習過去的詩文。天氣好心緒佳的時候，他帶着大根，僱一輛騾車，一一尋訪先前常去的地方，比如達智橋內的鬆筠庵，宣武門外的法源寺，城南的龍樹寺、崇效寺、江亭，西山的碧雲寺等等。這些地方，曾是京師清流喜愛的聚會遊覽之所。二十多年後的再度尋訪，給張之洞的印象都不是當年那種令人喜悅的氣氛。房屋老舊，庭院破缺，花木殘損，尤其是那些遭到洋兵破壞的地方，則更是牆頹壁污，至今仍未恢復元氣。這些先前的名勝，「前度劉郎又重來」的時候，大半都是乘興出門掃興歸家。這時，恰好有一個舊時友人正在北京候職。此人也是沒有事做的空閒之身，於是便常來寶慶胡同與張之洞談詩說文，共消寂寞。他便是近代詩壇名流樊樊山，字樊山，其父便是那位曾遭湖南師爺左宗棠侮辱的總兵樊燮。

樊燮被參削職回籍後恨死了左宗棠，立志要讓兩個兒子讀書求功名，在科舉上壓倒舉人出身的左師爺。為此，他專門築一室，讓兩個兒子在裏面讀書，兒子均著女裝。又不惜花重金聘名師教授，對老師更是優禮有加。樊燮對二子說：「考中秀才，除女外衣；考中舉人，則功名與左宗棠相等，則去女內衣；考中進士，則超過了左宗棠，方為祖宗孝子。」又書左宗棠當年罵他的「王八蛋」三字，放在祖宗牌位下，以示激勵。後來其長子中舉人，次子中進士。中進士後回家那一天，次子在父親墳頭上放鞭炮，燒「王八蛋」三字，祭告乃父：兒子已在功名上超過左宗棠，為祖宗出了氣。這個次子，便是樊樊山。

樊燮父子臥薪嘗膽般地報左宗棠之仇，在湖北廣為流傳。張之洞來到武昌做湖督時，樊樊山已放陝西宜川縣令，恰逢母親去世，便回籍守制。張之洞招他來武昌會面。相見之後，張之洞發現這個身材瘦小臉面扁平的醜縣令不僅學問好，且詩也做得極為出色。樊樊山既佩服張之洞的學問，更希望依附張之洞的高位，便向張之洞遞了一個門生帖子。張之洞很高興地收下了。守制期間照例不能做官，也便沒有了薪水，對於家境不夠寬裕的人來說，生計則受影響。樊樊山家銀錢也不寬裕，於是張之洞介紹他主講潛江書院。樊樊山感激制台的照顧。服闋後，樊重新回到陝西做官。後來鹿傳霖做陝撫，因為有與張之洞的關係，與鹿也相處得好，又通過鹿巴結上西安將軍榮祿。樊樊山辦事精明，又仗着鹿、榮的關係，不久便升道員。公事之餘，他把全副精力用於詩詞中。庚子變故後，他根據賽金花與瓦德西之間的關係，寫了兩篇長長的古風。賽金花本名傅彩雲，於是這篇古風遂命名前後《彩雲曲》，其中比如「姑蘇男子多美人，姑蘇女子盡瓊英。水上桃花如性格，湖中秋藕比聰明」，「身是輕雲再出山，瓊枝又落平安裏。綺羅叢裏脱青衣，翡翠巢邊夢朱邸」，又如「朝雲暮雨秋變春，坐見珠槃和議成。一聞紅海班師詔，可有青樓惜別情」，綺事豔詞，傳頌大江南北，世人比之為吳梅村的《圓圓曲》，更有人視同白香山的《長恨歌》。一時間，樊樊山詩名大熾，寖寖然直逼詩壇盟主之位。

這時，他正在京師辦一樁公務，恰逢陝西按察使出缺。他眼睛瞄準這個位置，有意藉此機會活動活動。便以公務短時難以辦好為辭，在京師住下來。一面往來榮祿、鹿傳霖之間，一面又時常到寶慶胡同來，一則盡門生之情，一則也想借這位太后跟前的紅人之口為他説説話。

閒居無事的張之洞有這樣一個風雅門生陪伴，無聊的歲月裏增添了一些樂趣。樊樊山陪張之洞去得較多的地方是廠甸。廠甸在宣武門外，從元代起，這裏便是燒琉璃瓦的廠窯，故又稱琉璃廠。乾隆年間開四庫館，全國書籍、四方文人聚會京師，琉璃廠一帶書肆繁榮，又由書肆帶動了古玩業的興盛。到了咸豐年間，此地已是一個十分熱鬧的場所了。

琉璃廠以經營書籍、字畫、文房四寶、珍寶古董、陳年舊貨為主，吸引四面八方的文人學士、附庸風雅之徒。外地進京趕考的士子、辦事的官員，有事沒事都喜歡到琉璃廠走走逛逛，在這裏感受一下都門文化的氣息。

樊樊山陪着張之洞遊琉璃廠。兩人原本都其貌不揚，一人尖嘴猴腮，一人面如削瓜，這下脱去官服朝靴，換上布衣葛巾，就更不起眼了：年長的如同書院的窮教習，年輕一點的好比文廟中的香火工。這種時候，他們無官宦之氣餒，有書生之好奇心，又加之久別京師，書肆老闆沒有一個認得他們，更顯得優哉遊哉，逍遙輕鬆。

這一天，他們來到琉璃廠東街海王邨。海王邨的店舖多擺的是古董古玩，老闆也大多為古物鑒賞家。他們低價從各處收購古物，再高價賣出。老闆的鑒別力愈高，獲利則愈豐。常常也有些落魄王孫、遭難官員、不務正業的公子，為紓一時之急，將家中祖傳的珍寶典當，也有江洋大盜、梁上君子打劫偷摸富貴人家的財產，或不識深淺，或急於脱手，也拿到此處來找店主兜匝售。遇到這種情況，往往是獲暴利的絕好機會。

張之洞、樊樊山慢慢地閒逛着。這海王邨果真氣度不凡！

但見家家店舖擺滿各式各樣的古舊之物。有先秦的青銅鼎爵簋匜。黃褐色的鏽斑佈在青綠的器皿上，透露出遠古貴族聚會時凝重肅穆的氣象。有春秋戰國時的劍戟弩矛，黑黝黝的殘缺不全，留下那個無義戰時代殘酷殺戮的痕跡，可以想像到古戰場上的你死我活、白骨纍纍。大大小小五顏六色的唐三彩，或是高大駱駝上騎着凹目濃鬚的胡商，或是揚蹄欲奔的鐵馬上一邊懸掛着皮囊劍鞘，一邊橫躺着琵琶羌笛，盡情展示大唐盛世時漢胡一家四境安夷的強大國力。或是琳琅滿目的宋明瓷器，要麼古拙天成，要麼鬼斧神工，有的彩釉鮮亮，有的青花素樸，有的白淨如玉，有的胎薄如紙，從中可以看到舉世無雙的窯瓷品已遍及尋常百姓家。

那上面的標價，有的高達數千上萬両，也有的低到幾文十幾文。當然，所有的物品都可以討價還價，正所謂漫天要價，就地還錢，當面敲定，出門不認。出價和成交之間的差額有數倍數十倍之別，令人難以置信。這討價還價中便有極大的學問。除開商業學問外，更重要的考古鑒賞方面的高下。那些具備識真辨假，有着火眼金睛般本事的客人，也能在一大堆贋品中將真正的古董認出來，然後跟那半桶水的老闆打馬虎眼，用買贋品的價把真品買下來，回去後博得行家的稱讚、同好的羡慕，心裏美滋滋、樂融融的，很長一段時間裏都會有一種好心情。這便是玩廠甸逛海王邨的樂趣。

張之洞、樊樊山也便抱着這種心態一路欣賞着、搜尋着，來到一家名曰厚古閣的古物店面前。張之洞立即被這家店舖收購的古玩種類多、品級高而吸引。正在蹺起二郎腿捧着一把銅水煙壺吸煙的老闆，見有客人來，忙起身打招呼，又吩咐店小二泡茶，端凳子。老闆陪着張之洞、樊樊山看了前店的貨物後，又將他們從側門帶進裏面的後院。這後院同樣擺滿了貨物。張之洞看着看着，突然，擺在廊柱邊的一口大陶缸引得他眼睛猛地一亮。只見這隻陶缸約有三尺高，呈方形，周邊也有三尺來寬，顏色深黑褐色，模樣古樸粗拙。尤其令張之洞大感興趣的，是那陶缸四壁上若隱若現、似字非字的圖紋。

張之洞彎下腰來，細細地觀看賞玩，又用手輕輕地在缸壁上摩挲着。驟然間，他心裏一亮：這上面的圖紋不就是古書上說的蝌蚪文嗎？

心裏有了這個想法，再湊近看時，似乎覺得壁缸上那一個個圖紋都化成了一隻隻蝌蚪：頭大尾小，搖搖擺擺，正在眼前浮動着嬉戲着。蝌蚪文究竟有還是沒有，兩千多年來學者們爭論不休，莫衷一是。之所以如此，就是因為沒有找到一個確鑿的證據來，想不到今天居然無意之間被自己發現了！張之洞心中的快樂非同小可。他將歡喜壓在心裏，小聲地對同樣也在認真觀看的樊樊山說：「你看圖紋像甚麼，像不像蝌蚪文？」

樊樊山也是只知道有這種古文字，卻從來沒見過，經張之洞這一提醒，果然覺得這些圖紋也真的和蝌蚪差不多：「哎呀，這怕真的就是失傳了的蝌蚪文！」

張之洞聽樊樊山這麼說，信心又堅定了幾分，笑着問：「你也是這麼看的？」

樊樊山詩詞寫得好，對古董卻沒有研究，若不是張之洞的提醒，他是不會將這些圖紋往蝌蚪身上去想的。他一則知道張之洞素來耽古好舊，對文物有研究，二來也要討好這位權勢顯赫的老師，於是點頭答：「您的眼力是很好的，我看八成是蝌蚪文。」

厚古閣老闆將這一切都看在眼裏，聽在耳中，這時插話了：「二位老爺真正目光超人，莊王府算是遇到知音了！」

樊樊山聽了這話驚道：「你這話從何說起，莫非這口缸是莊王府裏的東西？」

老闆說：「你這位老爺說的正是。這陶缸正是莊王府之物。半個月前，王府長史帶人將這口缸抬到小人這裏，說是王府急用一批銀子，萬不得已將祖上的傳家寶拿來出賣。兩位老爺知道，自從庚子年莊王爺壞事後，莊王府就敗落下來了，這兩年常聽說王府在廠甸典當甚物的。說起來也讓人寒心，當年煊赫一時的莊王府，如今卻要靠賣家當過日子。子孫不賢，只好吃老祖宗了。」

老闆說得動起真感情來，眼圈都紅了。他擦了擦眼睛，繼續說：「我瞧着這口陶缸，不像是近時的物品，便問王府長史，您說這口缸是府裏的傳家寶，它寶在哪裏。長史說，這是當年莊慎親王在西北打仗的時候，當地一位回回首領敬獻給他的。這位回回首領家裏保存這口缸已有三百多年的歷史，老輩一代代傳下來，說是大禹治水時留下的水缸，上面的圖紋是祈求上天平洪賜福的禱文，但沒有人認識。回回首領對莊慎親王說，中原多博學之人，帶到京師去或許會遇到能識禱文的奇人。莊慎親王帶回京師王府，這一傳又是一百多年了，一直沒有遇到能辨識的人。王府缺銀子用，只得把它拿出來變賣。小人問王府長史，要賣多少銀子。他說五千，低於此數不賣。小人說，我這海王邨常有奇才異學的人，倘若有能識這禱文的，是否可以降價賣給他。王府長史說，若果真有這種人，莊王府願半價出售。」

樊樊山說：「那就是二千五百兩銀子了？」

老闆點頭說：「正是。」

樊樊山望着張之洞笑了笑，張之洞仍在專注於四壁上的蝌蚪文，似乎想立時破譯幾個字出來。聽了老闆的話，抬起頭來說：「這口缸的確是個遠古之物，只是二千五百兩銀子，卻難以籌措。」

聽這口氣，張之洞是想買下來了。樊樊山便對老闆說：「我這老師，一生以舌耕為業，對古物鑽研甚深。他想把這口缸買回家，細細揣摩，把這篇禱文給認出來。你降點價如何？」

老闆看了看樊樊山，又看了看張之洞，說：「小人家三代經營古董業，小人自己也做了二十多年的古董買賣，多少懂得點，有點見識。看得出，兩位老爺是博學多識的君子。說句實話，莊王府的這口陶缸，在這裏擺了半個月，識它是個遠古之物的人倒有幾個，但能判定圖紋是蝌蚪文的還只有兩位老爺。若兩位老爺買回去，將這蝌蚪文辨識出來，也是一大功德。小人一家吃了三代古董飯，也樂意為此效點微力。既然兩位老爺願意買，小人願代出五百両，這口缸就兩千両賣給二位了。」

張之洞心裏暗暗想着：二千両銀子買一口禹王爺時代的陶缸，這事做得。何況這上面的蝌蚪文，多看幾眼後，彷彿面熟多了，若帶回去，朝夕觀看，日夜揣摩，說不定真可以把它破譯出來哩。四五年前，王懿榮發現甲骨文的事，在士林中引起轟動，對張之洞而言，更是一種震撼。

翰林出身的前清流柱石，骨子裏仍把學問上的事看得最為神聖崇高。他從心靈深處佩服內兄這個了不起的發現。想想看，殷商時代刻在龜板牛骨頭上的文字居然給發現出來了，這可以從中挖掘多少寶貴的秘密，以此糾正史書上多少錯誤，中國的文字史因此而提前多少年？這種貢獻，簡直可以和發現孔宅牆壁中的古文《尚書》相比美，其功勞決不是開疆拓土、平叛止亂所可比擬，更遠遠地高過那些經師的著述、文人的詩詞。就是自己這十多年來所引以自傲的諒山大捷、洋務局廠，在內兄的這個發現面前，也顯得黯淡無光。要說偉大，這才是偉大；要說名垂千古，這才是名垂千古！多麼幸運的王懿榮，老天爺將這個曠世奇功慷慨地贈予了他！

張之洞想，如果這陶缸上的圖紋真的就是蝌蚪文，如果自己真的將他辨識了出來，那豈不也和王懿榮發現甲骨文一樣的偉大，一樣的名垂千古嗎？是不是老天爺也要讓我張某人變成建曠世奇功的幸運人！

張之洞越想越激動，越想越興奮，真恨不得立刻就將這口陶缸移到寶慶胡同。但是，二千兩銀子，從哪裏去湊齊？將寓所裏所有銀錢拿出來，還湊不出一千兩，即便到姐夫兒子處去借，也不能開口太大，頂多再湊五百兩。張之洞在猶豫着。一隻手在缸壁上摸來摸去，那模樣，像是在撫摸即將遠去再也不能見面的小兒女的臉蛋似的，戀戀難捨，依依情深。

張之洞對陶缸的寶愛，毫無掩飾地寫在他的臉上和手上。這情景被厚古閣的老闆看在眼裏，喜在心頭。他指着樊樊山說：「聽您這位老爺的口音像是南方人，不知二位是在京師做官的，還是來京師辦事的？」

張之洞說：「我們是來京師辦事的，帶的銀子不多。這口陶缸雖然好，卻買不起。」

老闆說：「請問老爺您能拿得出多少銀子？」

張之洞思忖一會兒說：「大概能湊千把兩吧！」

老闆爽快地說：「看得出兩位老爺都是上了年紀的誠實君子，又是真正的識貨人。給二位老爺說句掏心窩的話吧，我們開古董店的，也是商家之列。不是小人誇口，我輩雖不能稱為儒商，卻也不是奸商，我們做的是風雅生意。」

張之洞、樊樊山都笑了起來。樊樊山問：「何謂風雅生意？」

老闆笑了笑說：「世間商人都以贏利為目的，所以奸巧乖滑，常常會弄些蒙坑拐騙的手腕。但我輩做古董生意的不這樣。我們一來是為了糊口，因此也要賺錢，但一半是好古。看到好的古物便想收購，生怕它淪落消亡，化為泥土。若是眼看着一件有價值的古物被毀了，心裏有罪過之感。所以常常不惜用高價將它買來。買的時候，也不知今後它能不能賣得出去，賺不賺得到錢。一句話，那個時候，作主的不是賺錢的心思，而是厚古惜古的念頭，這就是小店以『厚古』二字作為店名的原因。」

老闆說着，將下巴上疏疏朗朗的鬍鬚摸了一下，擺出一點儒雅的氣度來。

「這是一面。另一面，若是有真識貨的買主來，看着他對所愛之物情深意厚，但又囊中羞澀，拿不出多少錢來的時候，我輩又往往忍痛降價，半賣半送。雖在錢上虧了些，便看到物歸其主，心裏也就很快樂。故而我輩做的是風雅生意！」

張之洞說：「風雅生意，這四個字好。不止是你們古董業，其實整個廠甸，包括做字畫生意、做文房四寶生意，都應做風雅生意！不要以牟利賺錢為惟一的追求！」

「說得好！」老闆做出一副豪爽的北方漢子氣派來說，「這位老爺，您真是我輩的知音。看在您的這份情意上，只要您再拿出兩百両，一千兩百両，小人就把這口禹王爺傳下來的陶缸交給您了。這就是小人方才說的半賣半送。希望借兩位老爺的口傳出去，使大家都知道，我厚古閣做生意半賣半送，不是一句空話。」

樊樊山心裏想：從五千両降到二千五百両，再降到二千両，現在又一千二百両都願意出手，俗話說便宜無好貨，莫非這中間有詐？他死勁地將眼前的陶缸再盯着看：造型古樸古拙，從顏色看，也像是年代久遠，尤其是那上面的蝌蚪字，是越看越像大大小小的蛙崽子。再看看張之洞那種喜愛不已的神態，到嘴邊的話又咽了回去。

張之洞終於拿定主意了：「老闆，你把這口缸用棉紙好好包紮起來，今天傍晚送到寶慶胡同。你在胡同口就能看到一棵大棗樹，那就是我的寓所，我給你一千二百兩銀子。」

「好吶！」厚古閣老闆高興至極。「傍晚時分，我一定親自送來，您在家候着就是了。」

自從有了這口陶缸後，張之洞閒居的日子頓時充實起來。他一天到晚圍着這口陶缸轉，壁上的蝌蚪文也不知看過多少遍了。經樊樊山的宣傳，京師官場士林中有不少人都知道張之洞得了一件無價珍寶，紛紛前來觀看，一個個看後都稱讚不已。張之洞心裏非常得意。

樊樊山對張之洞說：「香帥，許多來看的人都想得到一份蝌蚪文的拓片。門生想，不如乾脆叫一個技藝高超的拓工來，拓它個數十上百份，分送給那些對文字有研究的朋友。然後我們定一個日子，請這些人到寶慶胡同，香帥您來主持這個會議，讓各位發表高見。門生以為，這一則是一樁學林佳話，二則香帥您可以集眾人之長，對徹底破譯壁上文字會有幫助。」

張之洞說：「你這點子很好，這事就交給你去辦吧！」

樊樊山領下這個差事，幾天功夫就拓下了一百份蝌蚪文拓片。他把這些拓片裝裱得精美可觀，作為他的禮物分送給京師那些附庸風雅的大老，以及翰林院、詹事府中好古信古的閒翰林冷洗馬，又送一些給他的那一批詩壇朋友。靠着這份特殊的禮物，很短的時間裏，樊樊山結識了京師一大羣風雅高致的文人朋友。這一天，按照張之洞的安排，二十多個對古器物、古文字有興致有研究的官員文人們，興高采烈地在寶慶胡同的大棗樹宅院歡聚一堂，高談闊論。看着這一場景，張之洞心裏喜悅極了。這喜悅不僅僅因為這口陶缸，以及缸壁上的蝌蚪文吸引了京師眾多飽學之士，引發他們的思古之幽，更因為眼前的這一切，使他想起了二十多年前的常課：鬆筠庵的集議，龍樹寺的聚會，東順樓的歡宴，陶然亭的清談。而這些，恰恰是最能鼓蕩他滿腔青春似的熱血，喚起他飄逝已久的書生激情。來京師一年了，無論到哪裏，無論見何人，似乎總沒有尋覓到當初的影子，找不到昔日的情懷。這時，他才突然醒悟到，原來是沒有尋覓到先前的那種氛圍——討論時政、切磋學問、意氣相投、好惡與共的氛圍。這氛圍，如同詩之氣韻、人之精神，失去了它，鬆筠庵也好，龍樹寺也好，在張之洞的眼中，都不是先前那一回事了。而今天的氣氛，則庶幾近之。

突然，屋外電閃雷鳴，緊接着大雨嘩啦啦地下起來。沒有多久功夫，天井裏便積下好幾寸深的雨水。這時，樊樊山突然想起擺在天井中那口陶缸來。

陶缸平時擺在書房，今天一早，特為搬到天井裏，因為天井開闊又陽光充足，便於眾人觀賞，後來大家都坐進客廳裏興致勃勃地談論起來，陶缸則依舊放在天井裏。

「香帥，陶缸還在天井裏，得叫人把它抬進屋裏來吧！」

張之洞透過窗口，看到那口陶缸雖經大雨沖擊，卻依舊巋然不動，笑着對樊樊山說：「這是陶缸，又不是字畫，傳到現在，也不知經歷了多少風吹雨打，還在乎這一次嗎？乾脆不動它，待雨停後再抬進書房不遲。」

這話在理，樊樊山也不再去管它了。客廳裏的考古學術討論，照舊熱氣騰騰地進行着。

中午時分，會議散了，大家走出客廳，不約而同地注目那口又經歷了一次風雨洗禮的陶缸：它靜靜地穩穩地立在天井中部那光潔的青磚地上，有一種傲然屹立於世間的歷史氣派。一位酷愛它的年輕翰林走了過去，他要再一次好好欣賞欣賞這個華夏民族先祖留下的傑作。

猛然間，他有了一個奇怪的發現。他不敢相信自己的眼睛，揉了揉，再仔細看，終於忍不住喊了起來：「缸壁上的蝌蚪文不見了！」

這怎麼可能！張之洞、樊樊山和所有與會者都圍了過來。果然，陶缸四壁上的那些蝌蚪文幾乎全沒有了，剩下的十幾隻小蝌蚪，或有頭無尾，或有尾無頭。張之洞和眾人都被這意外的一幕給驚呆了。《神異記》中有一個故事，說唐代大畫家張僧繇在牆壁上畫了一條龍，恰逢雷電大雨，壁上的龍便乘此飛上天去。難道這些蝌蚪也趕着這場大雨離開缸壁游向了池塘？這顯然不可能。那麼，它們又都到哪裏去了呢？那個年輕的翰林將壁上殘留的幾個蝌蚪文用手指掐了掐，發現它們是鬆軟的。他小心地將它們取下來，放在手心裏慢慢抹平。這時，大家都看出來了，這些蝌蚪文根本就不是和陶缸一道燒制的，它們分明是粘在上面的粉糊一類的東西，故而被剛才這場大雨給沖刷了！一個結論幾乎同時在每個人的腦子裏浮出：這口缸是假古董，所謂的蝌蚪文是騙人的遊戲，一切都是一場騙局。

大家礙於主人的面子，都不敢點破，只是用眼睛斜斜地瞟着這位剛才還神采飛揚、侃侃而談的風雅總督。只見張之洞臉色早已鐵青，本來窄長的臉顯得更加難看。他突然拾起地上一塊鬆動的青磚，朝着陶缸砸去。哐啷一聲，陶缸破了一個大窟窿。樊樊山拾起一塊陶片，明亮的正午陽光下，眾人都清清楚楚地看到，陶片的破碎處閃着冷冷幽幽的青光，稍有點陶瓷常識的人都知道：這是一口新近燒制的陶缸，問世頂多五六年光景。去陶瓦市場買的話，不會超過五十文！

真相大白，白白地丟了一千二百両銀子不說，還在京師落下一個不識真假、遭人愚弄、將胡亂塗抹的圖案認作蝌蚪文的笑柄。這對於一個研究古物數十年，一向以鑒賞家、收藏家自負的張之洞說來，是何等大的羞恥！張之洞狂怒起來，吼道：「大根，你帶幾個人到海王邨去，把那個混蛋捆綁起來！」

下午，大根回來稟報，厚古閣的招牌在賣出陶缸的第二天便已摘下，老闆已不知去向。現在店名已變為與厚古閣毫不相干的迷古齋了！

張之洞這一氣非同小可，第二天便病倒在床上！

2 端梁聯手欲借織布局的貪污案將張之洞轟下台

張之洞在病床上躺了幾天，不看書，不走動，心思倒徹底安靜下來了。一旦澄慮，一個疑問便不期而然地浮出水面：朝廷為何要將我留在京師這麼久呢？要說辦事，特科放榜後的這半年裏，幾乎沒做甚麼事，京師大學堂章程的擬定有張百熙一人足夠了，即便要二人合力，又何必要我這個現任湖廣總督呢？朝廷上下能擬議學堂章程的大臣多得很嘛！倘若要將我從湖廣調進朝廷，也得給我個職位呀，不說拜個協揆，至少也應該是個尚書或都御史，不能老是以湖督的實缺掛個議學大臣的空名呀！國朝兩百年，舊掌故裏很難找出個這樣的先例來。那麼只有一種可能，有意將我從武昌調出來，放在京師晾着。朝廷會這樣做嗎？二十年來一直自認為是國之幹臣疆吏楷模的湖廣總督，儘管想到這一層，自己卻並不大相信。

這怎麼可能呢？這些年來一直對太后忠心耿耿，要說她有不滿之處，只有戊戌年對康梁、對新政的態度和庚子年的東南互保。但戊戌年的事已過去五年了，這五年裏並未見太后有一句指責的話。至於東南互保，太后一再表示同意，回鑾後還特地予以封賞。若說是記這兩個前嫌的話，似乎又不大可能。那這是為何呢？難道還有甚麼別的緣故，自己卻始終蒙在鼓裏不知呢？

想到這裏，張之洞有點惶恐起來。他決定打聽一下。向誰打聽呢，當然是姐夫鹿傳霖最好。

鹿傳霖的運氣真好，自從親自帶兵到西安去勤王這一步棋走對後，便步步得法，節節順利，不久進了軍機，現在又做了協辦大學士，成了一個紅得發紫的新貴。張之洞在為姐夫慶幸的同時，也多少存着幾分嫉妒。論才幹，論成就，論功績，自己都要遠在姐夫之上，但就是缺少這個福份。官場榮枯，人生泰否，真個是說不清道不明！

鹿傳霖是個謹言慎行的人，雖與張之洞是郎舅至親，但二人之間的交往基本上是公私分明的。那年張之洞希望兒子出洋一段時期，以廣見聞，正好江蘇名額有多，便去信給姐夫，要他報上仁權的名字，同時清楚地表明，只借江蘇一個名額，一切費用全部自理。鹿傳霖也並沒有以江蘇巡撫的特權替自己的外甥謀取一份公費生的優待。現在要從這位按章辦事的軍機大臣的口中打探點秘聞，會有收穫嗎？思考良久，他想出了一個法子。

張之洞把樊樊山叫來，將自己的想法對這位門生詳細地敍述一番，然後要他按自己所說的去見一次鹿傳霖。

樊樊山正好因蝌蚪文一事弄得很沒面子，有個把月沒去鹿府了，便欣然領命前去。

「鹿中堂，香帥病了，病得不輕！」

樊樊山一見到鹿傳霖，便焦急地說道。

「上個月他還在我家裏吃了一餐飯，好好的，怎麼就病得不輕了？」

鹿傳霖雖比張之洞大一歲，但保養得好，看起來倒像比內弟年輕得多。

樊樊山按張之洞的意思，將如何受騙如何在眾人面前丟臉的事大肆渲染了一番。

「鹿中堂，香帥這次上的當可不小。您看看，他一輩子好古董，誰不知道他是個鑒賞大家。到了晚年，卻以制台之尊栽在一個海王邨的小商販手裏，又是當着那麼多名流的面，公然讓他下不了台，多丟他的臉，傷他的心！我看他已病得只剩下一口氣了，他是想臨終前見一見老姐夫姐姐一面。」

這幾句話，說得鹿傳霖的眼圈都紅了，忙進後院告訴夫人。鹿夫人一聽，眼淚刷刷流下，兩老夫婦當晚便趕到寶慶胡同。

「四弟，上個月還好好的，怎麼會病成這個樣子。」

環兒陪着鹿傳霖夫婦來到張之洞臥房，見到本來就瘦削的弟弟，如今更加黑瘦地躺在床上，額頭上圍了一塊玄色手帕，兩隻手冷冰冰的，鹿夫人傷心起來。

「三姐，我怕是活不久了。」張之洞兩眼無神地看着這位同父異母的姐姐，氣息微弱地說。

「說甚麼話！」鹿夫人難過地說：「你一向身體都健健朗朗的，千萬別胡思亂想。明天，你姐夫跟內務府說一下，請大內的太爺給你瞧瞧！」

鹿傳霖忙說：「我明天正要見太后，就請太后派個御醫來。」

張之洞說：「不要驚動太后，也不要御醫。我這病我自己知道，是心裏鬱積而成的，藥物治不了。」

鹿傳霖笑道：「你是在為陶缸的事氣惱吧！京師愛好古董的官員們，有幾人沒上過古董騙子的當，你不要往心上去！」

鹿夫人說：「從今往後，再不要去理那些罈罈罐罐的東西了。你姐夫這點好，他一生不沾邊。」

鹿傳霖說：「我哪能跟四弟比！我迂實缺乏才情，四弟雅好金石書畫，才是真正的翰林本色。」

這幾句話，說得鹿夫人和環兒都笑了起來。

張之洞對環兒說：「你陪着三姐到外面屋子裏去聊聊家常，我要和姐夫說點事情。」

環兒和鹿夫人走出臥房後，張之洞握着鹿傳霖的手說：「三姐夫，我這病，上古董販子的當只是個引發，根本原因還是這半年多來心裏的煩悶。」

鹿傳霖說：「你煩悶啥呀？」

張之洞歎口氣說：「三姐夫，你就不要明知故問了。換上你，當年一個在任上一天到晚有做不完事情的江蘇巡撫，突然弄到北京來掛個議學大臣的空名住在胡同裏，一年到頭甚麼事也沒有，不死不活的，你會怎麼想？」

鹿傳霖說：「你就寬心在北京再住一住，朝廷總會有個明確安排的。」

「我就是寬不下心。」張之洞的手鬆了，似乎的確是氣力不支。「我在武昌的事，別的都不說，光就那些洋務局廠，就讓我牽腸掛肚，放心不下。端方他能管得了嗎？再說，局廠那些總辦會辦們也不會聽他的。姐夫，你在軍機處，一定知道內情，你給我透點風氣，朝廷到底是怎麼處理我張某人的。如果還這樣不死不活地讓我住在京師，我寧願拿根繩子上吊算了！」

鹿傳霖笑道：「你這是怎麼啦，一下子變得器量窄小了。」

張之洞說：「不是器量變窄小了，我心裏很煩躁，如果這個結不打開，這病也好不了，真怕活不久了。三姐夫，我知道你是個實誠君子，一輩子沒求過你，為的是不願給你惹麻煩。但我這次非得求你給我透點聲息，你若不答應我，我真的好不了。」

鹿傳霖主動握起內弟的手來，這手果然是枯皮包着瘦骨，且沒有多大熱氣。他心裏不免湧出幾分哀憐來：「香濤，你要我給你說點甚麼？」

「是不是經濟特科沒有辦好，太后對我不滿意了？」

鹿傳霖說：「沒有聽說過。倒是有次聽榮中堂講，太后說過，原來梁士詒不是梁啟超的兄弟，其實特科第一場考試不廢也可，難為了張之洞。」

這話很讓張之洞欣慰了一下。他又問：「太后是不是認為我已經老邁衰朽了，不能再為朝廷出力，有意先冷一冷後再開缺回籍？」

鹿傳霖笑道：「你還不到七十，子青老哥八十多歲還做白髮宰相呢！」

張之萬八十四歲壽辰那天，由恭王出面為他祝壽。酒席上，他再三懇求致仕，恭王再三慰留。但沒過幾天，一切職務都下了。其實，恭王一上台，就想請張之萬下台，為了顧全張的面子，二人商量好一道在酒席上那樣表演。這官場上的操作，與戲台上的做戲，真的沒有幾多區別。光緒二十四年，這位老來紅的狀元宰相終於以八十八歲高齡辭世。

聽到張之洞要自己透點聲息的話，鹿傳霖心裏便一直在矛盾着。作為正受太后寵信的軍機大臣，鹿傳霖早在半年前就知道朝廷留張之洞在京的真正原因了。

原來，這事的起因正出在張之洞為之付出十四年心血的湖北省垣。

以湖北巡撫身份署理湖廣總督的端方，不是一個厚道人。署理湖督沒多久，他便已經知道被張之洞經營十多年的湖督衙門，所擁有的強大實力和在中國舉足輕重的地位，倘若這一切屬於自己掌管的話，

「端方」這兩個字便非比一般了。四十歲的年輕人熱血，撩得端方對此有強烈的覬覦之心。在一次和梁鼎芬的交談中，他發現這個備受張之洞器重的候補道兩湖書院山長，是一個對自己有用的人。遂拍着梁鼎芬的肩膀說：「節庵呀，都說張香帥器重你，我看他只是用你而不重你。憑你的才幹，早就該薦舉你做臬司、藩司了。你卻至今還是一個候補道，可惜！」

不料，端方的這幾句空頭話，正打在梁鼎芬的心坎上。這些年來，梁鼎芬最為傷心失意之處正是在這裏。他追隨張之洞十多年了，並不甘心一輩子只做過山長或師爺長。他素來自視甚高，很想早日開府建衙，自掌權柄，渴望通過張之洞這位有力者的提攜來實現自己的宿願。他也曾向張之洞間接地談過。張之洞也答應過，只待武昌道出缺，便讓他補。但這一個願口頭上許了多年，就是不見兑現，至今仍是張之洞身邊一個沒有實職實權的師爺頭。

梁鼎芬心中有不滿，但又不便強求，端方的這幾句話正點中他的隱痛，便一面自嘲一面試探性地問：「這也不能怪張香帥。我大概是命裏注定只有文名而無官運，即便是你端中丞真除湖廣總督，我恐怕也只能是個幕僚頭而已。」

梁鼎芬的話中之話，端方一聽便明白了，忙說：「節庵，你放心，若哪一天我真除湖廣總督，我一定很快提拔你做一個湖北按察使。」

「你說話算數？」

「當然算數。」

就這麼幾句赤裸裸的交談，兩顆熱中之心貼在一起了。從此，梁鼎芬便全心全意為這位新主子辦事效力，並積極地為端方由署理到真除而出謀劃策，奔走經營。

要真除湖廣總督，第一步得先讓現任的湖督開缺，把位子騰出來才行。開缺張之洞可不是一樁容易的事情。端方和梁鼎芬籌謀良久，並沒有找到確鑿而足夠的彈劾證據。終於，功夫不負有心人，就在特科考試即將結束時，織布局突然出了事。有人告發織布局的材料處主辦李滿庫貪污巨款，局裏賬目混亂，虧空嚴重，而李滿庫正是張之洞如夫人李佩玉的弟弟。端方和梁鼎芬得知此事後大為高興，視為天賜良機。

梁鼎芬為端方謀劃：先將張之洞留在京師不回武昌，以便徹底清查織布局的貪污案，竭力找出張之洞與此案的牽連，然後將它作為一發重型炮彈，把他從湖督位子上轟下去。

但如何達到將張之洞滯留京師的目的呢？梁鼎芬又向端方出謀：可以走慶王奕劻的路子。奕劻貪財好貨，且與張之洞關係不深，一向對張之洞有幾分不滿，這個口子最易打開。又自告奮勇願去辦好這樁事。

端方當即許願，若辦成此事，算是立了大功，保證半年之內酬謝梁鼎芬一個湖北臬司。

梁鼎芬帶着端方給他的一張十萬銀票和一包珍稀寶物，在兩個戈什哈的陪同下，火速趕至京城。

梁鼎芬生怕在京城裏碰上與張之洞相關的人，遂十分小心謹慎。通過端方正白旗內的老關係，梁鼎芬在一個月黑風高的夜晚悄悄進了慶王府，拜會奕劻。

見了銀票和珍寶，奕劻早已笑瞇了眼。他本就反感張之洞從不巴結他，現在有人帶重禮上門來替他出氣，何樂而不為？奕劻收下這份禮物，小眼珠子轉了轉，有了主意。他叫梁鼎芬立刻回武昌等着看邸報。梁鼎芬回到武昌沒幾天，果然見到載於其上的任命張之洞為議學大臣暫不回武昌的諭旨。端方、梁鼎芬見第一步已經成功，遂緊鑼密鼓地開始了第二步行動。

他們的計劃周到而萬無一失：先把李滿庫調到紡紗局，由處主辦升為局協辦。李滿庫自然不會懷疑，高高興興走馬上任。繼而把織布局的總辦馬漢成派往英國，讓他到全世界紡織業最發達的老牌強國去學習人家的技術，時間半年，給他發足銀両，又特配一個英文翻譯。

馬漢成一輩子沒有出過洋，聽別人說起西洋如何如何，他只是羡慕得眼珠發紅，口角流涎。他不敢奢望去看西洋，因為他一不懂洋文，二付不起這筆龐大的費用。他做夢都沒有想到，天大的好事突然間從天而降。將近天命之年，居然可以放洋出國，而且有人替自己做翻譯，又不要從自己腰包掏出一文錢。他心裏暗暗地盤算着：今生今世，這樣的美差既是空前，大概也是絕後了，一定要好好利用，看夠吃足自然是不在話下，還要玩好；聽說洋婆子個個風騷無比，務必要玩幾個才不虛此行，也不枉過此生了。還是端方好。馬漢成不止一次地在心裏對署制台感恩戴德。替張之洞效力七八年了，他何曾想到要這樣獎勵自己？

過幾天，馬漢成準備就緒，喜滋滋地帶着翻譯離開武昌，取道上海揚帆遠行了。

將馬漢成和李滿庫調離織布局，剩下的事就好辦了：第一着封賬，第二着審理，第三着外查，第四着核定。一切過程都在暗地裏悄悄進行着，織布局的生產仍一如既往，並未中斷。

這一過細查核，不但查出了會辦李滿庫貪污銀子達十六萬之多，而且牽連到總辦馬漢成也有一萬多両受賄銀。更為嚴重的是，織布局只在前三年略有贏利，這三年多來連年虧損，合計虧空達二十萬之多。但令端方遺憾的是，查了將近五個月，卻沒有查出張之洞本人在銀錢上與織布局的牽牽絆絆，也就是說，張之洞並未從織布局中貪污。張之洞所要承擔的責任，是用人不當，而這人又不是別人，乃是他的小舅子，咎責難逃。端方並不死心，一面將現有的情況匯總起來，派梁鼎芬再次赴京，向奕劻稟報，一面命令細查深挖，尋根究底，務必要找出張之洞從織布局中貪污中飽的罪證來。

幾天前，軍機大臣王文韶請奕劻到自家喝酒，酒酣耳熱之時，奕劻情不自禁地說了句：「張香濤在京師悠哉閒哉，他不知道他的後院已火燒上房了！」王文韶一驚，忙問為何。奕劻一時興起，把事情說了個大概。王文韶與鹿傳霖過從較密，知鹿、張之間的關係，便將奕劻的話告訴了鹿傳霖。鹿傳霖聽後也大為驚訝。但他是一個謹慎的人，並沒有急着把這事告訴內弟。

眼下，看着張之洞病得如此嚴重，他再也不忍心隱瞞了。

「四弟，武昌織布局出了事，朝廷有意留你在京師，暫時迴避迴避！」

「甚麼！」張之洞霍然一驚，掀起被角，猛地坐了起來。「織布局出了甚麼事？」

說話的同時，張之洞的腦子裏立時想起了織布局的李滿庫。事情一定出在他的身上，不然不會叫我迴避！

鹿傳霖將從王文韶那裏聽到的話經過濃縮後簡單說了幾句。

「用不着迴避，讓我來處理這件事更好。」說話間，張之洞已下了床，慌得鹿傳霖趕緊上前扶着他，二人都坐了下來。

「三姐夫，既然是湖北的洋務局廠出了事，我就更不能滯留京師了，何況織布局的材料處李滿庫是佩玉的堂弟，這事便直接牽涉到我的身上，我更不能置身事外。我比端方更熟悉，辦起來會更順手。我張香濤經手湖北洋務局廠的銀子高達七八百萬両，遭到許多人的指責，有人甚至罵我是『屠財』。但是，三姐夫，我跟你說句掏心的話。你四弟辦局廠糜費錢財之事或許有，但貪污中飽事決沒有。在這件事上，我可以上對朝廷祖宗、下對百姓子孫說一句毫不為過的話，張香濤對公款一清如洗一塵不染。但我也可以對三姐夫說句腹心話，我不能眼睜睜地看着別人耍花招做手腳，有意對我栽贓誣陷。我即刻便向太后上摺子，若信得過我張之洞，便讓我回武昌去親自處理織布局的事；若信不過我張之洞，便乾脆開缺我的湖督之職，不要讓我這樣不死不活地困在京師吃白食！」

張之洞越說越激動，嘴裏大口大口地出氣。面對着內弟的這種急躁和衝動，鹿傳霖心裏後悔不迭：實在是不該告訴他。或許過一兩個月，武昌那邊的事便會水落石出，他自然會清清白白地回去。不料他年過花甲依然像年輕時一樣的不能容物，萬一他回到武昌後與端方鬧翻了怎麼辦？

「四弟，我看你不必這樣急，就讓端方他們去辦好了。朝廷讓你迴避，原也是一片護衛之意，既已住了將近一年，再多住一兩個月也無妨。還是保重身體要緊。」

張之洞冷笑一聲說：「三姐夫，你不知道，端方那小子是個聰明過頭的人，八成是他使的壞。我不回去，這心如何安得下？」

鹿傳霖知道張之洞的倔脾氣，到了這個時候是絕對扭不回頭了，只得跌足歎息而已。

第二天，張之洞便向慈禧太后遞了摺子。摺子上講，聽人說武昌織布局爆出貪污案件，請求太后讓他回湖北去親自處理這事。

慈禧並不知幕後的情況，既然湖北洋務局廠出了事，身為湖廣制台的張之洞自應早日回鄂處理，便即刻批准他開缺議學大臣之職回湖廣原任。

3 處理織布局的貪污案，是個棘手的難題

得知張之洞即日將回武昌原任的消息，端方和梁鼎芬大出意外，兩個人在端方家的書房裏心情焦灼地商量對策。

端方心裏慶幸，好在尚未將織布局的事定案，不如和盤托出交給張之洞。至於定罪處罰，則由他本人去辦，以表示自己並不夾雜傾軋的私念，純是一片為國辦事的公心。

梁鼎芬深知張之洞的性格。他沒有多加思索，便決定出賣端方以求自保。

倆人密談半天，達成一個共識：端方派梁鼎芬走慶王府的門子，此事隻字不能提。這不僅是為了顧全慶王的面子，更是為了掩蓋他們兩個的真實意圖。不提這一層，調查織布局貪污案，就是辦一樁普通的案子，而不是別有用心的舉措。

火車抵達漢口站時，端方帶着湖北省一批文武大員親往迎接。

張之洞走下火車，一眼看見滿臉堆笑的端方站在歡迎隊伍的前頭，心裏頓生厭怒。

「香帥辛苦了！」端方走上前去問候。

「哼！」張之洞黑着臉，對着端方一甩手。「辛苦甚麼，一天到晚除了吃飯睡覺，屁事都沒有！」

端方討了老大一個沒趣，尷尬片刻後，又笑着臉湊了過去：「香帥這段日子身體還好嗎？」

「好甚麼？」張之洞大踏步向前走，看也不看端方。「有人在我的後院燒火，我還好得起來嗎？」

端方完全明白了，張之洞是衝着織布局的事回來的，而且心裏充滿了對他的恨意。他心虛起來，搭拉着腦袋，不敢再開口。

湖北省的藩司、臬司等人忙着向張之洞拱手道乏，張之洞也跟他們拱手答話，臉色和悅。這一切，心懷鬼胎的梁鼎芬都看在眼裏。他要試一試張之洞對他的態度，從中可以探知張之洞抓沒抓到他的把柄。

「香帥！」梁鼎芬分開眾人走上前去，笑容燦爛地說，「聽說您這幾個月在京師做了許多好詩，能不能賞給我看看！」

「好哇！」張之洞笑着說，「你梁節庵是詩壇高手，我還正要請你幫忙潤潤色哩！」

臉色神態、說話的口氣跟往日一個樣，梁鼎芬胸口上壓的那塊巨石落了下來：他不知道我梁某人做的事，這就好辦了！

借「幫忙潤色」這句話，梁鼎芬第二天傍晚便來到督府後院。他要搶在端方之前，先來報告織布局的事。

「香帥，織布局裏銀錢對不上數的事，想必您已經知道了。有人上書給端中丞。端中丞問卑職這事怎麼辦。卑職說，織布局的事香帥最清楚，此事應當等香帥回來後再由他來查辦為好。但沒有幾天，端中丞就安排人去調查這件事，卑職想攔阻也來不及了。」

梁鼎芬一臉誠懇地說着，似乎為自己沒能攔阻端方而懷着沉重的疚歉。

張之洞不以為然地說：「端方是鄂撫兼署理湖督，他要辦甚麼事，你怎麼可以攔阻得了？織布局的事與你無關。」

梁鼎芬徹底明白張之洞不知道他在辦理此案中所扮演的角色，如釋重負：「香帥海量，但卑職身為督署總文案，總是有責任的。」

張之洞平和地說：「端方要查織布局的事，作為署理總督，他有這個權利。織布局出了事，也是應當去審查，這也沒有做錯。我不滿他的是，他應該把這事告訴我，不應把我蒙在鼓裏。我想我這幾個月閒在京師，也一定是他的鬼主意，他想借此堵住我回湖北的路！」

梁鼎芬聽了這話，嚇得背上沁出一絲冷汗。他不由自主地望了一眼比一年前顯得更衰老的張之洞，只見那兩隻凹下去的大眼睛正在盯着自己，彷彿對織布局的事早已洞若觀火。

「香帥，您真英明。這幾個月來，卑職已有所察覺，端中丞是想擠走您而真除湖廣總督。」

「哼！誰走誰留，等着瞧吧！」

次日，在冷冰冰的氣氛裏，端方將湖廣總督關防璧還給張之洞。又硬着頭皮，在張之洞峻厲可怖的眼神下，將織布局貪污案的調查情況作了儘可能短的稟報，留下有關此案的一大堆簿冊文書後，急急忙忙地離開簽押房。

走出總督衙門的大門，端方回望一眼這座自己住了將近一年的最高衙門。這衙門彷彿一個虎口似的，正在向他張牙伸舌。他清醒地意識到，不僅這座衙門從此不再屬於他了，就連不遠處的湖北巡撫衙門，也很可能呆不久了。

花費整整兩天的時間，張之洞將織布局的這一大堆檔案認真地看了一遍，心緒沉重複雜，五味雜陳。他既痛恨李滿庫濫用職權，貪污中飽，坑害了織布局，又慚愧自己這幾年來居然對織布局的嚴重虧空懵然不知，還時常四處吹噓創辦紗、布、絲、麻四局的功績。他對端方的恨意，隨着一頁頁檔案的翻過，已在一分一分地減弱。

張之洞把織布局和李滿庫的事告訴了佩玉，又叫大根到紡紗局去把李滿庫叫來。

李佩玉直到這時才知她的兄弟是個貪污犯，心裏極為難受。

自從環兒過門以後，佩玉便明顯地看出，張之洞對她冷落得多了。環兒年輕漂亮、能歌善舞。她超人的琴藝也不再受到張之洞的特別賞識，環兒的歌舞填滿了張之洞少有的閒暇時日。佩玉在心裏深深地歎息着。她知道自己出身貧寒，且非明媒正娶的夫人，無非比環兒先過門幾年而已，並無壓倒環兒的地位。來到張家不久，她才明白，張之洞不立她為續弦夫人的真正原因是她的出身低微。他的前三任夫人，均是出身官宦家庭的大家閨秀。而她，一個三家村塾師的女兒，一個喪夫夭子的寡婦，怎麼可能與她們相比！男人愛少艾，自古皆然，何況張之洞身為制台，位高權重，是男人中的英雄，妙齡美女也是愛他的，自己能有甚麼話好說！度過幾個月的鬱悶憂愁後，佩玉還是想開了。

好在張之洞對她雖有些冷落，卻依然以禮相待，家政仍主要歸她管，環兒插手之處不多。何況她生了兩個兒子，在張府裏的地位自然也不是環兒所能撼動的。她要處置後院眾多的庶務，還要照顧未成年的子女，一天到晚，也夠忙碌了。在外人的眼裏，她依舊是內宅的當家人，並沒有被冷落的痕跡。她連琴也沒有多少時間可彈了，只在準兒有時過來看父親和她的時候，師徒二人才忙中偷閒，調弦揮指彈兩曲，自個兒樂一樂。

將堂弟安置在織布局，讓父母晚年有個嗣子在身邊盡孝，這是佩玉由衷感激丈夫的一件事。剛來幾年，李滿庫還常來督署走動走動。這四五年裏，因為二老相繼過世，李滿庫來看姐姐的機會越來越少了。佩玉只知道堂弟如今發達了，升了官買了大宅，前幾年還置了一房妾。都說在洋務局廠做事的人大有洋財可發，何況堂弟又在織布局做材料處主辦，自然發的洋財比別人多。堂弟現在冬裘夏綢，妻妾穿金戴銀，也是份內的事，佩玉不在意，也不過問。今日才知道堂弟原來不安本份，貪污公款，佩玉深以此為羞慚。堂弟這樣不爭氣，辜負了丈夫的一番心意。佩玉覺得很對不起丈夫。

其實，剛從山西老家來到武昌的李滿庫，還是一個老實巴交的三晉漢子。他對張之洞感恩戴德，對佩玉及其父母也很好。一年後又把老婆接到武昌城，讓佩玉的父母跟他夫婦倆一起住。他自己在織布局裏做事也踏實。這一切，都是一個實實在在過日子的厚道人的表現。張之洞對此頗為滿意放心，也便不大過問他的情況。

李滿庫人聰明，也識得些字，又跑過碼頭做過生意，兩年後便得到提拔，做了一個小工頭。再過兩年，馬漢成來到織布局做總辦。馬漢成走的是捐班一路。先是花錢捐了個候補知縣，分發湖北。幹了幾年，他看官場出息不大，而洋務局廠倒是油水不少，便又走武昌知府的路子，多方輾轉，終於坐上了織布局的第一把交椅。馬漢成是從官場中走出來的人，來到織布局不久，便發現李滿庫奇貨可居，立即把他提拔到材料處，先讓他做個副職，查看查看。李滿庫見馬總辦將他安排在人人垂涎的肥缺上，心裏感激莫名，遂對馬漢成百般恭順，鞍前馬後拚死效力。

馬漢成凡與各級衙門各方商人洽淡重要生意時，總是將李滿庫帶在身邊，特意向客人鄭重介紹這是張制台的小舅子，張制台如何如何喜歡他、器重他等等。這種時候，織布局的生意便往往談得融洽順利：衙門會行方便，商人會讓折扣。生意談好後，他們還會得到額外的好處。至於平日，李滿庫的家裏常常會有陌生人來拜訪，大包小包進門，點頭哈腰出去。這些人絕大多數是來求李老爺買他們的材料，也有的是來求他在張制台面前說幾句說，再憑這幾句話去達到他們各自的目的。這時的李滿庫終於看清了自己的價值，他要充份地利用這種價值來為自己謀取實實在在的利益。在織布局混上六七年，年屆而立的李滿庫已經完全成熟了。

他一面自覺地張揚自我，一面更緊跟馬漢成，很快便被提升為材料處的主辦，執掌支配整個織布局各種生產材料的大權。

他自己從局裏提拔幾個貼心兄弟進材料處，又從晉北老家調來兩個遠房親戚，安置在身邊。織布局的材料處，成了李滿庫一手控制的獨立王國。掌了大權的李主辦錢財滾滾而來。先是買豪宅，接下來買小妾，後又瞞着妻妾置外室尋花問柳，完全過的是花天酒地、紙醉金迷的生活，不僅與過去的山西農夫的景況判若霄壤，就是比起他的湖北洋務創始人的姐夫來，也不知要瀟灑舒服多少倍！

馬漢成不但重用李滿庫，以便利用張之洞這塊金字招牌為自己服務，同時又巴結荊州將軍壽貴，希圖依靠這個正白旗的滿洲大員來打通各方關節。壽貴有個堂侄名叫壽安。壽安讀書不成，習武不就，卻看中洋務局廠。壽貴通過馬漢成將他安排進了織布局。沒有多久，壽安便做了售銷處的主辦。織布局有一進一出兩個肥缺，進的是材料處，出的便是售銷處。生產出來的布疋都要由銷售處賣出去，其中的油水比起材料處來還要大。這壽安原本就是一個紈絝子弟，自己腰包裏有了大錢，便更是不安本份了。

李滿庫與壽安多年來相安無事，半年前卻為漢口惜花院裏的一個妓女鬧翻了臉。惜花院裏有一個名叫杏花的妓女，人長得漂亮又伶俐，一出道便受到嫖客們的格外喜愛。李滿庫和壽安也同時喜愛上了杏花。因為爭風吃醋，兩人開始鬧起矛盾來。後來，為防止李滿庫染指，壽安將杏花包月。在他包的這個月裏，別的客人杏花都不能接待，李滿庫也自然不能再進杏花的房，心裏又恨又癢。一月滿後，李滿庫遂以高於壽安一倍的價，與惜花院的鴇母談妥，將杏花包年。也就是說，一年內杏花再也不能接待包括壽安在內的其他客人。這下惹惱了荊州將軍的姪公子。他本早已得知李滿庫的一些貪污影子，遂公報私仇，趁着張之洞不在武昌的時候向署督端方告了一狀，恰好為急於尋找缺口的端方所利用，遂全力以赴地查起這個案子來。

李滿庫在張之洞的面前痛哭流涕地交代了這一切後，跪在地上說：「請求大人千萬放我過這一關，我今後一定洗心革面改邪歸正。我其實沒有貪污十多萬兩銀子，這是端方一夥有意陷害。我老實向大人坦白，我是貪污了織布局裏的銀子，但決不會超過三萬，我願意全部賠清。我的銀子都是別人自願送給我的，不是我有心貪污得的。壽安只會比我貪污得更多，端方不查他，這說明端方打我不是目的，他打擊的是您！」

張之洞氣呼呼地踢了他一腳，罵道：「你這個不成器的混賬東西，我恨不得一刀殺了你！你滾吧，我不想見到你了。」

一連幾天，為李滿庫說情的人絡繹不絕地來到張之洞的面前：先是佩玉懇求網開一面，繼而大根也勸四叔不要大動干戈，最後連環兒也吹起枕頭風來，說家醜不可外揚，保護滿庫過關，其實也是保全張府的體面。到了第三天，梁鼎芬悄悄地來見，轉告端方的話：現已得知滿庫是受壽安的誣陷，好在織布局的案子並未結案，也沒有上奏朝廷，一切都可以從頭來，不如大事化小，小事化了，方方面面都好過得去；至於上次所交的那包檔案，一把火燒掉算了，就當沒有這回事一樣。梁鼎芬特別強調，這是他找端方推心置腹商談了很久後，端方才接受的方案。這既為李滿庫好，也為織布局好，更是為香帥和整個湖北的洋務事業好。

端方、梁鼎芬的這個新方案讓張之洞動了心。這是官場上慣常用的彌縫補漏手法：官官相護，互為遮掩，今日為別人保了臉面，來日也替自己預留一條後路。數千年來中國官場綱紀的紊亂敗壞，其源半出於此。

當年的清流中堅悟到了這一層，立刻斷然否決這個方案。他心裏恨恨地想：假若自己不回武昌，端方的這個方案便絕對不會出來。為甚麼查了近半年的案子，都不曉得是壽安的誣陷，這短短的幾天，便一下子查明了真相，豈非咄咄怪事？這中間的用心豈不昭然若揭！前幾天剛剛萌發的對端方的體諒之情，被這個方案掃蕩得差不多了。

如此看來，應當把織布局的這個貪污案公事公辦，全權委託給武昌知府衙門，公開審理，秉公辦事。馬漢成貪污了多少銀子，李滿庫、壽安等人貪污了多少銀子，全部公開，然後再根據大清律來處置，或賠款，或坐班房，或流放充軍，全都交給湖北各衙門去辦，再上報朝廷，自己一點都不插手，徹底迴避。然則，這樣做又是不是最為妥當的呢？張之洞一時拿不定主意，叫陳衍過來商量。

陳衍將尖下巴上的幾根疏稀短鬚摸了好半天功夫，才緩緩地說出自己的看法：「以卑職之見，彌縫過巧，易授人以柄，何況此事雖未奏報太后皇上，但已傳到京師上層，慶王和鹿中堂等人都已知道，一旦得知織布局甚麼事都沒有，難免心中作疑，腹裏有香帥護短之譏，卑職以為不妥。」

張之洞點點頭：「你的看法與我相吻合。」

得到鼓勵後，陳衍的興致更高了：「以卑職之見，迴避更不妥，倘若將此事全權委託給武昌知府辦理，結案後向社會全盤公開，如此辦，卑職看來，有三不當。」

「有哪三不當，你詳細說說。」

張之洞對這位入幕甚晚的詩人兼理財家一向刮目相看，很重視他的意見。

「武昌程知府，並不是一個精明的人，人品官品也不足稱道。他或是被表象所迷惑，不能究根尋底，弄清案子原委；或是接受別人的賄賂而有意將水蹚渾。這兩者都有可能最終辜負香帥的期望。這是一不當。」

張之洞注意聽着，不置可否。

「卑職聽說織布局這些年問題嚴重。從總辦馬漢成到各處各科主辦，幾乎無人不貪，且經營不善，虧空很大。織布局的問題，若徹底追查從嚴細究，這個洋務局廠就會從基腳到頂端，轟然一聲全部垮掉。這是二不當。」

張之洞神色嚴峻起來，瘦長的馬臉拉得更長了。他顯然不想聽這些話，但陳衍不顧他的反應，按自己的思路繼續說下去：「織布局一個廠垮掉還是小事，可怕的是它會對整個湖北的洋務事業帶來很壞的影響。上自朝廷，下至府縣，旁及各省，這些年來對湖北的洋務事業雖讚揚甚多，但攻訐也不少。據卑職所知，攻訐之處多在糜費銀錢、虧空過大、經營不善、用人不當等方面。織布局的問題就恰好出在這幾個方面。如果我們將織布局的事徹底查清，再向全社會公開，恰好給他們提供了一個鐵證如山的例子。他們將會用這個例子大做文章，肆無忌憚地攻擊湖北洋務事業，攻擊香帥。到那時，織布局就是一個缺口，最後的結果只能使湖北的整個洋務全盤垮掉，香帥十四五年的滿腔心血化為烏有。」

張之洞的臉色越來越黑了，猶如大雨將至時的滿天烏雲。他恨不得拂袖而起，或者大聲斥退這個不知高低的狂妄幕僚。但他究竟還是將憤恨壓了下去，硬着頭皮聽完這番令人難以接受的福建官話：「香帥，卑職方才所說的決不是勸香帥做文過飾非、護短遮醜的俗吏，而是切切實實為了湖北為了中國的洋務事業着想。洋務在中國是一項新的事業，大家都生疏，做起來必然會有許多不盡人意之處；而洋務又是一定要做的，中國若不引進洋務，便決沒有強大的可能。因為此，香帥這十多年來所做的事，便應當受到社會的稱讚，同時也應當受到社會的保護。有人不顧國家大局，只圖發洩個人私憤，攻其一點，不及其餘，恨不得借一個差錯來否定全盤。對於這種人，我們不能讓他遂其心願。從保護中國剛開始的洋務大局出發，我向您提出一個方案。」

陳衍的這番話，使張之洞大有撥啟茅塞之感。從他心裏來說，也是不想把織布局的事弄得太大，這於自己的體面總是不光彩的，但彌縫遮掩又一向為其所恥，怎麼辦呢？如何來尋找一個支撐點，在這個支撐點上將心理和現實兩方面都擺平呢？好了，現在陳衍為他尋到了這個支撐點。

張之洞的臉上開始有了光亮：「石遺，你把你的方案說出來！」

「我的方案說起來其實很簡單，折中於彌縫與迴避之間。不彌縫，由湖廣總督衙門出面，成立一個審查團，對織布局的所有問題，尤其是總辦和處科主管人員的操守，以及織布局建立十年來的收支兩大方面進行審查。不迴避，審查的結果不向社會公開，由香帥一人最後定奪，立足在保護，但對惡劣者要嚴加處置。無論如何織布局要存在，無論如何要造成這樣一個結論：織布局創建十年來，功大過小，利多弊少！」

「好，就這樣辦！」張之洞站起來，拍着陳衍的肩膀說，「石遺，你是湖廣衙門的一名能幕。」

又花了整整三個月的時間，張之洞親自指揮的調查團終於將織布局的事定了案：馬漢成、壽安、李滿庫等人都分別犯有程度不等的貪污情事，除全部賠款彌補虧空外，馬漢成開缺永不敍用，壽安除名，李滿庫遣回山西原籍。織布局創建十年來，生產布疋售銷全國十八省，並遠銷南洋，贏利三萬五千四百兩銀子。成就巨大，由湖廣總督衙門重新委派總辦及材料、售銷主辦，繼續經營，以期年年進步。

這個定案以張之洞的名義正式上奏太后、皇上。

端方擔心張之洞回鄂後會全面為織布局翻案，然後再尋他個差池，將他攆出湖北，甚或參掉他的巡撫之職。現在見張之洞如此辦理，既顧及了他的面子，也保全了織布局，而且也並沒有袒護家人，屈服權貴，禁不住由衷欽佩這位老官僚的老練圓融。但畢竟跟張之洞背地裏幹了一場，端方總有幾分心虛，便竭力通過慶王的門子以求離開武昌。恰好不久朝廷重拾新政時期牙慧，撤銷與總督同城的廣東、湖北、雲南等省的巡撫，趁此機會，端方請求調出湖北。朝廷遂將他改調蘇州，署理江蘇巡撫。張之洞從此集湖廣總督與湖北巡撫於一身，掌軍事與民事於一手，權力更大了。

梁鼎芬依傍端方的想法是徹底破滅了，他比往日更加殷勤更加屈己地侍候着張之洞。織布局的案子使得張之洞對武昌各級衙門很是反感，他一兼上鄂撫後便參掉武昌道和貴的職務，將這個肥缺送給了梁鼎芬。端方沒有給他兑現的好處，倒讓張之洞給真正兑現了。梁鼎芬又羞又愧，此後更死心塌地跟着張之洞幹。過了兩年，張之洞又擢升他為湖北按察使，終於讓他實現了做一省大員的夢想。梁鼎芬終生將為端方謀湖督走門子一事諱莫如深，直到張、端都死去後，自己也到垂暮之年時，才向好友透露一星半點。這自然都是後話了。

兼任湖北民政最高長官的湖廣總督，在廣闊的荊楚大地做起事來更加無遮無礙得心應手，過去尚有些許疏隔的湖北兩司及道府州縣，從此盡皆在他的直接管轄之下，再不敢有絲毫的違抗和不恭了。張之洞充分利用這份難得的大權，擴大洋務局面，加快蘆漢鐵路的施工速度，大規模地興辦各種新式學堂，尤其注重創辦各級師範學堂，以求早日培養大批教師推廣新式教育。又拿出巨額公款來派遣出國留學生，其中尤以赴東洋日本的為多。湖北派遣的公費留日生最多時，曾佔全國各省在日學生總數的三分之一。張之洞在自撰的《學堂歌》裏曾這樣得意地說：「湖北省，二百堂，武漢學生三千強。湖北省，採眾長，四百餘人東西洋。」在陳念礽、辜鴻銘的開導下，張之洞還有意仿照西方城市的格局來重塑武漢三鎮的面貌。他在漢口修建了被後人稱為「張公堤」的後湖長堤，又在三鎮市區修築了十餘條頗為規範的近代馬路，大大地改觀了古城市容。

他又建起湖北電話公司，在漢口、武昌設立分局，裝有磁石式電話機三十部，開啟中國地方市內電話的先河。又加速完成滬漢、京漢、粵漢、川漢、湘漢五條電報幹線的建設，使武漢三鎮很快成為全國電報網絡的中心。於是各大商號雲集武漢，他們將分號設於上海、廣州等地，負責進出口業務，自己坐鎮武漢的總號，只需通過電訊來指揮各地分號即可。

張之洞又在武漢最先建起水電公司，通過水廠流出自來水，通過火力來發電。

工廠、馬路、電訊、水電，一座粗具現代化格局的新城市，在張之洞治鄂的後期，終於崛起在古老的神州大地，為日後中南地區的經濟發展奠定厚實的基礎。

就在張之洞忘記老之將至而全力經營湖廣新事業的時候，扼控全國命運，也同樣扼控他本人命運的朝廷樞垣，又泛起了微妙的漣漪。作為政治平衡桿上的一枚重要砝碼，張之洞在毫無心理準備的時候突然被內召京師，授予大學士、軍機大臣的崇職，步入晚年歲月中的最後一段時期。他迎來榮耀的頂峯，同時也走到事業的末路。

第七章 翊贊中樞

1
袁世凱用三牛車龜板甲骨，換來了張之洞的以禮相待

就在張之洞大辦荊楚洋務實業的時候，有一個人在華北平原上同樣勤奮苦幹。他也辦洋務，但他的洋務事業明顯地傾斜在軍事上。他的北洋軍聘請的多是洋教官，配備的是最新的洋槍洋炮，且人數達六鎮之多。他不僅會辦軍事，更擅長政治，觀風察色，結黨拉派，縱橫捭闔，長袖善舞，在幾個大的關口上，因為看準了，把握住了，從而扶搖直上，風雲際會，成為當今天下萬方注目的人物。此人是誰，他便是直隸總督兼北洋大臣袁世凱。

袁世凱在從朝鮮回國後的短短數年間的迅速崛起，讓朝野上下明顯看到一顆政治新星正在冉冉升起，他或許很快便會輝光明耀、照射四野。不少人發出「國朝得人」的感歎，但也有人在不斷地向樞垣提出警告：此人很有可能是一個王莽、董卓式的人物，切不可掉以輕心。

他們的顧慮並非空穴來風。

袁世凱辦北洋軍，是以一個久歷行伍熟諳軍旅者的身份在辦，到時他可以親自指揮這支軍隊上陣打仗，與張之洞等書生制台大不相同。換句話說，張之洞等人辦的新軍，是朝廷的軍隊，袁世凱的北洋軍，將有可能變成他的私家軍隊。

袁世凱太會交往了。他的關係網不僅結到朝廷的王公大臣，也觸及到西洋各國的政要。不少外國使館的公使在不同的場合公開表示過，袁世凱才是中國真正的人才，袁世凱代表着中國的希望。一個握有軍權的中國高級官員，受到西洋各國的如此稱讚，這不是朝廷之福。

袁世凱還只有四十多歲，精力充沛，思路活躍。他從沒有認真攻讀過四書五經，也不太看重聖賢教導、綱常倫理。血氣方剛則易起異念，不受聖教則缺乏約束。縱觀上下古今，惹是生非，胡作非為，甚至攪得天下不寧者多半是這種人。更令人不放心的是，此人不講操守，品行無端。朝野不少人說，戊戌年他先是答應了譚嗣同在天津閱兵時發動兵變，擁戴皇帝，囚禁太后，但一到天津就立即向榮祿告密，變禍首為功臣，用譚嗣同等人的血染紅自己的頂子。這完全是奸人賊子的行為，而他居然做起來嫻熟圓到，左右逢源。當年他可以出賣皇上，日後也可以出賣朝廷。這種人都不防範，還要防範甚麼人？

這股風先是在王公府第中暗暗地吹拂着，後來吹進了紫禁城，最後終於傳到慈禧的耳中。慈禧開始警覺了。大清當國者，歷朝歷代都謹遵祖訓：不讓漢人握兵權。只是到了咸豐年間，太平軍太強大，八旗綠營太無能，為了保祖宗江山，才讓曾國藩、左宗棠等漢人組建湘勇。這是萬般無奈之事，即便如此，也是防範再三，嚴加控制。一旦江寧打下，便即刻迫使湘勇裁軍，且十裁其九，用高官厚爵、良田美宅買去他們手中的利刃、身上的鐵甲。所以這一切，都是因為祖訓煌煌不絕於耳：非我族類，其心必異，軍權不可落入漢人之手！

而這一政治傑作的創造者，正是慈禧本人。對於防範袁世凱的話，她如何會掉以輕心！七十三歲的老太太再次運用她的政治智慧，將袁世凱調進京師，任命他為由總署改名而來的外務部尚書兼軍機大臣。這是古今權術中用得最多的一個：明升暗降，體面地解除危險人物手中的實權。為了不讓袁世凱有所藉口，同時調張之洞進京，一樣地進軍機處。

保定城裏的袁世凱對朝廷的用心洞若觀火，卻發作不得。他領下聖旨，有意磨蹭，為的是在保定城裏與過路進京的張之洞見面，以便通過再一次的隆重接待而以輸誠意。

無論是從私心的欽佩角度，還是從今後的利益相關，袁世凱都希望能像與朝中的慶王那樣，與張之洞建立非同尋常的情誼。

七十一歲的張之洞雖捨不得離開經營了將近二十年的湖廣，卻也對自己晚年能得到大學士、軍機大臣的待遇而滿意。人生追求的最高境地是甚麼，作為儒家弟子來說，還不就是入閣拜相嗎？能做一代輔佐聖君成就大業的賢相，斯世足矣，夫復何求！身為軍機大臣的大學士，有職有權，且可以天天面見太后、皇上。倘若能憑藉這一切，推動全國的洋務事業，使十八行省都能像湖北一樣學堂林立、工廠接踵、鋪上鐵軌、架設電線、水電連通、馬路交叉，再加上用洋槍洋炮武裝起來的勁旅，古老的神州不就邁進了時代的前列，貧弱的中國不就成了富強之邦嗎？一花獨放不是春，百花齊放春滿園。武漢三鎮、湖北全省即便好，也只是一城一省，只有全國都好了，才是整個中國的興旺。調入京師，身居相位，才有可能實現這個願望。古稀之年的張之洞，懷着這樣一種美好的憧憬，留下湖北鐵政局督辦陳念礽等人在武昌繼續原來的洋務實業，帶着家眷和梁敦彥、辜鴻銘、陳衍等人告別鄂湘兩省的官場士林、局廠商界，躊躇滿志地登車北上。時序正是光緒三十三年仲秋。

兩年前，蘆漢鐵路已全線通車。張之洞坐在豪華舒適的臥車廂，看着窗外的村莊田疇和那條年久失修的南北驛道，想起過去進京時千里跋涉鞍馬勞頓，如今睡臥之間便穿山越嶺，一日千里，心裏感慨萬千。這條鐵路正是自己在光緒十五年間親手勾畫出來的。歷經幾起幾落的曲折，十多年間在歷任直督的配合下，終於鋪設成功，正在每日每夜造福於國家百姓。可以想像得到，在今後的歲月裏，它將與南邊正在規劃中的粵漢鐵路聯成一氣，對中國的自強偉業起着難以估量的作用。尤其令張之洞欣慰的是，蘆漢鐵路全線運行僅一年便將全部投資收回。鐵的事實證明，自行籌款或向外國借款修築鐵路，是一件一本萬利的大好事。蘆漢鐵路的成功，將會促使整個中國鐵路事業的發展。

在一陣震天鳴叫聲中，火車緩緩啟動，張之洞佇立窗前，深情地望着傾注自己下半生全部心血的武漢三鎮，心情頗為激動。

這座已具現代城市雛形的華中重鎮，眼下的器局不僅遠過京津，超邁穗港，就連有十里洋場之稱的大上海，也未必比它強過多少，至於它的靈魂——以鐵廠、槍炮廠和布、麻、紗、絲四局為代表的洋務局廠，則更是京津穗港所望塵莫及的。武漢三鎮，今天是海內徐圖自強的典範，明日就是富強中國的縮影。歷史無疑會記住湖北洋務為中國強盛所作出的貢獻，歷史也決不會忘記我張某人的開創之功。

正在這時，他看到龜山腳下高大的煙筒正冒出一股濃重的黑煙，這景象給他以巨大的喜悅。他遙指窗外，孩子似地嚷道：「你們看，鐵廠冒煙了！」

梁敦彥、辜鴻銘、陳衍等人都圍了過來，順着他的手臂眺望着，果然見漢陽鐵廠的黑煙在越冒越濃。

陳衍有意恭維道：「香帥，您辦的這些局廠可謂天下獨有，海內無雙！漢陽槍炮廠要超過德國的克虜伯廠。」

這顯然是不合事實的出格頌揚，熟悉歐美現代大工業的梁敦彥，對陳衍這種文人習氣極不滿意，但見張之洞正在興頭上，也不便潑冷水，只是淡淡地笑着，不吱聲。

梁敦彥剛卸下江漢關道，經張之洞的推薦，就任新成立的外務部司官。

「可惜，只有模樣，沒有精神。」不諳世故的辜鴻銘卻不顧忌，他心裏想甚麼嘴裏便說甚麼。辜鴻銘好與人抬槓。他的這種性格，張之洞和陳衍都清楚，所以也不生氣。

張之洞笑道：「湯生，你說話可要負責任，憑甚麼我辦的洋務局廠只有模樣，沒有精神？」

辜鴻銘也笑嘻嘻地說：「武漢的局廠我都去看過，歐美的局廠我看得更多，兩相比較，我有這個感覺：武漢的局廠與歐美的局廠模樣兒相似，但品性卻相距很大。」

陳衍忙說：「模樣相似是個基礎，至於品性，可以慢慢培植，過些年後也就會差不多的。」

「你說得不對。」辜鴻銘較起真來，「模樣相似是沒有用的，關鍵在品性。湖北局廠，照現在這個路子走下去，是培植不了好品性的。」

張之洞開始有點不高興了。他問辜鴻銘：「你聽到甚麼啦？」

「我正要跟你說哩，香帥。」辜鴻銘一臉正經地說，「武昌閭巷裏，流傳這樣兩句俚句，說是官劣而為商，商劣而為官。前者的代表是一大羣進入局廠的候補道，後者的龍頭老大，便是鐵廠的督辦盛宣懷，經商發橫財，現在做了朝廷中的一品尚書了！」

話是不錯，但在如此好氣氛下說這等敗興的話，這個辜湯生真是太不懂事了。梁敦彥見張之洞的臉色越繃越緊，心裏暗暗想着：必須把話題轉開。看着車窗外出現一大片沼澤地帶，他趕緊對張之洞說：「香帥，這怕是古書上所說的雲夢澤了。」

張之洞望了望窗外，說：「是的。楚襄王遊雲夢，遊的正是這一片地方。」

陳衍的更大興趣也是在這談古論文上，於是忙插話：「這雲夢澤因為楚襄王的遊歷而幻怪離奇，一直成為歷代騷人墨客筆下的神秘之所。到了南宋時，有一個遊方道士路過雲夢，指着雲夢之北說，三百年後此地將出天子，不想這話給他說對了。」

這話撩起了辜鴻銘的極大興趣，禁不住問道：「天子是誰？」

張之洞斥道：「桑先生教了你一年的二十四史，你不好好讀書，這下子對不上號了吧！」

梁敦彥說：「我聽人說前明嘉靖皇帝以旁支從安陸進的京師，這天子是不是指的他？」

陳衍道：「正是。從此，雲夢在幻怪的色彩上又加了一道尊貴的光環。」

張之洞似有所思地說：「可見這荊襄三楚是一塊寶地，老夫的十九年心血不會白費。」

「那是自然的。」陳衍忙附和。

梁敦彥成功地將話題扭轉過來了。大家於是談歷史說掌故，一路談笑風生地穿過雞公山，奔馳在豫中大地上。

次日午後來到了彰德府。

張之洞饒有興趣地問辜鴻銘：「湯生，我考考你，你知道彰德府城外有個著名的遺址叫甚麼嗎？」

辜鴻銘這些年來發憤苦讀中國典籍，憑藉他過人的記憶力和悟性，他比幕府中許多宿儒更通中國學問。只是他一直無機會作萬里行的壯遊，對中國的輿地所知甚少。他一向坦誠，知之為知之，不知為不知，遂笑了笑說：「我從未到過彰德府，真不知道這裏有個甚麼著名遺址。」

張之洞捋鬚笑道：「我說湯生呀，你自誇對四書五經倒背如流，一到真要管用時，就露出先天不足的缺陷了。」

辜鴻銘望了望一邊微笑不語的陳衍：「石遺兄，這地方難道與四書五經有關？你告訴我吧！」

陳衍說：「聽香帥給你上課吧！」

張之洞說：「《盤庚》三篇，開篇第一句是甚麼？」

「盤庚遷於殷。」不待張之洞說完，辜鴻銘便答道。

「對了。」張之洞指了指窗外。「這裏便是殷。」

「哎呀！」辜鴻銘驚叫起來，頭伸出窗外。「這裏就是三千年前的殷都了！」

陳衍笑道：「可惜現在一片頹廢，只能叫殷墟了。」

張之洞望着辜鴻銘說：「彰德府城外有個叫小屯村的地方，就是當年殷都的所在地。光緒二十五年，當地老百姓從古墓廢丘裏發掘不少獸骨，因為骨頭大，大家都叫它龍骨。都說龍骨可以入藥，治多年的風濕，於是北京同仁堂藥舖就到這裏來收購。我的內兄王懿榮那時正做國子監祭酒，他自己本是一個高明的醫生，知道陳年獸骨的這種藥用功效，聽說同仁堂裏有從河南收購來的龍骨，便買了一些。他是一個有心人，在龍骨上發現了不少像文字一樣的東西。經過細細考證，認定這就是殷商時期記敍卜筮的文字。就這樣，王懿榮無意之間發現了這個埋在地底下三四千年的絕大秘密。」

辜鴻銘伸出大拇指來讚道：「王懿榮真了不起！真偉大！」

「可惜，他在庚子年為國捐軀了，龍骨上的文字沒有繼續研究下去。」張之洞歎口氣說，「若讓我自己選擇的話，我寧願不進京做大學士軍機大臣，倒是願意住在這裏，大量搜集出土龍骨，把這個研究做下去。」

陳衍說：「這的確是件比做軍機更有意義的好事。」

辜鴻銘認真地說：「香帥若呆在這裏做龍骨文字研究，我願伴着你，給你當助手。」

張之洞哈哈笑道：「可惜，我是身不由己，想留在彰德府也是不可能的呀！」

正說着，汽笛長鳴一聲，火車在月台邊停了下來。侍役們忙着下車打水取食物。這時一位身穿二品補服的中年官員，在幾個隨從的陪侍下，走上車來。

那官員不須打聽，徑直走到張之洞的身邊，對正在看報的張之洞彎下腰說：「香帥，您還認得下官嗎？」

張之洞摘下老花眼鏡，將來人認真地看了看說：「你不是楊蓮府嗎？怎麼到這裏來了？」

「香帥好記性，下官正是楊士驤。」楊士驤謙卑地笑着說，「下官奉慰帥之命，特為到彰德府來恭迎您，下官在此地已等候三天了。」

「坐吧，坐吧！」張之洞伸出手來指了指對面的沙發。「慰庭這人禮數太多了，打發你到彰德府來接我，耽誤你這多天，實在沒有這個必要。不過，彰德府住幾天也不會白住，你去小屯村看過殷墟了嗎？」

「去過，去過！」楊士驤在沙發上坐了下來，樂呵呵地說，「我這次在小屯村買了三牛車龍骨，借這列火車運到保定城，公餘要好好揣摩揣摩，興許能認出幾十個古字來。」

「太好了，太好了。」張之洞笑道，「到時你可以先給我看看，莫急着公佈於世，免遭方家譏笑。」

「香帥願意替我審核，那真是求之不得的事了。我隨身帶了幾塊龜殼板，有幾個字，我自認猜得了七八分。請香帥看看，點撥點撥下官。」

「在哪裏，快拿給我看看！」張之洞一副急迫的神態，彷彿一個貪玩的兒童，焦急地向大人索取一件新奇的玩具。

楊士驤從隨從手裏接過一個布包。打開布包，露出十來塊沾着泥土的黑褐色龜板。張之洞急忙重新戴上老花眼鏡，取過一塊細細地審視着。辜鴻銘、陳衍等人也一人拿起一塊，十分好奇地觀看。奔馳北上的火車廂，頓時成了一個考古研究所。

看着張之洞的專注神色，楊士驤為自己精心準備的這一招而慶幸。

楊士驤是直隸布政使。四年前，張之洞進京路過保定時，袁世凱在總督衙門設盛宴招待張之洞。張之洞坐在主賓席上，左邊坐着袁世凱，右邊坐着楊士驤。二人殷殷勤勤地款待着這位貴客。可張之洞並不十分知趣。他基本上不搭理左邊的主人，卻對右邊的主陪很熱情。原因是楊士驤乃翰林出身，一肚子掌故學問，又極善言談，與張之洞很對路。他們一起談翰苑軼聞，談前朝舊典，高談闊論，津津有味，完全不顧及滿座嘉賓貴客。別人倒不覺得怎樣，袁世凱心裏則很不是味道。他是酒席的主人，張之洞不對他熱乎，已使他感到不快，更當着他的面大談科場翰苑，明顯是欺負他非兩榜出身，腹中無筍。袁世凱被冷冷地晾在一旁，臉上雖掛着笑容，心裏卻嫉恨不已。

到了散席的時候，張之洞還送給袁世凱這樣一句話：「袁慰庭，想不到你一旦做了總督，身邊便會有楊蓮府這樣的人。」

這句話的言外之意是，你袁世凱本是一個粗人，只是因為你做了總督，身邊才會有才子學人跟着；假若你沒有這麼高的官位，這些人才不會看得起你呢！袁世凱被這句話噎得半死。

張之洞走後，袁世凱氣得對楊士驤說：「張香帥這樣看得起你，你乾脆跟他好啦！」

楊士驤是個圓滑得可以隨意滾動的人。他知道袁世凱心裏不平，忙賠着笑臉說：「張之洞一副倚老賣老的架勢，他即便要我去，我也不願伺候這種人。他在慰帥您的面前大談文事，其實恰暴露出他不懂軍武的弱點。他是個乖巧的人，只有談文事方可保全自己的臉面，若在您的面前一談帶兵打仗的人，便立即露了餡。我知道他的底細，只是不說破罷了。」

楊士驤這番話說得袁世凱轉怒為喜，想一想張之洞已到了衰暮之年，實在沒有必要跟他計較，於是很快便釋懷了。這次袁世凱決定再來一次籠絡張之洞，打算派一個人遠到他的家鄉河南彰德府去迎接，以出格的禮節來表示自己這一番仰慕之心。他立刻就想到了能與張之洞談得來的楊士驤。楊士驤想，從彰德府到保定城，要坐將近一天的火車，再談得來，也不可能談一天的話。要怎麼樣來討得老頭子的歡心，讓陪伴的這一天過得歡快而充實呢？他想來想去，想到了殷墟裏出土的龍骨。在彰德府上車，從龍骨談起，豈不會引發這位雅好古董的老名士的極大興趣嗎？

這一招果然靈。張之洞、辜鴻銘、陳衍和楊士驤四個人，面對着這十幾塊龜板，圍繞着甲骨文這一新興的學科，有着無窮無盡的話題。不知不覺間，列車已進入保定車站。保定城已是萬家燈火的初夜時分。車剛一停穩，月台上便響起一片西洋軍樂聲。一行穿着簇新北洋軍禮服的吹鼓手們，或握銅號，或背銅鼓，在一個手執銀桿人的指揮下，整齊而嘹亮地吹奏一首滿車人都聽不懂的樂曲。

楊士驤起身對張之洞說：「請香帥下車，在保定城住一夜，袁慰帥已在督府衙門擺下接風酒恭候。」

張之洞說：「我看就不要下車了，這麼多人去吵煩袁慰庭，也過意不去。你就下車去覆命吧，代我們謝謝他。」

楊士驤急道：「慰帥派下官去彰德府迎接，就為了請您在保定城住一夜。請香帥看在這番誠意上，賞臉下車吧！」

陳衍也覺得袁世凱用心太厚了，若不下車，也說不過去，便對張之洞說：「袁慰帥是真心誠意請香帥下車，香帥給他這個面子吧！」

張之洞笑了笑說：「袁慰庭這人，說好，好在這裏；說不好，也不好這裏。一個官員，太注重迎來送往，太待人熱情周到，就會分散心思，影響辦實事。」

楊士驤忙說：「袁慰帥因對您格外仰慕，才如此出格逾禮。對於別人，他並不都是這樣的。」這句話說得極得體，既袒護了袁世凱，也抬高了張之洞。

「好吧！」張之洞起身說，「也不要讓袁慰庭太掃興了。湯生，石遺，你們陪我到袁慰庭那裏走一趟。崧生不舒服，你就和其他人留在車上不動，明天一早我回來就開車。」

眾人簇擁着張之洞走下車廂。腳剛一落到月台上，便有一個穿着耀眼軍服的青年軍官跑上前來，向張之洞行了一個舉手禮，聲音洪亮地說：「北洋第一鎮第一協第一標標統馬如龍奉袁大帥將令，在此恭迎張大帥，請張大帥一行上轎。」

張之洞檢閱過江蘇的自強軍、湖北的新軍，對這一套並不陌生，只是心裏想，我又不是來檢閱北洋軍隊的，何必如此！袁世凱這人太多事了。

他對着軍樂隊揮了揮手，便向着前邊走去。就在這時，軍號吹響，鼓樂齊鳴，月台上再次熱鬧起來。

張之洞上了綠呢大轎，在星月燈火中穿街走巷。突然眼前一片明亮，扶着轎杠陪同前進的一位小吏隔着轎簾說：「張大帥，總督衙門到了。」

張之洞挑起轎門簾，看到高大木牌坊後面黑壓壓的一大片人，兩旁高高地懸起四根燈鏈，在夜色中顯得璀璨壯觀。

綠呢大轎在木牌坊面前停穩，扶杠小吏將轎簾掀起，張之洞剛一邁出轎門，便聽見旁邊響起嘹亮的豫東口音：「張香帥，一路辛苦了，晚生袁世凱恭候香帥光臨保定！」

原來，迎在轎旁的正是袁世凱，緊跟他身後的是直隸臬司、糧道、兵備道、保定知府以及北洋六鎮的高級武官們。燈光下，但見粗矮壯碩的袁世凱一身官服，面帶微笑，神采奕奕。身後的文武個個精神抖擻，雖已是八九點鐘的夜晚，卻不見絲毫疲憊倦怠之色；尤其那些武官，佩刀仗劍，筆立挺拔，英武之氣畢露無餘。張之洞在心裏歎息一聲：「老夫不如此人！中國的希望或許在他的身上。」

張之洞一改前兩次的倨傲不恭之態，笑容滿面對袁世凱說：「慰庭，您太多禮了！」

袁世凱再次打千：「香帥能賞臉下車，不僅是晚生的榮幸，也是保定全城的榮幸，若是白天，晚生會動員保定全城百姓來夾道歡迎。」

張之洞大笑：「若如此，乃老夫之罪過！」

說罷，拉起袁世凱的手，二人一道邁步向大門走去。

稍事休息，袁世凱便請張之洞入席。張之洞說：「老夫已在車上吃過東西，不必再吃晚飯了。」

袁世凱說：「為請香帥，晚飯已推遲了三個小時，想必同寅們肚子皆餓了，請香帥莫再推辭。」

張之洞驚道：「何須如此！大家為老夫餓肚子，老夫怎能心安？」

在袁世凱的陪同下，張之洞一行來到直隸總督衙門花廳。這裏早已燈火通明，熱氣蒸騰，十多席八仙桌上羅列着山珍海味、美酒佳肴，香氣瀰漫着整個花廳，飄散到直隸總督衙門前後院的各個角落。

坐定後，由袁世凱帶頭，接下來直隸司道、保定知府、北洋六鎮依次向張之洞敬酒，一個個揀最好聽的話恭維着頌揚着，直視張之洞為當今的張陳房杜，一頂頂高帽子戴得老頭子頭暈暈的，心甜甜的。他怕自己酒後失態，每次敬酒都略微舔舔而已。袁世凱、楊士驤依舊分坐兩旁，不斷地夾送着各種珍饈美饌，張之洞也只是揀點清淡的嚐嚐而已。

為了彌補上次的過失，張之洞這次儘量多和袁世凱說話，不再有意和楊士驤說那些陳芝麻爛穀子的事了。

「慰庭，你甚麼時候進京？」

「不瞞香帥，晚生已經向太后、皇上遞了摺子，請求讓晚生依舊在直隸不動。」袁世凱放下筷子，挺起腰板，神態嚴肅地回答。

「你不願意進京？」

「也不是不願意。晚生自覺才能有限，不是做外務進軍機的料子，還是在直隸做總督順手些。」

「慰庭呀，老夫勸你一句。」張之洞又下意識地捋起鬚，擺出慣常的架子來。「你還不到五十，前程遠大。外官你已做了二十多年，歷練也已夠了，應該到京師裏去做做朝官。再說，朝廷對你依畀甚大，外務、軍機都是極重要的職位，決不在直督之下。中樞號令天下，做好了，對國家的貢獻，要遠勝一省督撫。」

對中外局勢已看透的袁世凱心裏冷笑着：這老頭子是真不懂時局，還是假作正經？這個時候，還談甚麼「中樞號令天下」！朝廷連派五大臣出國考查憲政的錢都拿不出，要各省分攤，它早已是一個空架子了，還有甚麼號令天下的資格？眼下的朝廷與各省的形勢，跟晚周相差無幾。朝中的軍機宰相哪能與一個強省的督撫相比！老頭子莫非讓虛名給衝昏了頭？

袁世凱想到這裏，決定試探一下：「香帥，你歷仕兩朝，德高望重，從武昌調到京師，自是人心所望，朝野所歸。做了大學士、軍機大臣後，當然是以中樞號令天下，為國家所做的貢獻要遠過湖廣兩省。晚生不能跟您相比，且做事顧大不及小，難免遭人譏評。晚生進京，只怕反不如在直隸。」

張之洞說：「你平時做事，一向敢於負責，也頗自信，為何一旦叫你進樞垣，反而畏葸不前了？太后年高，皇上多病，國家又值多事之秋，正是我輩為君分憂、為國操勞之際。想你袁家，自端敏公起到令尊，都是救時的忠臣。你應當以先人為榜樣，國事為重，自家為輕。好在你我同在軍機，有事還可以一起商量嘛！」

國事為重，自家為輕。這樣的語言，袁世凱只是童稚時代，從塾師的口中聽到過，這幾十年的軍戎官衙之中，他再也沒有聽人說過這種話，自己心裏也從不存這種念頭。想不到這個白髮消瘦的古稀老頭，卻吐出這等久違的古訓來！一股憐憫之情油然而生：張香帥呀張香帥，今日四海之中還有幾個像您這樣想，大清朝廷包括老佛爺在內，有幾個像您具這般心思？如此禮崩樂壞、人心鼎沸之際，您怎麼還信奉這過時發霉的名教？

不過，袁世凱倒也從這兩句話中看出張之洞的為人來。儒家信徒多迂腐，然則也多厚實。張之洞如此篤信儒學，他也一定是個既迂又實的人。與這種人打交道，不必擔心他會兩面三刀、傾軋陷害。今後到了軍機處，還得多靠他為自己擋點風雨才是。

袁世凱誠懇地說：「香帥的教誨，使晚生大開茅塞。袁家三代深受國恩，晚生自當盡忠國事，不以個人為懷。若太后不准奏，晚生也不再堅持了。早日進京辦事，朝朝夕夕可得香帥指教，請香帥到時切莫以晚生愚鈍而嫌棄。」

張之洞笑道：「你都愚鈍，那天下無聰明人了。」

另一桌上，直督幕府總文案楊士琦等人陪着幸鴻銘、陳衍，也是觥籌交錯，談興甚濃。楊士琦對他的主子袁世凱很是崇拜。言談之中對袁的本事之大發跡之快欽佩不已，說起袁的一妻八妾之豔福及其後院之宏闊豪華來，更是垂涎不已。幸鴻銘瞧不起楊士琦這副巴兒狗的神態，更對袁世凱的聚斂貪婪甚為厭惡，趁着酒興，他笑着對楊士琦等人說：「我給你們說點洋人的事吧！」

直督幕僚們都知道這個混血兒的不凡經歷，於是紛紛舉杯叫好。其中一個年輕人更是嘻皮笑臉地說：「辜先生，你逛過洋窯子嗎？洋嫖客和咱們中國嫖客有不同嗎？」

辜鴻銘聽了這話，又好氣又好笑：「洋女人我倒是有幾個相好的，洋窯子可沒去逛過。但我知道洋嫖客和中國嫖客是有不同的地方。」

「有哪些不同？」五六雙眼睛餓狼似地瞪向辜鴻銘。

「洋嫖客嫖娼為己，中國嫖客嫖娼為人。」

辜鴻銘的這兩句話把滿座給弄糊塗了。這些飽讀四書五經的幕僚都知道孔子有句名言，道是「古之學者為己，今之學者為人」，卻對辜氏的這兩句嫖經頗為費解。這是甚麼意思？難道中國嫖客嫖娼是給別人看的？

那個年輕人央求道：「辜先生，請你解釋下。」

辜鴻銘原本不過借用《論語》兩句話來標新立異、聳人聽聞罷了，其實並沒有甚麼深意在裏面。年輕人這一問，他一時倒給噎住了。好在他腦子靈活，立即便有了答案：「你們不知道，外國人富裕，溫飽不愁，做娼妓的只是變個法子來尋樂趣而已，故嫖客也不需花費太大，彼此都是為了自己。中國女人做娼妓，多為生活所迫，賣身是為了錢，恨不得一夜掏盡嫖客的半年薪俸，所以中國的嫖客為的是養活娼妓。這不是為人嗎？」

眾人都笑起來。

年輕人感歎起來：「看起來下輩子一定要做個洋人才是，連當嫖客都當得瀟灑。」

楊士琦說：「還是聽辜先生說洋人的事吧！」

「有一天，一個來華的英國紳士對我說，你在英國多年，知道英國人有貴種賤種之分嗎？我只知道印度人有這種區分，在英國時倒沒有聽說過。我如實以告。那個紳士說是有分別的，只是你不知道罷了。我問他如何區別。他說，看他們到中國後的表現便知道了。凡英國人在中國住了許多年，體形不變的則是貴種。若到了中國沒有多久，便迅速發胖，大腹便便的則是賤種。我問這話從何說起。那紳士說，在中國，各種食品，都比英國便宜，凡賤種都喜歡貪小便宜，於是大吃大喝，很快就贅肉纍纍了。」

一個幕僚禁不住插話：「辜先生，用這種辦法真的可以分出賤種貴種來嗎？」

「我後來有意觀察，證明這個紳士所說不誣。」辜鴻銘滿臉正色地說，「其實，用這個辦法也可以來區分中國官場的貴賤來。凡做官的，取錢取物都遠比老百姓容易。貴種則不以這種容易而多取，謹守本分，飲食起居與常人無異。賤種則不然，利用手中的權勢，大量攫取民脂民膏，肥私利己，大起洋樓，廣置良田，小老婆討了一個又一個……」

「哈哈哈」！剛說到這裏，聽者都知道辜鴻銘的醉翁之意了，不約而同地哄堂大笑起來，弄得楊士琦臉上尷尷尬尬的，很不自在。

陳衍知道辜鴻銘的老毛病又犯了。他生怕弄得主人不快，忙圓場，端起酒杯對楊士琦說：「我們這個辜湯生，是逢佳朋美酒則話多，今天各位既是博雅君子，燕地之酒又醇厚甘美，他說起話來便口無遮攔了。來來，我和湯生借花獻佛，敬楊總文案和各位一杯！」

於是大家都舉起酒杯，十分豪氣地互碰了一下，均一飲而盡。

在主客皆歡之中，直督衙門的奢豪夜宴終於結束了。

袁世凱對張之洞說：「今夜請香帥委屈在幽燕客棧歇息。明天上午，晚生再恭送您上車。」

張之洞說：「吵煩太多，明天您不要送了。」

楊士驤說：「慰帥想盡盡地主之誼，香帥您就不要推辭了。」

袁世凱說：「晚生知香帥一向不受別人饋贈，故也不敢備甚麼禮相送。只是有一樣東西，晚生和蓮府商議着要相送，想必香帥不會推辭。」

張之洞望着楊士驤說：「甚麼東西？」

楊士驤笑着說：「就是從彰德府帶來的那些個寶貝。」

張之洞還沒有回過神來，袁世凱說：「蓮府對晚生說，香帥昨天在車上，對殷墟龍骨有極大的興趣，好些個文字已被香帥破譯了。晚生說，既然香帥是考訂龍骨的專家，不如把你帶來的那三牛車龍骨都送給香帥，供香帥公餘賞玩研究。蓮府說，就不知香帥肯不肯賞臉收下。」

「老夫收下，收下。」張之洞從來沒有這樣爽快地接受別人的贈與。「老夫把它們都帶到京城裏去，如果能看出點甚麼名堂來的話，說不定今後還要麻煩彰德府替我多收集點送來。」

楊士驤高興地說：「這個容易，我立即打發幾個人去彰德住上半年，好好地再收集幾牛車龍骨來，運到京城裏去！」

張之洞笑道：「莫着急，待老夫先好好看完這三牛車再說。」

望着張之洞等人的綠呢大轎消失在夜色中，楊士驤對袁世凱說：「看來老頭子這回讓您給籠絡上了。」

袁世凱道：「這還得謝謝你的那些爛牛骨破龜板！」

楊士驤說：「拿甚麼謝我？」

袁世凱反問：「你要甚麼？」

「直隸總督！」

「行。」袁世凱立即答應。「不過有一個小條件，你每年至少得給我五十萬両銀子，我好應付京城裏那班餓鬼。」

楊士驤點點頭：「這好說。」

朝廷的要職，國庫裏的銀子，就像做小買賣似的，如此三言兩語就給敲定了。

2 力禁鴉片的張之洞沒想到十多年來自己居然天天在吃鴉片

抵達京師，安頓好的第二天，張之洞便進宮遞牌子，請求召見。第三天上午，慈禧召見張之洞於養心殿東暖閣。中秋節臨近了，太后賞張之洞節禮：福、壽字各一幀，各色月餅兩大盒，金銀錁子各五十個，西湖藕粉四斤，廣西沙田柚二十個。當內務府將這些御賞抬到先哲寺張寓時，大家都歡忭喜悅，但真正的被賞者卻高興不起來。

原來，太后只和他談了不到半個鐘點的話，全沒有四年前見面的那種君臣相對而泣的親熱感。最令他意外的是，太后叫他依舊管理學部事宜，繼續四年前的未了之事。至於張之洞最關心的立憲大事，太后隻字未提。張之洞走出養心殿後心裏納悶着：將我張某人從武昌調來，難道就是學部的事無人管嗎？以體仁閣大學士軍機大臣來做學部大員，這辦學堂的事情，難道在太后的眼中竟有如此高的地位嗎？

令張之洞憂忡的還有兩宮的健康狀況。七十三歲的太后儘管濃妝濃抹，仍不能遮掉她顏面上的蒼老。太后斜靠在龍椅上，聲音輕微而乾澀，全然沒有了過去的甜美柔潤，令人聽了很不舒服。

顯然，半個鐘點的談話，對她已是一個很大的負擔了。看來召見時間的短促，很可能不是對自己的冷漠，而是體力不支。想到這點後，張之洞的心情十分沉重。他對太后一生充滿着感恩戴德之心，儘管有庚子年的重大失誤，但太后在他的心中依然是值得尊敬的。現在，這位執掌大清江山近五十年之久的皇太后，真正到了油盡燈乾的時候，他能不憂慮！倘若皇上是個聖明之主，太后即便撒手而去，國家也可在平靜中度過那段悲痛的時候，但偏偏是皇上既不聖明，又沉疴在身！

召見時，皇上並未在座。張之洞在請皇上聖安的時候，慈禧只冷冷地答了一句：「皇帝在瀛台養病，已有半年多不見臣工了。」母子之間的深重隔閡已讓張之洞心驚，而外間關於皇上病勢沉重的傳聞，也在這句沒有任何感情在內的話中得到證實。

太后衰老，皇上病重，大清朝的又一次重大變故迫在眉睫，此時的大學士軍機大臣，將要面臨着怎樣的艱難乃至危險！

正在沉思時，只見大根進來稟報：「鹿中堂來訪！」

自從前年夫人去世，大病一場後，鹿傳霖是明顯地衰老了。他渾身虛胖，四肢乏力，在自家後院散散步都感到疲倦，入秋以來，因為氣候乾爽適中，才略覺好受一些。

郎舅同拜大學士共處軍機，這是少有的殊榮，鹿傳霖自應來看望看望，同時也要和內弟好好聊一聊。

張之洞也巴不得早日和姐夫見一見面。聽說姐夫主動來訪，忙親自出大門迎接。聊過一番家事後，兩個軍機大臣都更有興趣談軍國大事。鹿傳霖向內弟介紹了軍機處的近況。軍機處現有五人：慶王奕劻，文華殿大學士、禮部尚書世續，他本人再加上新進的張之洞和袁世凱。揣摸太后的意思，醇王載灃也即將進軍機處。

「載灃進軍機處？」張之洞摸着枯白而稀疏的長鬚，邊思忖邊說，「是不是醇王府又會出一代天子？」

皇上雖只有三十八歲，但這一兩年病情很重，知內情的人都曉得皇上的病好不起來，龍馭上賓只是早晚的事了。皇上沒有兒子，天命將歸於何人，這是京師高級官員們最為關注的大事。如果看準了，早下功夫，將是一本萬利的絕大生意。一年前，奕劻的兒子載振曾被人看好。論血脈，載振是遠了點，但奕劻現在是太后之下、萬人之上的實權在握者，太后對他聖眷最隆，而且載振聰明伶俐，模樣周正，甚得太后的歡心，年紀輕輕就做了新成立的農工商部尚書，顯然是在着意培植他。但不久，楊翠喜一案被披露，載振的皇儲一說也便隨之而破了。原來，朝廷準備新設黑龍江、吉林、遼寧三省，派徐世昌與載振去東北實地考查。袁世凱的小站親信候補道段芝貴，在老主子的支持下想謀取黑龍江巡撫一職，趁着徐世昌、載振過天津的時候，用一萬二千両銀子買下津門名伶楊翠喜，送給好色的公子哥兒載振。果然，這一美人計十分管用。段芝貴很快被任命為黑龍江巡撫。此事被御史告發，雖後來經奕劻、袁世凱周旋，沒釀成大禍，但到底引起慈禧的反感，載振被迫辭去尚書一職，段芝貴的黑龍江巡撫也泡湯了。載振做不成皇儲了。皇儲又可能是誰呢？大家將各王府排來排去，一時都難以拿準。

鹿傳霖點點頭說：「你的猜想有道理，我和世續也是這樣認為的，很可能由載灃來繼承他二哥的位置。」

張之洞說：「我看載灃的可能性不大。皇上剛繼位的時候，太后就許下承祧穆宗的諾言，若載灃繼位，太后還能看到她親生兒子的承祧人嗎？我想，這天命多半要落在載灃兒子的頭上。」

這話提醒了鹿傳霖。他拍了一下腦門，臉上欣欣然地說：「還是你看得透徹。載灃的兒子溥儀兩歲多了，載灃雖是老醇王的側福晉劉佳氏所生，但他的福晉瓜爾佳氏則是太后指定的。瓜爾佳氏是榮祿的女兒，榮祿很受太后的器重。那年病逝時，太后不僅親去弔唁，還動了真情，哭了。」

張之洞說：「你這一說，事情就越發明朗了。今後我們對這位小醇王，就更不能等閒視之。你與他打過交道嗎？」

「見過幾次面。」

「人怎麼樣？」

鹿傳霖說：「長得還算清秀，對老臣們也還有禮貌。只是器宇不宏闊，見識平庸，頂多只能算個中下之材。」

「唉！」張之洞歎了一口氣。「多年前，有一位朝廷大員就對我說過，遍視近支王府，找不出一個像樣的人物來。王室乏人，此乃國家之大不幸。」

鹿傳霖說：「還有一件事，我也很憂鬱。太后這幾個月時常鬧病，七十好幾的人了，時常鬧病，可不是好徵兆。萬一她走在皇上前頭，這事豈不更麻煩了！」

「是呀！」張之洞輕輕地附合着。心裏想：萬一這種事情出現了，誰來應付這個亂局呢？做湖廣總督時可以不想這種事，可如今身為大學士、軍機大臣，到時是想推都推不掉的呀！國家大事，千頭萬緒，這立儲立君，可是頭等大事呀。未雨綢繆。作為相國，第一要綢繆這樁事才對！

「香濤，你知道，袁慰庭為何被調進京城嗎？」鹿傳霖換了一個話題。

在張之洞看來，袁世凱調進京，應看作是太后對他的重用。儘管總督與尚書品銜相當，但外務部的前身是總理各國事務衙門，主持者從早期的奕訢、文祥，到近期的李鴻章、奕劻，其地位都遠在一般總督之上。袁從直督到外務部尚書，地位應是上升的，何況又兼軍機大臣，不應該是某些人所說的明升暗降。張之洞說了這番看法，但鹿傳霖搖了搖頭。

「這是滿洲親貴在打擊他。香濤，你或許不知道，眼下京師一個新的朋黨正在形成，這就是滿洲親貴黨，他的盟主是肅王善耆，骨幹有良弼、載洵、載濤、鐵良等人。」

十多年前陪俄皇太子訪問武昌的善耆，過去因受慈禧的壓抑，一直不問政事。他的最大愛好是唱皮黃，常召伶人來王府演戲取樂，他自己有時也粉墨登場。近兩年善耆受西風影響，也愛議論立憲改制等國事，很想通過變革來改變自己無實權的冷王爺身份。載洵、載濤是載灃的同母弟，因過繼的原因都早早地封了貝勒。這兩個貝勒雖年輕無本事，卻有很強的權力欲望。鐵良、良弼都出身於貴族，從日本士官學校留學回國，鐵良已長新成立的陸軍部，良弼是鐵良的助手。善耆既是王爺，又年長，便自然成了這個新黨的頭領。

「革命黨頭目孫文等人在日本組建同盟會，提出驅逐韃虜的口號，將滿漢之間的嫌隙重新挑起。善耆這一班滿洲親貴們血氣特盛，想要來個針鋒相對，全部排斥漢人。香濤，你還不知道，近來京師滿漢對立到了何種地步，有的衙門，甚至滿漢之間互不交言。」

張之洞一驚：「滿漢不交言，公事如何辦？」

「如何辦，只有拖下不辦唄！」鹿傳霖無可奈何地搖搖頭。「鐵良雖然長了陸軍部，袁世凱訓練的北洋六鎮也有四鎮劃歸了陸軍部管，但北洋軍隊是袁世凱訓練出來的，部屬們都聽袁世凱的話，不買鐵良的賬。鐵良等人於是將袁世凱視為大清朝最大的隱患，要徹底削掉他的實權，故而將他從保定調到京師。」

「噢——」張之洞長長地歎了一口氣。他似乎已看到前面道路上的亮光在一點一點黯淡下去。

後來，張之洞不斷地從兒子仁權以及其他舊友那裏聽到類似的話，大家為張之洞勾畫了這樣一個時局。

一是朝廷對改制一事舉棋不定。各省都有立憲的呼聲，海外更有立志推翻朝廷的革命黨。於是有一些大員認為，與其被革命掉，不如立憲，尚可依舊維持皇室至高無上的地位。以載澤為首的五大臣考察東西方各國憲政回國後，也倡導立憲變制。載澤是慈禧的姪婿，他的話慈禧還能聽得進去。慈禧知民心在立憲，但她本人又不能接受這個新事物，遂來個預備立憲，待九年後再行憲政。她的內心深處的想法是，九年後她已死了，到那時你們愛怎樣就怎樣吧。慈禧的真意明眼人一看就清楚，於是大家都敷衍着，預備立憲就變成了假立憲、不立憲。社會上反對之聲很強烈，朝廷處在眾矢之的位置，日子很不好過。

二是滿漢對立嚴重。一批滿洲少壯派力主排斥漢族大員，將國家大權全奪過來，掌握在自己手裏。朝廷各部各衙門的漢員人心惶惶，無意做事。

三是去年的官制改革，將過去的舊秩序打亂了。由於內外形勢不安寧，新的秩序建不起來，官場基本上處於癱瘓狀態。

四是太后高齡多病，皇上朝不保夕，大清的家今後還不知誰來當，大家都在觀望之中。公事得過且過，做一天和尚撞一天鐘，甚至只做和尚不撞鐘。朝廷上下，雖官員林立，實際上是一盤散沙，稍有個風吹草動，便有可能頃刻崩塌！

唉，張之洞可真沒想到，京師的狀況竟是這樣的糟糕。面對着如此局面，能做甚麼呢？你說要各省都像湖北一樣辦洋務嗎？你一個人的話，督撫不會聽，你先得說服軍機處。軍機處的領班是慶王，慶王的心思在個人聚斂，國家是否強盛，他並不放在心上。他能支持你嗎？即將進來的醇王當然也是領班，他的心思自然放在醇王府裏出第二代天子的事情上。他能有這份閒心來管各省的洋務嗎？即便軍機處同意，還得奏請太后、皇上，眼下的太后、皇上自身處在病痛之中，他們哪裏會去管國家的事？張之洞終於明白了，這大學士軍機大臣原來並不是做慣了督撫的人所能做的差事。想想自己，從光緒七年外放山西巡撫以來，獨當一面，獨自主政，已經二十六七年了，特別是諒山大捷以後的二十三四年裏，主持兩廣，經營湖廣，真個是台上一呼階下百諾，想說甚麼說甚麼，想幹甚麼幹甚麼，無人阻擋無須稟報。人們將督撫比之為一方諸侯，真是再恰當不過了。怪不得，功高蓋世的曾國藩一直安於兩江總督的位置，怪不得英雄一生的左宗棠只做了三個月的軍機大臣便急着離京去做閩浙總督，原來他們都是大明白人啊！張之洞想到此，禁不住心中悲涼起來。北上前的滿腔懷抱消解了多半。他甚至有點後悔，不該在這種時候貿然進京。

辜鴻銘不知張之洞的心事，歡快地闖了進來，喊了一聲：「老相國。」

自從抵京的那天起，大家便一律改口，不再叫香帥，而叫老相國。不是總督，自然不能稱帥，大學士就是宰相，這稱呼的改變是恰當的。前幾天張之洞聽了很覺舒服，今天聽辜鴻銘這麼一叫，他倒覺得身上陡然加了一道無形的壓力。

「老相國，聽說太后賞了您紫禁城騎馬的特殊待遇。您今後入宮，是不是騎着馬去？」

面對着這個沒有心機的混血兒的天真提問，張之洞不覺笑了起來：「紫禁城騎馬，就是騎着馬進紫禁城嗎？」

辜鴻銘被張之洞這一反問，倒弄得糊塗起來。他摸了摸光禿禿的前腦門，用至今仍不標準的中國話問：「這我就奇怪了，明明說是賞紫禁城騎馬，為甚麼又不是騎馬進紫禁城呢？」

張之洞說：「賞紫禁城騎馬，就是賞一個這東西。」

說罷，順手將茶几上的一樣東西遞過來，辜鴻銘忙接過。原來這是一根尺把長拇指粗的小木柱，木柱的一端拴着一根兩尺餘長的紫色絲絛。辜鴻銘端詳許久，問：「這是甚麼？」

「這是一根馬鞭。」張之洞淡淡地回答，「馬鞭就意味着騎馬。太后賞你這根馬鞭，就等同在紫禁城騎馬，並不是要你真的騎馬進宮。」

辜鴻銘睜大着一對灰藍眼睛，說：「即便是馬鞭，這也不是呀！這種馬鞭作得甚麼用，只配在舞台上做馬鞭的道具。」

張之洞說：「說得好，它只是道具。湯生，你知道嗎？人生就是一台戲，身邊所有的擺設，即便是名利，也不過道具而已。」

辜鴻銘的灰藍眼睛睜得更大了。他跟隨張之洞二十多年了，從來只見他汲汲乎事功，何曾有過半句

「人生如戲」的悟道話！難道說進入樞垣位極人臣，反而還頹喪了嗎？

學部也真是沒有甚麼可管理的。京師大學堂的章程早已定好，剩下的事只是學堂本身的按章辦事罷了。宰鴻銘提出向西洋學習，在首都建一個國家圖書館。張之洞很贊同這個建議，遂專門上了一道摺子，請建京師圖書館，雖得到允准，但經費沒有着落，京師圖書館也便只是一紙空文。

不久，廣東和四川又重提粵漢鐵路和川漢鐵路的舊事，閒不住的張之洞又自請充任督辦這兩條鐵路的大臣，但也只是掛名而已。因為種種原故，鐵路修建的進展十分緩慢。

張之洞在京師，雖然位居大學士軍機大臣，卻彷彿有閒人之感，國家的重大決策以及各省督撫將軍的人事任免，似乎都只是在慶王、醇王和世續這幾個滿洲王公大臣之間暗中進行似的，他和鹿傳霖、袁世凱等人都若隱若顯地被排除在這個圈子之外。張之洞所做的事，多為祭祀、典禮、陪同接見外國公使之類可有可無的應酬。想起十八九年間武昌王的風光，他心裏既空虛又鬱悶。

這一天上午，他獨自坐在家裏，漫無目的地翻看近日出版的各類報章。大根進來稟報：「有一位官員打發僕人送來一封信函，僕人說他家老爺是四叔您的故人，希望來拜訪您。」說着將信函遞過去。

張之洞心想：是哪位故人？當年的清流朋友，還是從兩廣兩湖調進京師的過去僚屬？邊想邊將信拆開，一張印製精美的大紅名刺從信封裏掉了下來。他拿起一看，上面寫着：滿洲正黃旗呼拉爾貝子嫡長孫，前太常寺卿，蒙恩加三級致仕。頤年堂主葆庚字嘯亭。

張之洞心裏罵道：原來是葆庚，他有甚麼資格稱我的故人？信封裏還有一張紙，張之洞將它抽出來，只有短短的幾行字：「太原別後至今，二十五六年了。歲月匆匆，你我都垂垂老矣，想必閱歷會給你帶來真學問。聞已拜相進京，能否於萬幾中抽半日之暇，以敍舊情？」

一股極大的不悦衝上腦門，他將葆庚的名刺和信扔在一旁，躺在椅背上呼呼出氣。

大根瞟了一眼名刺後問道：「原來是先前的山西藩司葆庚，他不恨死了您嗎？為何還要來見您？」

是的，他為何要見我？張之洞默默地思索着：若說我現在是大學士軍機大臣，他想巴結的話，名刺上明明寫着「致仕」二字，既已不做官，就沒有巴結的必要。若說敍舊情，山西的舊情只能使他痛苦，沒有哪個人願意自揭傷疤，何況當着刺傷他的人的面？

那麼只有一點，葆庚是想在我的面前炫耀他這些年的高官厚祿，炫耀他的蒙恩加三級致仕。而且還要翻案：他當時沒有錯。「真學問」三個字，不是分明指責我當時只憑書生意氣而缺乏真學問嗎？

好個貪官污吏葆庚！他既敢這樣肆無忌憚地在我面前耀武揚威，把他叫來，好好地訓斥一頓。張之洞正要大根把這話告訴送信的人，轉念一想，又覺得大沒意思：是誰使得他失之東隅，收之桑榆？是誰使得他敢於否定自己的罪行，秋後算賬？還不是朝廷嗎？還不是有一批居高位掌重權的人和他站在一邊嗎？張之洞又想起剛到武昌不久，便收到曾國荃寄來的由王定安寫的《湘軍記》。在序言裏，曾國荃竟然無視事實，顛倒黑白，稱王定安為異才，只因命運不好而仕途不順。當時他真想和這個蠻橫不講理的曾老九打一番官司，只是那時正在籌建鐵廠，忙得不可開交，實在分不出這份心來才作罷。許多正派清廉的人受壓遭屈，痛苦一生，卻有更多像葆庚、王定安這樣的宵小之徒，偏偏左右逢源，快樂享受一輩子，說不定還要在史冊上留下一個美名。這天道人世，難道真的原本就不公不平嗎？

張之洞很有些心灰起來，吩咐大根：「你告訴送信的人，我近來身體不適，見面一事，以後再說吧！」

大根心裏有氣說：「四叔，讓他來，您教訓他一頓，殺一殺這個老東西的威風！」

張之洞歎了一口氣，苦笑道：「我平生有三不爭：一不與俗人爭利，二不與文士爭名，三不與無謂爭閒氣。我犯不着與葆庚這種無謂人爭閒氣，弄得自己不舒服。」

就在張之洞進京後事事不順，心情抑鬱時，武昌城又給他傳來一件極不幸的消息：佩玉永遠離開了他和孩子們，撒手走了。

得到噩耗後，張之洞老淚縱橫，一連幾天都沉浸在悲哀之中。

自從光緒十年佩玉過門來，陪伴他至今已是二十三年了。二十三年間，佩玉為他生下兩個兒子，為他操持家政，勤勤懇懇任勞任怨，奉獻了一個女人的全部生命。離開武昌時，佩玉雖已病重，但還只有五十一、二歲，張之洞沒有想到她會先他而去，只是囑咐她好好養病，病好後再進京。仁侃雖已跟着他北上，擬於明年與王懿榮的姪女完婚，但還有仁實在家陪着。另外，念礽準兒夫婦都近在咫尺，隨時可以照應。張之洞對佩玉留在武昌是放得心的。原指望她明年春暖時來京師，參加兒子的婚禮，不料竟然看不到兒子大喜這一天了！

張之洞悲痛的心情中更多的是愧疚。在準兒未嫁、環兒未過門的那八、九年的日子裏，張之洞儘管忙碌，很少有繾綣纏綿、兩情相依的時候，但心裏還是有佩玉的。有時，他也會叫佩玉給他彈上一曲，在她優美的琴聲中感受到家庭的溫馨和佩玉對他的情愛。有時，他也會和佩玉興致濃郁地談些家常瑣事，回憶太原、廣州時的往事。在絮絮叨叨的對話中，感受到夫妻真情的可貴和世俗生活的樂趣。後來，環兒過了門，大大地分去了他對佩玉的愛戀。再後來，他一天天的衰老，又加之洋務局廠的諸多不順，佩玉雖仍給他操持家政，但他的心中卻對她漸漸地淡薄了，有時甚至不會感覺到她的存在。

張之洞知道，最後使佩玉生下大病並一病不起的則是因為織布局事件。

由李滿庫而引帶出的織布局事件，給張之洞很大的打擊。事情後來的處理雖說還算滿意，但張之洞卻一直將織布局事件視為他洋務事業的一大污點。他恨李滿庫不爭氣，給他丟臉，這種惱怒也自然遷到佩玉的頭上。佩玉為此忍氣吞聲。她沒有在丈夫面前為弟弟辯護過半句，背地裏常常以淚洗面。就這樣，她終於落下病根。

張之洞也知道佩玉是無辜的。自己心緒平和的時候也會去勸慰她，但越這樣，佩玉越會深感愧疚，終於由自怨自艾而自害自戕！

張之洞猛然想到，像佩玉這樣善良而懦弱的才女，其實是不應該嫁到官家，尤其不應該嫁一個像他這樣以功名事業為生命的大官丈夫的。倘若佩玉嫁一個與她志趣相投的男人，夫唱婦隨，琴瑟和諧，或許沒有地位，也或許一輩子清貧，但夫妻之間以沫相濡，互為依伴，內心是充實的、甜美的，不會再有別的女人進門來分出丈夫的愛，也不會因為擁有權勢而導致意外的不幸。

娶佩玉的時候，張之洞對將給佩玉帶來幸福是充滿着絕對信心的。回頭來看，二十多年間，佩玉跟着他，卻並沒有得到多少幸福。回想過去做閒官的時候，他與石夫人、王夫人之間也曾有過很恩愛的夫妻情意，做督撫以後，一年到頭，有操不盡的心、做不完的事，家庭情趣的確少了很多。難道說，權與情就一定互不相容嗎？難道說，追求功名事業就必須要犧牲愛情和親情嗎？

張之洞真想回武昌去，親自祭奠一下佩玉，在佩玉的靈前訴說這些年的苦衷。但是，他一個堂堂相國，一個軍機大臣，能為妾姨的死而離京離職嗎？這當然是不可能的。他叫仁侃立即趕到武昌去，主持母親的喪事。又特為讓仁侃轉告準兒，要準兒在佩玉的靈前代他奏一曲《幽澗泉》，算是他為佩玉送行。然後再把當年吳秋衣贈的桐木所製的那把「山水清音」琴焚燒在她的墳頭，讓她帶着這把琴上路，也表示他會永遠記住他們這段以琴相會的情緣！

因為佩玉的突然去世，張之洞更加衰老，豪氣和雄心似乎正在一天天離他而去，他心中常有風燭殘年之感。這使他恐怖，也令他無奈。

趙茂昌送的人參半個月前就用完了。這半月裏他每天喝的從京師同仁堂買的人參，但效果相差甚遠，他愈來愈神志分散、精力不支了。環兒說：「趙老爺請人製的人參效果好，不如叫他來京師一趟，將技藝傳給大根，今後由大根照着製。」

張之洞想想也是，便發了一個電報到武昌電報局。做了十多年武昌電報局督辦，前些年又身兼湖北輪船公司督辦的趙茂昌，而今已是腰纏萬貫、富甲荊楚的實業家了。他接電報後乘火車來到北京。

張之洞說：「你在武昌，今後人參寄到我這裏不方便。你將你的製作方法告訴大根，讓他如法炮製，彼此都好些。」

趙茂昌遲疑片刻後說：「這事還是由我來做吧！我每個月寄一包給您，就不需要再買同仁堂的人參了。」

張之洞說：「那太費事了，你就傳給大根嘛，也讓他多一門手藝。」

趙茂昌心裏仍在猶豫。

見他一直不答應，張之洞心裏煩了：「你是不是有甚麼絕技不願傳出來，別人不傳，難道大根都不傳嗎？」

見張之洞不悅，趙茂昌忙說：「沒有絕技，也不是不願傳給大根。」

張之洞繃緊臉問：「那為甚麼不按我的話辦呢？」

趙茂昌已無路可走了，只得說實話：「方法很簡單，只是您聽了會不高興，這人參是從鴉片水裏泡出來的。」

「甚麼？」張之洞大吃一驚。「這麼說來，我張某人等於吃了十多年的鴉片煙。你這個混賬東西！」

張之洞覺得有一種蒙受大騙的恥辱感。他怒不可遏，抬起腳來，朝着趙茂昌的身上踢去。他早已虛弱不堪，這一腳並沒有踢痛趙茂昌，倒讓他自己跌倒在地！

眾人忙把他扶起。趙茂昌也走過來攙扶，張之洞怒氣未消：「你滾吧，我不想再見到你了。」

獨自坐在椅子上，張之洞心裏痛苦極了。他想起做山西巡撫時，雷厲風行挖罌粟苗禁鴉片煙的往事，想不到一個嫉鴉片如仇、與鴉片勢不兩立的人，竟然每日與鴉片相伴十多年，而居然一點不知！

「趙茂昌真是個小人！」張之洞恨恨地罵道。

「我看也未必。」環兒在一旁說，「趙老爺也是為了你好。這十多年來，你吃了他製的人參，精力充沛，公事辦得好，六十四歲又生了個滿崽。你應當感激他才是，怎麼反而罵他是小人呢？」

環兒這幾句話，句句說到點子上去了。尤其是六十四歲得子這件事，像是突然將他敲醒了。是呀，自己體魄並不十分健壯且公務繁忙，這份難得的福氣，不是靠的鴉片水泡出的人參，又靠甚麼呢？想到這裏，張之洞對趙茂昌的怨惱減去八成。

「他應該告訴我才是。」

環兒說：「他知道你恨死了鴉片，告訴你，你還會吃嗎？其實照我說呀，鴉片也不是那種壞透頂的東西，那麼多人喜歡它，總有一點道理。鄉下人說清水裏養不了魚，世上的事也不必太清清爽爽，睜隻眼閉隻眼，彼此都過得去就行了。」

張之洞睜大眼睛看着環兒，彷彿覺得她這番極簡單的話裏有着很多可咀嚼的內涵，初聽不大對味，細想又不乏道理。他猛然想起葆庚信上的「真學問」三字。「真學問」是不是環兒說的這番話呢？

「你說說，我是吃下去，還是不吃？」

環兒「噗哧」一聲笑了起來：「這還要問，當然繼續吃下去。我還向你建個議，應該在京中為趙老爺謀個差事。這樣，他今後為你製藥也方便。」

張之洞沒有做聲，心裏已經認可了。

過兩天，他委派趙茂昌為粵漢川漢鐵路辦事處幫辦。這個天下第一美差對趙茂昌來說，真是喜從天降。十多年不露聲色的獻媚功夫，終於獲得了巨大的成功。

吃了趙茂昌親手炮製的鴉片人參後，張之洞的精神很快有起色。就在這個時候，他時時擔心的變故終於在悄沒聲息中突然發生了！

3

瀛台涵元殿，袁世凱在光緒遺體旁痛哭流涕

光緒三十四年十一月二十日，剛過寅初，張之洞就起床盥洗了，確切地說，他昨夜一夜未眠。正是仲冬季節，京師早已天寒地凍，這些日子更兼陰雲密佈，窗外是一片沉入深淵似的黑暗，既沒有半顆星光，也不見一盞燈火。屋內儘管燭光明亮，炭火熊熊，身着狐袍貂帽的張之洞仍有一種寒氣逼人的感覺。這不僅僅是氣候的冷，更是因為他心中的神魂不寧。就在兩個多時辰之前，他經歷了一生中最為驚悸的時刻。

昨夜，自鳴鐘剛敲過九下，按照素日的習慣，他在環兒的服侍下，脱衣摘帽正要上床歇息。突然，大門外響起了一陣敲門聲。這聲音急切而慌亂，在冷清寂靜的冬夜，顯得格外的刺耳和恐怖。張府上下的心都揪了起來，不知出了甚麼事。大根打開門後才知道，宮裏打發兩個太監來，請張大人立即進宮，老佛爺夤夜召見。

慈禧最善保養，絕少夜晚辦事。這種破例的冬日深夜召見，一定有大事。聯想到兩宮重病的背景，一個可怕的念頭湧上心頭：莫不是有非常之變？懷着驚疑不定之心，穿過後宮肅殺空曠的長街，張之洞來到燈光搖曳、寂靜無聲的養心殿東暖閣，和醇王載灃、世續一道跪見慈禧。老太太愁容滿面，聲氣微

弱，一副病入膏肓的模樣。在令人陰冷窒息的氣氛裏，慈禧宣佈了一個驚人的消息：皇帝快不行了。

張之洞聽到這句話時，腦中「嗡」地響了一下，手腳立時便覺綿軟無力。耳畔又響起慈禧細弱的聲音：「我本想讓載灃來接替，但皇帝登基之日，我便已明告祖宗天下，以皇帝之子兼祧穆宗。不想皇帝無子，萬般無奈，只得委屈載灃了，讓他的兒子溥儀來接替吧，日後溥儀不但要祧穆宗還要祧皇帝。你們看如何？」

這最後一句話純是套話，老佛爺欽定的如此大事，誰還能不同意？張之洞只在腦子閃過一句「不料竟被猜中」後，便忙跟着載灃、世續一邊磕頭一邊說：「老佛爺聖明。」

歇了一會子，慈禧又有氣無力地說：「溥儀只有三歲，不能理事，國事還得由載灃來處置。我想應該給他一個名稱，你們看，定個甚麼名稱為好？」

三十四年前光緒繼位時，慈禧並未想到要給老醇王奕譞一個特別的名稱。而今的這個想法，顯然源於自己已無力秉國了。這個一世好強的女人，不得不在上天的面前低下頭來！

東暖閣又陷入可怕的寂靜。

載灃自然不便說話。世續本是個不學無術的人，他靠的家世和鑽營才有今天的地位，若要問他個典章制度等學問方面的事，即便在平時，他都支支吾吾地說不明白，何況此時此刻，面對着如此重大的事！他的序列在張之洞之上，理應他先開口。他急了好一陣子，還是想不出，便求救似地望着張之洞說：「張中堂，你是飽學之士，你看用個甚麼名稱為好？」

張之洞已在心裏琢磨好了，便不再推讓：「啟奏老佛爺，醇王所處的位置，前明有監國之稱，國朝有攝政王之例在先，兩者都可。宜用何者，請老佛爺聖心裁定。」

慈禧說：「兩個稱號都好，我看就並用吧。張之洞，你擬旨吧！」

喘息一會，慈禧敍旨：「以皇帝的名義頒發上諭：一、醇親王載灃之子溥儀着即刻抱進宮中教養。二、醇親王載灃加授監國攝政王。」

張之洞擬好旨後，便離開養心殿。回到家時，已是子夜了。他在床上躺了個把時辰，根本無法入睡。自鳴鐘「喀嚓喀嚓」的響動聲，更給冬夜增添幾分冷寂。他終於忍受不了這種難耐的沉悶，吩咐點燈燒火，他要起床梳洗，靜坐待旦。

凌晨的空氣冷冽而清新。張之洞手捧着一杯熱參湯慢慢喝着，心緒漸漸安寧下來後，昨夜的一個大疑慮又從腦海裏浮了出來：太后召見時只有三位，軍機處現有六位大臣。奕劻先一天去東陵為太后查勘萬年吉地去了，鹿傳霖這些日子生病，這兩位不在可以理解。但還有袁世凱呀，為甚麼召見時沒有他呢？想起鹿傳霖所說的滿洲親貴少壯派嫉恨袁的話，張之洞心裏一亮：難道說，袁將要被趕出軍機處？以袁的處境，一旦出軍機，他的仕途也就走到頭了。想到這一點，張之洞不免對袁世凱生出一絲惋惜之情來。他甚至想到，若遇上一個機會的話，應當在太后面前為袁世凱說上兩句：用人如用器。袁雖有許多不足之處，但他畢竟是今日朝廷內外少有的能做事的人。

因為年高德劭，張之洞享受平時可以不上朝的優待，昨夜太勞累了，他今天不打算上朝，但他還是穿戴得整整齊齊。他知道今天不定哪個時候，就會有人來報告出自宮中的那個特號消息。

但是，直到天黑，仍沒有任何消息傳來。張之洞提心吊膽的一天，在京師官場文恬武嬉的平靜中度過。第二天傍晚，張府正在開夜飯的時候，從宮中出來的兩盞白燈籠終於帶來了確鑿的消息：皇上已於酉初三刻崩於瀛台涵元殿。

張之洞趕忙放下碗筷，乘轎急奔宮中。來到景運門時，恰好遇上鹿傳霖，兩人下轎，結伴進宮。原以為此時宮中必定是一片哭泣，一片忙亂，誰知完全不是這樣。宮裏安安靜靜的，如同甚麼事也沒有發生過一樣，與往日不同的，僅只是軍機處的低矮屋檐下掛起兩隻白紙糊的燈籠而已。張之洞和鹿傳霖見此情景，心裏頗為過意不去。走進軍機處，醇王、慶王、世續早已到了，正在聚首研討甚麼，見張、鹿二人進來，三個滿洲權貴只是淡淡地打了一聲招呼。

張之洞問身邊的一個章京：「大行皇帝現在哪裏？」

章京答：「仍在涵元殿，未移靈。」

張之洞悄悄對鹿傳霖說：「我們去看看吧！」

鹿傳霖點點頭。

張之洞問載灃：「王爺，你們去看過大行皇帝嗎？」

載灃面無表情地說：「還沒有哩，大家正為新皇帝繼位的事在忙着。你們二位也來一起商討吧！」

張之洞說：「我們先去看看大行皇帝吧！」

載灃猶豫了一下，說：「也好，快去快回，好多事情等着你們來辦。」

臨時叫來兩名太監導引，在一名軍機章京的陪同下，張之洞、鹿傳霖摸黑向南海子方向走去。

涵元殿是瀛台上的一座主要建築。瀛台則是南海的一個半島，它的東面、西面、南面三個方向都臨水，只是北面與地面相連。明代起帝后們就常到瀛台來遊玩，借以觀賞民間的田園風光。清代，宮廷在此大興土木，把它當作海上的仙山來經營。修樓築亭，移花植木，讓人站在這裏便有來到傳說中的海上三山——蓬萊、方丈、瀛洲的幻化感覺。瀛台上除涵元殿外還有香扆殿、補桐書屋等主要建築，清代的歷朝帝妃常在此地遊幸避暑，康熙、乾隆等人還在此理朝聽政。自乾隆起，各朝皇帝都常在補桐書屋讀書。瀛台，的確是一個美麗幽靜的好地方。但是，自從戊戌年秋天，光緒被慈禧安排在此養病讀書之後，這裏就成了一所皇宮中的高級囚牢，皇上成了這座囚牢的犯人。與外界相連的涵元門被慈禧派的兵丁把守，除開幾個太監宮女可以出入外，外官一律不能進來。光緒本人非得到慈禧的同意，也不能外出。皇后和瑾妃一個月也難得來一兩次。可憐一個泱泱大國的皇帝，就這樣孤單、冷清、鬱憂、苦悶地在這裏度過生命中的最後十年。

張之洞、鹿傳霖踏上瀛台時，迎面感受到的是來自南海子水面上的颼颼冷風，兩個衰翁不由得打起寒顫來。半島上的樓台亭閣全都籠罩在夜色之中，花草早已凋零，古木愈顯蒼老，四處不見一個人走動。被人們視為仙境的瀛台，今夜，如同他的主人一樣，已經死去了！

光緒的遺體安置在涵元殿的正殿，圍繞着他的四周點起十餘支素色蠟燭，兩個平日服侍他的小太監見張、鹿走來，便跪下叩頭。張之洞走到光緒身邊，只見他身上蓋了一件暗色的布衾，面孔灰白削瘦，兩眼緊閉，兩眉緊蹙。一看這副模樣，就知道他是帶着極大的痛苦離開人世的。想起大行皇帝懦弱悲慘的一生，張之洞、鹿傳霖禁不住老淚縱橫。他們跪在光緒的靈床邊，恭恭敬敬地磕了三個頭，向大行皇帝作最後的訣別。

站起來的時候，張之洞發現，自他們進來直到現在，整個涵元殿僅僅只有這兩個跪在一旁的小太監，既不見別的宮女太監，也沒有一個料理後事的內務府官吏。尤其令他們難受的是，皇后、瑾妃以及他的親弟載灃、載濤等人竟然沒有一人在身旁。這是怎樣的一代天子，他擁有三十四年的年號，卻沒有留下一點骨肉，死後連一個親人也不來守靈，名為皇帝，其實連一介草民都不如。苦命的皇上啊，你真不該投胎帝王家！

張之洞正在心靈深處為光緒歎息的時候，突然，一聲悲號傳了進來：「皇上，臣看你來了！」隨着哭聲，一個人跌跌撞撞地奔進來，朝着光緒的遺體趴下，大聲喊道：「皇上，您不應該走呀！您不能丟下大清國，丟下您的臣民不管呀！」

一邊喊，一邊使勁地在地磚上磕着頭。

張之洞和鹿傳霖走過去，一邊一個扶着那人的肩頭，說：「慰庭，起來吧，軍機處那邊還有許多事等着要辦哩！」

在光緒遺體旁痛哭流涕的正是袁世凱。都說當年就是袁世凱出賣了皇上，都說袁世凱巴不得皇上早死，都說袁世凱要擁戴載振為帝，但是今夜，他為何要獨自一人來到無人憑弔的靈堂，向皇上作如此這般的訣別？

這一個絕大的疑問，謎一般地留在兩位老臣的腦子裏，只是誰都沒有發問。

第二天，三歲小皇帝溥儀詔告天下：繼承皇位，國事由監國攝政王載灃代為處置，改明年為宣統元年，尊慈禧為太皇太后。

然而這位太皇太后擁有崇高徽號尚不到半天，便在當日未時崩於她的寢宮儀鸞殿。

兩宮一前一後接踵而去，時間相距不到一個對時，這不僅為有清一代所沒有，就在整個中國帝制時期裏也無先例。

如果說，光緒的死去無聲無息，就像後宮裏走了一個老太妃似的，那麼慈禧的突然晏駕，便真如天塌地裂、山崩海嘯，整個紫禁城立刻變成一個大靈堂，京師所有公務一律停辦。朝廷內的爭權奪利，官場中的勾心鬥角，一時間也好像都已止息，上自王爺貝勒，下至胥吏走卒，全部投入到浩繁的兩宮喪事中去了。

直到半個月後，小皇帝坐在父親的懷裏，舉辦完中國歷史上最後一次登極大典，一切才逐漸恢復正常。新皇帝剛登基，便下達一道封賞軍機處四個大臣的詔書：世續、張之洞、鹿傳霖、袁世凱一律賞加太子太保銜，袁世凱賞紫禁城騎馬。

當袁世凱接過那根玩具似的紫色馬鞭時，二十天來沉重的心緒驟然輕鬆了：看來那夜太后召見軍機大臣時，只是因為她病情嚴重心思恍惚而一時忘記了我？

袁世凱高興過早了。正是那個直到臨死時依然頭腦精明的老太太，在大行之前特別關照載灃要防備袁世凱。也正是在國喪期間，一批滿洲少壯親貴在日夜商議，如何對付袁世凱。他們公開勸說監國攝政王載灃殺掉袁世凱，為滿洲剪除心腹大患。毫無當國經驗的二十五歲載灃在猶豫着：殺袁世凱，可以真正地收回北洋六鎮的兵權，長保皇室的安全，然則袁乃大臣，殺他師出何名？在朝野內外的影響又會怎樣？

就在這時，一封署名御史王景純的參劾袁世凱的摺子，由內奏事處呈遞到載灃的手裏。王景純的參摺指控袁世凱在山東巡撫和直隸總督任上目無朝廷、擅用職權、糜費錢財、挪用公款、結黨營私、勾結洋人的種種不法情事，以及投機鑽營、首鼠兩端、媚上欺下、陽奉陰違等惡劣的品性，請監國攝政王殺袁世凱以彰正義，以謝天下。

王景純的參摺為載灃提供了一個可資利用的工具，他命令京報全文刊登出來，先造造輿論，再聽聽各方反映。參摺見報後，立即在京師及全國的官場士林中引起巨大反響，袁世凱本人看到這份參摺後更是驚恐不已。

他是一個極為老練的政客。從保定調到京師，未被慈禧託孤，御史參劾，這三件事加在一起，無疑構成了黑雲壓城的險惡局勢。他不能坐以待斃，他要死裏求生。

袁世凱的心腹參謀、助手兼私人代表，是他的三十三歲嫡長子袁克定。他的最可靠的朋友是患難之交、現任東三省總督的徐世昌。恰好這時徐世昌由東北回到北京參加弔喪活動。於是，在北洋公所袁府裏，袁氏父子和徐世昌日夜商討對策。

最後，他們商定動用文武兩支力量，來向載灃施加壓力。武的方面，由袁克定去找段祺瑞。段祺瑞是袁世凱在小站練兵時所提拔的統制。段感激袁的知遇之恩，鐵心投在袁的門下。光緒三十二年官制改革時，袁建議設置練兵處，負責領導全國的新軍訓練。袁作為會辦大臣握有練兵處實權，練兵處的各級頭目均為他的心腹將領。段祺瑞被任命為軍令司正使，地位十分重要。在袁世凱的着意栽培下，段祺瑞成為北洋新軍中僅次於袁的第二號人物。袁克定塞了一百五十萬両銀票給段祺瑞，要他聯絡北洋新軍的弟兄們幫袁家度過這一難關。段祺瑞爽快地答應了。

文的方面則由徐世昌去遊説張之洞，然後請張之洞出面説服載灃。恰好這時，載灃七弟載濤籌建御林軍，六弟載洵與妻兄長麟為爭奪海軍大臣一職而鬧得不可開交。這是滿洲少壯派急於掌握朝廷各要害部門的信號，引起朝中文武尤其是稍具正直心的漢大員們普遍不滿。抓住這個機會，徐世昌走進了張府。

王景純的摺子，張之洞自然也看到了。一個剛加封為太子太保的外務部尚書軍機大臣，一個曾做過多年直督、訓練過六鎮北洋的練兵處會辦大臣，御史王景純敢於這樣無情的揭露和斥罵，張之洞當然知道，這決不是王景純的大膽和無私，而是他有強大的靠山。這靠山顯然是鹿傳霖一年前就説過的滿洲少壯親貴派。過去太后尚在，載灃未當國，他們尚不敢太放肆，如今他們是毫無顧忌了。袁世凱固然有不少可指責之處，但現在他們這樣做，卻是醉翁之意不在酒，或者説是殺雞給猴子看，借袁來向包括鹿傳霖和他本人在內的漢元老大臣開刀。當年大清開國的時候，順治爺、康熙爺為融合滿漢花費幾十年心血，才有後來的五族攜手共創大業的局面出現，以至於洪楊造反、公開打起恢復漢人江山的旗號都不能起作用。現在孫文等人在海外鼓吹驅逐韃虜，恢復中華，這是洪楊故伎重演。載灃等人不承襲先朝籠絡漢人的國策，反而針鋒相對來個驅逐漢人，漢人是滿人的多少倍？漢人蘊藏的力量有多大？他們怎麼不想一想，掂一掂。唉，這些愛新覺羅的子孫們，怎麼如此不賢不肖，如此懵懂愚昧？

正當張之洞為載灃掌國的第一個舉措便失當而惋惜的時候，徐世昌銜命來訪。在仁權及近日任職學部的辜鴻銘、陳衍的陪同下，張之洞接待了這位有過十五年黑翰林經歷、最近這幾年卻平步青雲的徐世昌。

徐世昌長得丰神偉儀，又善於說話，是一個受張之洞喜歡的客人。他將他所知道的滿洲少壯親貴們幕前幕後的情況，諸如載灃將出任陸海軍大元帥，其兩弟分任御林軍統領和海軍大臣，善耆等人再次提出撤銷軍機處，鐵良、良弼要將包括湖北新軍在內的全國新軍重新改編及擴大陸軍部軍權等等，一一向張之洞娓娓道來。為了刺激張之洞，徐世昌又杜撰一則傳聞：漢陽槍炮廠近日已引起高層的關注，鐵良等人提出此廠不宜再由湖督掌管，應歸陸軍部控制。

徐世昌說了一兩個小時的話，卻隻字不提王景純的摺子。張之洞知道徐世昌與袁世凱的關係，他當然也知道徐世昌登門造訪的目的，見徐不提參摺的事，他也不提。張之洞只是靜靜地聽着，自己說得不多。連漢陽槍炮廠也不放過！徐世昌的這則杜撰果然引發了張之洞心中極大的不滿，他已經意識到時局的嚴重性。這一羣不諳世事卻又有着極強權力慾望的少壯派，不是將已處風雨飄搖中的大清國引向避風港，而是將它拖到風口浪尖上。不僅僅是為了袁世凱，也不僅僅是為了自己，更主要的是為了國家，為了社稷，為了曾經給張家世代尤其給了他本人大恩大德的朝廷，他要盡一個老相國的責任，保護袁世凱，刹住這股邪風！

當徐世昌告辭的時候，張之洞說：「託你轉告給袁慰庭一句話，宜處處留心，不可大意。老夫該做的事，老夫會竭力去做。」

張之洞的這句話令徐世昌極為滿意。他急奔北洋公所，將此話告訴了老友。

探得了張之洞的態度後，袁世凱開始實施第二步計劃：請奕劻出面說動載灃諮詢張之洞。

在袁世凱數十萬両銀票的引誘下，奕劻多年來已和袁世凱結成了聯盟。他不願意袁世凱垮台，他甚至也不願意張之洞、鹿傳霖等人退出樞垣。因為他知道，他雖然是滿洲親王，但在載灃兄弟眼中，他是屬於「老朽」者之列，也是少壯派們要排斥的對象，何況他一向名聲不佳。過去全仗着老佛爺這座靠山才未倒下，現在靠山沒有了，少壯派隨便找一個岔子就可以把他驅逐出去。出於自身利益的考慮，他此時是很願意與袁、張、鹿等人抱成一團的。他樂意接受袁府之託，親去醇王府，謙容卑辭地拜訪他的侄兒載灃，希望載灃在處理袁世凱這件事上聽聽張之洞的意見。

載灃公開王景純的奏摺，原本就是為了聽聽各方反響。張之洞作為受託孤之命的惟一漢大臣，德高望重的元老，他的意見自然更應重視。載灃放下監國之尊，親自來看望張之洞。

張之洞與載灃共事將近一年，深知載灃與他的父親醇賢親王、二哥光緒一個樣，平庸而懦弱，決不是一個能挽狂瀾於既倒的強者、一個能導國家於治平的明王，但命運和時勢既然把他推到了這樣的位置，張之洞不得不在他的身上寄與重望。

老相國拖着衰弱的身體，以報答國恩的忠誠，與年輕的監國懇談了半天。他告訴載灃，不能據御史的一紙參摺來定大臣的罪，摺子上所講的那些事，都要通過查核落實才行。他向載灃指出，眼下正是歷史上常有的「主少國疑」的局面，這種政局需要當國者小心謹慎，多用籠絡、少用殺戮。何況海外的革命黨虎視眈眈，千萬不要給他們以可乘之機，安定、平穩才是上上之選。

又說袁世凱曾經是六鎮北洋新軍的統帥，與北洋中上級軍官關係不淺，倘若因處置袁世凱而引起北洋軍的騷動，將對大局極為不利。說到這裏的時候，張之洞想起徐世昌所說的關於漢陽槍炮廠的事，遂特別嚴肅地對載灃說：「這二十年來，奉朝廷之命，為了徐圖自強大業，不少督撫在地方上辦起了洋務局廠。這些洋務局廠多半屬於軍事上的，個別幾個省還訓練了新軍，當然，地方上的局廠軍隊，都是大清國的財產，但畢竟大部分是該省自籌的。請攝政王繼承太后和大行皇帝的遺志，對這些忠貞為國的督撫予以尊重，對他們的局廠軍隊要予以愛護，不要動不動就收歸朝廷，更不要隨便指摘他們動機不純。督撫安定，天下才會安定。各省眼下都在關注着朝廷，關注着攝政王您，您的一舉一動都繫着天下安危。」

為着讓年輕的監國增加治國閱歷，張之洞還給他說了咸豐帝慎辦左案的掌故。

當年樊燮狀告左宗棠的摺子到了咸豐帝手裏。咸豐帝看了十分驚駭，提起筆來，在官文奏摺上批了四個字：就地正法。寫完後，他想想有點不妥：左宗棠雖是個幕僚，卻才幹超眾，不能聽信一面之辭，錯殺人才。於是再次提起筆來，寫道：飭湖南巡撫查核，若果有其事，將左就地正法。

到了夜晚臨就寢時，咸豐帝又想起了這事：左既是巡撫的幕僚，讓巡撫來查核，必不能服樊燮之心，應由朝廷出面來查為好。於是重新擬一道旨，着都察院速派一名正派御史前往湖南調查此事。第二天一早醒來，咸豐帝想起正在帶兵打仗的曾國藩、胡林翼等人都是湖南人，必定對湖南情況熟悉，聽聽他們的意見很有必要。上朝後命內閣擬旨分寄曾、胡，徵求他們對左案的處理意見。正因為咸豐帝再而三、三而四地慎之又慎，才保住了左宗棠的性命，也為大清國保住了一根柱石。

載灃說：「老相國說的這樁舊事對我很有啟發，對袁世凱的事，我會慎重辦理的。另外還有一件大事，我想聽聽您的意見。」

「何事？」張之洞將身子向着載灃傾斜過去。

「明年，我想給皇帝啟蒙，您看師傅選哪幾個人合適？」

張之洞說：「這的確是件大事，容老臣來慢慢尋找。」

剛說到這裏，他想起一個人來。此人便是當年京師有名的「四諫」之一、甲申年因為與曾國荃不和而回籍，至今家居二十多年的陳寶琛。

那年陳寶琛從福建到江寧看望張佩綸，居然不進總督衙門，顯然是對張之洞冷淡友誼的不滿。為了彌補過失，也為了能在晚年與老友有個見面談話的機會，調陳寶琛來京做小皇上的師傅是一個最好的辦法了，寂寞二十多年的老清流也可在晚年風光風光。

「王爺，有一個人，當年老佛爺稱讚他品行端方，學問醇厚，我看此人可先調來上書房。過些日子，我再薦舉幾個。」

「您說的這人是誰？」

「陳寶琛。」

陳寶琛離開官場時，載灃才剛出生，自然對這位當年名諫不太清楚。張之洞將陳寶琛的情況簡略地說了一下。

「好吧，就讓他進宮吧！」載灃做出一副賢王姿態，說，「將他委屈了二十多年，這是朝廷的疏忽。」

弢庵就要衣錦回京了！這是所謂「翊贊中樞」以來最令張之洞欣慰的一件事。

4 陳衍獻計：用海軍大臣作釣餌，誘出「保袁」的枕頭風

送走載灃後，陳衍、辜鴻銘、仁權都圍着張之洞，聽他說談話的情況。

仁權說：「依我看，父親的話，醇王不一定都聽到心裏去了。畢竟他的那些急於掌權的兄弟，對他的影響更大。」

辜鴻銘說：「我的直覺，袁世凱這個人是個大偽君子、大奸臣，實在該殺，不值得惋惜。」

張之洞說：「這不是袁世凱個人的事，這一股邪風，我身為相國，不能坐視不理。」

陳衍坐在一旁不開口，張之洞問他：「石遺，依你看，袁世凱的八字怎麼樣？」

陳衍說：「我看他很險。大公子的話很有道理，在老相國與洵貝勒、濤貝勒之間，攝政王很有可能倒向自家兄弟那一邊。」

張之洞生氣地說：「攝政王若這樣做，朝政便不可收拾了，我不如回南皮養老去！」

陳衍說：「我倒有個主意，但手段並不是很光明正大的，所以我要先問問相國，袁世凱是不是一定要救，若可救可不救，我也就不說了。」

辜鴻銘天生沉不住氣，急道：「陳石遺，你有甚麼好主意就明說，還要問相國甚麼。相國當然是願

救袁世凱，不然也不會和攝政王磨半天嘴皮子了。」

張之洞也笑道：「石遺大概用的是陰謀詭計，不然何須吞吞吐吐的。你說吧，再怎麼不光明，在這裏說也不要緊。」

陳衍說：「大公子的話給我以啟發。攝政王怕他的兩個弟弟，若兩個弟弟不知天高地厚，堅持要殺袁世凱的話，攝政王便有可能顧不得老相國了。但我也聽說，攝政王懼內，他的福晉是個有名的河東吼。倘若他的福晉也說出老相國這番話來，他就很有可能聽進去了。我是怕老相國聽了生氣，才不敢說。無奈大清國只有這樣一個不中用的攝政王，我才出此下策。」

張之洞笑道：「這也不是甚麼太不光明磊落的主意。女人愛吹枕頭風，男人易聽枕邊話，自古皆然。」

仁權說：「既如此，陳先生你就說下去。這條計策的關鍵，是要攝政王的福晉願意那樣說。」

「是的。大公子說得對，這事的關鍵在如何使福晉願意替袁世凱說話。我的思考線索是這樣的。」陳衍摸着下巴上的短鬚，不緊不慢地說，「攝政王的福晉瓜爾佳氏是榮祿的女兒，瓜爾佳氏有很強的干政欲望，也想學老佛爺樣當大清的家，對娘家勢力很重視。他的哥哥長麟想當海軍大臣，洵貝勒也想當，二人之間發生了衝突。瓜爾佳氏站在娘家一邊。這是大家都知道的事。現在讓人去見長麟，說大家都支持他做海軍大臣，條件是不殺袁世凱。讓長麟去跟瓜爾佳氏說，再由瓜爾佳氏為着哥哥的海軍大臣，在載灃面前說好話。如此，事情就成了。」

辜鴻銘說：「你這裏又有一個難題，誰去見長麟呢？據說此人極不好打交道。他做了個海軍翼長，架子就大得不得了，現在又升為國舅，更不可一世了。」

陳衍笑着說：「當然不是一般的人可以去見他，這個人我也想好了，他就是鹿中堂！」

「鹿中堂！」辜鴻銘、仁權差不多同時一驚。

「為甚麼鹿中堂最合適，你們聽我說。」陳衍慢悠悠地說，「當年，鹿中堂做陝西巡撫的時候，榮祿正做西安將軍，一文一武，兩人是同住一城的最高官員。兩家相處得很好，時常走動。那時瓜爾佳氏還在娘家做女兒，長麟、長麓兄弟也還住在家裏，遵父命常去鹿府，向鹿中堂請教詩文。長麟對鹿中堂甚是敬重。假若鹿中堂肯出面到長麟家裏去一次，並答應他願與老相國一道保舉他做海軍大臣，長麟一定會跟瓜爾佳氏去說的。何況，作為榮祿的長子，他一向與袁世凱也多有聯繫。一箭雙鵰，他會樂意的。」

辜鴻銘說：「長麟也不是海軍大臣的人選，中國真正夠資格做海軍大臣的，只有我們福建人薩鎮冰。」

陳衍點點頭說：「薩鎮冰當然是很好的海軍大臣，但他沒有後台，不敢爭這個位置。長麟長期供職水師，又在英國海軍大學留過學，與載洵比起來，他就合適多了。所以，鹿中堂和老相國支持他出任，也不能算無知人之明。」

仁權說：「我姑爹體氣衰弱，他願意去低他一輩的長麟家嗎？」

「這倒也是。」陳衍搔了搔頭。「鹿中堂又不是為自己辦事，要他拖着這身病體去長麟家，是有點說不過去。」

張之洞一直沒做聲，這時插了一句：「陳石遺，你不可以調換一下，讓長麟去看鹿中堂嗎？」

「哎，這是好辦法！」陳衍拿手指頭點擊太陽穴。「不過，叫長麟去鹿府也不是一件容易事。」

「拿海軍大臣做釣餌！」幸鴻銘爽快地說。

「也還得去個人聯絡才是。」陳衍若有所思地說。

「仁權，你去一趟長麟家吧！」張之洞望了望兒子。

「我？」張仁權望着父親，為難地說，「我與長麟聯繫很少，貿然去訪，有點突兀吧！」

張之洞想了想說：「我給你一個藉口。嚴復有個摺子，提出每年派十名左右優秀子弟去英國格林尼治海軍大學讀書，請朝廷批准。你說奉我的命問他這個曾留學英國的前水師翼長，一個人在英國讀海軍每年得花多少銀子。談話之間，把話題引到正題上來。待得長麟願去鹿府後，你再去姑爹家，就說我請他一起幫幫袁世凱。」

仁權說：「這可是個難題，不知道做得好不？」

張之洞說：「這也是個歷練。你若做不好，乾脆這個刑部郎中也不要做了，跟我一道回南皮去算了。」

大家都笑起來，陳衍打氣道：「大公子，你不要為難，一定做得好的。到時候，長麟和袁世凱都感謝你，你就等着升官吧！」

張仁權今年四十八歲，在父親外放督撫的二十七八年裏，他一直在北京住着。三十三歲那年他中的進士，分發刑部，三十六歲那年，鹿傳霖做江蘇巡撫，他借江蘇省籍的一個名額，自費留學日本一年，學習日本的律法，這一年對他的長進起了很大作用。回國後不久即被擢升為員外部，過兩年又升郎中。

仁權為人實在勤勉，今天的刑部中級官員這個地位，是他以年資和政績換來的，父親的高位對他所起的作用並不大。

仁權是個本份人，張之洞關於京師的聯絡，並不主要依靠這個兒子。戊戌年之前他主要依靠楊銳，戊戌年之後，則主要依靠湖廣會館。

湖廣會館在騾馬市大街東口南側，是京師眾多會館中最有名氣的一個，不僅建築規模宏大，而且有一個可容納千人的劇場和一口著名的子午井。據說這口井的水在子、午兩個時辰是甜的，其它時辰則與一般井水無異。因為此，湖廣會館不僅成為兩湖旅京人士的駐會之地，也是京師人愛去的熱鬧場所。張之洞在此設立一個兩湖駐京辦事處，辦理他所交辦的各項事務。與袁世凱對兒子的期待不同，張之洞不希望兒子捲入是非之中。他對兒子本份為人、守職做官的處世態度頗為滿意。他從不安排兒子為他辦事，這次算是第一遭。

張仁權也知道這事的重要性，他要竭盡全力來辦好。

與多年前頗為出名的戶部侍郎長麟同名的榮祿長子，住在父親留下的舊宅中。榮府座落在交道口菊兒胡同，佔地很大，整個一條菊兒胡同，榮府佔了一半。讀過《紅樓夢》的人，都將它視為該書中的榮國府。

榮府分為三部分：西邊為洋樓房，中間為花園，東邊為住宅。住宅分為五進院落，除長麟外，他的老母親和弟弟長麓也住在這裏。自從溥儀登基後，此處成為真正的國務府。一天到晚，車水馬龍，達官貴人絡繹不絕，西邊四座西式洋樓便成了榮府接待各方來客的場所。長麟為人高傲，好擺架子，等閒客人都打發弟弟長麓或管家去接見。仁權官位雖不高，但他是張之洞的大公子，長麟自然不好怠慢，便親去接待。

在一個充滿着英倫三島風味的客廳裏，身著西式便服的前格林尼治海軍大學留學生，與現任刑部郎中對坐在大牛皮沙發上，他的面前擺着一杯黑褐色濃咖啡，客人的面前放一碗清綠的龍井茶。

寒暄之後，張仁權說：「學部翻譯館總纂嚴復通過學部大臣張百熙上了一道摺子，請朝廷每年派遣十名優秀子弟到英國格林尼治海軍大學學習，每批讀書五年畢業，連續派十年，共培養一百多名中國海軍高級人才。他造了一個計劃，每年五萬兩銀子，十年共五十萬兩銀子。家父讚賞這個計劃，但對所需經費事宜，心中無數。鹿中堂說國舅爺曾留學格林尼治海軍大學，情況清楚，於是家父打發我來請教國舅爺。」

長麟想了想說：「嚴復這個建議是好的。朝廷籌議海軍部，議來議去，最大的困難，還不是銀錢缺乏，而是人才缺乏。先前沈葆楨在福建辦馬尾水師學堂，李鴻章在天津辦北洋水師學堂，每年都從畢業生中選拔優秀者，送到英國去留學，嚴復、薩鎮冰等人都是這樣去的英國。甲午年北洋水師全軍覆沒，不久海軍衙門也撤了，水師畢業生去國外留學一事也便隨之停止。現在籌辦海軍部，老的一批死的死、改行的改行，新的沒跟上，竟到了青黃不接的地步，人才極缺。嚴復看到這一點，這是他的目光過人之處。」

仁權插話：「嚴復這些年來翻譯《天演論》等洋人著作，又在報紙上發表不少議論時政的文章，成為留英生中最有名氣的人了。」

長麟淡淡笑道：「我剛才說有人改行，嚴復就是其中一個。他在辦北洋水師學堂時沒有大名氣，翻譯寫文章倒讓他出了大名。當年培養他的中國教習和洋人老師大概都沒想到。不過，話說回來，真正籌辦海軍部，嚴復並不是好的官員人選，他沒有水師的實際經歷。」

聽得出來，長麟並不太賞識嚴復，話外之音，是突出自己在水師裏做過管帶、翼長的實際經歷。仁權是衝着長麟來的，嚴復不過是一塊引玉之磚罷了，於是忙附和：「嚴復名氣雖大，但畢竟做的只是書生事業，要辦海軍部，還得要既有海軍學歷，又有統帶水師資歷的人才行。」

這話說到長麟的心坎上了。他笑着說：「張郎中不愧相國大公子，見事就比別人明白些。」

「哪裏，哪裏！」見談話融洽，張仁權高興。

「還是說正題吧！」長麟喝了一口咖啡，接着說，「當年曾國藩第一次提出派遣幼童出國留學，給朝廷造了一個計劃，每年派三十人，學習十五年左右，一共派四批，首尾近二十年，共一百二十人，造的開支是每年六萬兩銀子，共一百二十萬兩。若按人頭算下去，一個幼童一年在西洋的費用大約二千兩，這是四十年前的物價。幼童讀書的費用與成人又不同，還有，學的專業也不同，學海軍的費用就比學機械的要高得多。我是光緒十八年去的英國，在格林尼治海軍大學讀了六年，共用三萬五千兩銀子，每年花費近六千兩。當然，我的開銷是大了點。」

張仁權在日本做過一年多留學生，深知留學生之間的差別。有自費的清寒家庭出身的，除省吃儉用外，還得幫人做事賺取學費。有公費的達官貴人家子弟，住別墅，雇僕人，還要包女人，逛窯子。這兩者的開銷何異霄壤！

「手腳小一點，有四千両也足夠了。」長麟繼續說，「現在又過去十多年了，英國物價漲得快。嚴復給每人造五千両一年的計劃，雖略顯寬裕，但不離譜。」

張仁權說：「國舅爺這一細說，經費事宜就很清楚了。另外，一年派十人，人數上是不是合適，家父也讓我請教國舅爺。」

長麟笑着說：「若從海軍的發展來說，一年十個人當然遠不夠。依我看，每年至少派三十至四十人，每隻軍艦三副以上的軍官都要有留洋的學歷才行。我想嚴復只提十人，不是他不懂中國海軍，而是他怕口張大了，朝廷不批。另外，現在的海軍部也沒建立，今後還不知如何來籌建海軍。他也怕花費許多錢，培養的人回國以後沒事做。嚴復是個精細人，這些他都會料到的。」

「國舅爺見事、知人這兩方面，都有遠過常人之明呀！眼下朝廷中的大員，像您這樣的人才，百裏也挑不出一個。」張仁權不失時機將話題引到他的軌道上來。「怪不得鹿中堂力主國舅爺您出任海軍大臣哩！」

最近一個月來，「海軍大臣」已成了長麟的一個心結。早在留學英國的時候，作為滿洲親貴子弟，長麟就萌生了日後要主宰大清國海軍大權的雄心，隨着父親的地位日趨顯赫，長麟在水師中的官位也逐漸遞升，其掌海軍大權之心也日漸膨脹。但天不遂人願，甲午一戰，北洋水師全軍覆沒，海軍從天之驕子一夜之間跌到恥辱的深淵，海軍衙門悄然摘牌，關門大吉。接着李鴻章去世，中國熱心辦海軍事業的最大人物走了，中國海軍的復興失去了最後一個指望。

再過兩年榮祿去世，長麟本人的靠山也沒有了，他的主宰海軍的雄心徹底破滅，遂把日子打發在聲色犬馬之中。正所謂天無絕人之路，妹子突然做了醇王妃，榮府又開始有了亮色。妹子真爭氣，一年後給醇王府添了個長公子，也就是說，沒有兒子的皇上有了血緣最親的侄子。按照常理，這個侄子十之八九會是日後皇位的繼承人。

榮府上下想到這一點，一個個莫不心跳血湧：天命所歸，莫非榮府就是下一代皇帝的外家？眼看方家園的顯赫和威儀，哪一家皇親國戚不垂涎三尺！榮府若能盼到那一天，昔日的輝煌不但可以恢復，還有可能超過。果然，溥儀如願登基，榮府的姑娘成了皇上的生母，菊兒胡同成了今日的方家園。榮府上下，人人臉上頓添十分光彩。籌辦海軍部，出任海軍大臣都是時候了，環顧宇內，海軍大臣捨我其誰？長麟抱着十足的把握跟妹子提起這事，要妹子去跟載灃說。長麟的妹子瓜爾佳氏是個強悍的滿洲女性，丈夫的家一向由她當着。現在丈夫監國了，她理所當然地認為國也得由她來監。慈禧是她的榜樣，娘家的勢力是她的後盾，一定要讓兩個哥哥掌握着要害部門，長麟提出做海軍大臣正與她的心思相合。不料，載灃的六弟載洵也盯上了這個肥缺，已正式提出這個要求了，瓜爾佳氏大為惱火。論學歷論資歷，小叔子哪一點能與哥哥相比？瓜爾佳氏跟丈夫吵了起來。一邊是親弟，有老母作後台；一邊是內兄，有福晉作後台。論血緣，載洵親，論條件，長麟強，海軍大臣到底給誰呢？懦弱的載灃失去了主意。他只得暫時擱下來，兩邊都不得罪，但也弄得兩邊都磨刀霍霍地，要一爭高下。

張仁權的這句話猛地使長麟心扉一亮：若鹿傳霖出面說話，再加上軍機處幾位大臣都附和，如此，籌碼不就要加重了許多？

「鹿中堂最近身體如何？」

「他就是身體不好，說了兩次要來看看國舅爺，向您道喜，都因為行動不便來不成。」

「我去看看他。」

第二天，長麟帶着兩株峨眉靈芝，去鹿府看望他二十年前的老師。

已得知內情的鹿傳霖，十分喜悅地在客廳接待這位身份貴重的世兄。

「得知老中堂身體不適，特來看望看望。」長麟雙手將靈芝遞過去說，「那年先父病重時，四川總督命人特為在峨眉山採集了兩株百年靈芝，待送到京師時，先父已不能開口，故留了下來。都說峨眉靈芝在益氣養神上有特殊功效，老中堂不妨試一試。」

榮祿去世前紅極一時，權傾朝野，哪個官員不巴結他？這四川總督送的百年靈芝自然是真貨，不是一般人能得到的東西。鹿傳霖體氣衰弱，極需這種大補之藥，他高興地收下，笑着說：「你如今是國舅爺了，送這貴重的禮品，叫我老頭子如何承受得起。」

長麟謙恭地說：「做了國舅爺也是您的學生，尊師重道可不能忘呀！」

「言重了，言重了！」鹿傳霖不耐久坐，他也不多說閒話，直衝着主題來，「海軍部籌建一事進展如何，攝政王的主意打定了嗎？」

「還沒有哩！」長麟做出一副並不熱心的姿態來。「洵貝勒對這事盯得緊，他是皇叔，海軍在他的手裏，攝政王或許更放心些。」

「不能這樣說。」鹿傳霖以國之重臣的口氣說，「要說放心，你是國舅，一樣的放心。只是依老臣愚見，古人的內舉不避親，外舉不避仇，是有個基礎的。這基礎便是賢能二字，或賢或能方可不避親仇。

你和洵貝勒，賢字先不去講，若論能字，我可以當着洵貝勒的面講，他不如你遠了。」

長麟略帶酸意地說：「但人家有老娘作後台，咱哪比得上！」

鹿傳霖說：「軍機處幾位大臣可作國舅爺你的後台。」

原來鹿傳霖不僅自己出面，還準備聯絡軍機處一道來為自己講話，若軍機處全班人馬出來保薦，其份量顯然要超過載灃老娘的面子。長麟感激地說：「老中堂能說動其他幾位軍機大臣一起保薦，這份情意，學生當終生銘記。」

鹿傳霖說：「我和令尊是多年的好友，不必言謝。只是有一個人，他雖是令尊的下屬，卻也和令尊深相契合，最先說過海軍大臣你最合適這話的就是他，可惜他現在處境困難。」

長麟明白過來：「您莫不是說的袁慰庭？」

「是的，正是他。」鹿傳霖說，「袁世凱這人的確有很多缺陷，但他有許多大臣所沒有的長處。他勇於任事，善於用人。現在有人企圖置他於死地，其實是別有所圖的。他多次說過，應當恢復海軍衙門，出掌海軍的最佳人選就是國舅爺你，其次為薩鎮冰。我和張中堂都贊成他這個說法，他因此也便得罪了一些人。現在他處境不好，我和張中堂都在力謀保他，但力量有限。國舅爺是最有條件保他的人。倘若讓他度過這一關，他定然知恩圖報。我們三人再加上世中堂，四人聯名保舉你，那海軍大臣就非國舅爺你莫屬了。」

長麟問：「我如何保他？」

鹿傳霖笑着說：「你去跟皇上的額娘說說，由她出面跟攝政王說，皇上新登基便殺大臣，於國不利，且要防備北洋新軍的不滿。」

長麟點點頭，他終於明白了這中間的關係：袁世凱被人彈劾，漢軍機大臣鹿、張有兔死狐悲之感，要借他這個國舅爺的關係，通過他的妹子去吹枕頭風保袁，其實最終目的是保自己。但他們開出了一個交換價碼：海軍大臣。這正是自己眼下所汲汲以求的。長麟尋思着：自己要想得到海軍大臣，只有求得軍機處的支持才有可能去跟載洵爭，捨此再無更好的辦法。想到這裏，長麟道：「我去試試看！」

見鹿傳霖精神不好，長麟也不多說閒話，起身告辭。

當天下午，長麟就到了醇王府。見到妹子後，把事情的原委詳細地說了一遍。瓜爾佳氏願意在關鍵的時候，助娘家哥哥一把。晚上，便勸說丈夫不要殺袁世凱。載灃暗思：福晉的話怎麼與張之洞說的如出一轍？他在心中已接受了這個勸諫。過兩天，北洋六鎮的統制們相繼致電軍機處，一致表示：若聽信御史之言殺袁世凱，北洋官兵一旦嘩變，他們將不能彈壓，故請先革了他們的職後再殺袁宮保。

載灃接到這樣的電報，又恨又怕，心裏狠狠地罵道：袁世凱拿朝廷的銀子練他自家的軍隊，反過來又拿這支軍隊威脅朝廷，世上還有比這更可惡的事嗎？心中雖恨，但到底不敢激起兵變，思考再三，最後以「足疾」為由，將袁世凱削職為民。袁世凱留下的軍機大臣之缺，由滿洲大學士那桐補上。

諭旨頒發的那一天，張之洞突然間腦子開了竅：為何來京師後表面上入閣拜相，風光無限，其實無事可幹，形同虛設，原來，朝廷壓根兒就並不是要他宰輔天下，調燮陰陽，不過是借他製造一個假象而已：滿洲少壯派要除掉袁世凱，將袁從直隸調進京，為怕袁和北洋軍系生疑心，便把他也從武昌調進京師，同入軍機。去掉袁，不補漢人而補滿人，明白無誤地表示朝廷排斥漢人的心態。看來，自己和鹿傳霖被驅逐出軍機處的日子已為期不遠了。張之洞想到這裏，心緒更為悲涼起來。

袁世凱以保全首領為萬幸，接旨之後，立即出京回河南，在彰德府的洹上村隱居下來。他心裏藏下對張之洞、鹿傳霖救命之恩的謝忱，思量着若有機會東山再起，一定要重重報償。但是，當兩年後時局陡變，袁世凱真的復出、一手握大清命脈的時候，張之洞、鹿傳霖已是墓有宿草了。

張之洞的一病不起，幾乎發生在袁世凱匆匆離京的同時。病因起於一封信函。

5 桑治平道出四十八年前的秘密

這封信函其實乃一份請願書，是由湖廣會館呈遞上來的。開頭第一句話說：為陳衍殘害鄂民事告太子太保大學士、軍機大臣張書。

張之洞剛看了這一句，便大為吃驚：陳衍乃一身無寸權、手無寸鐵的文士幕僚，何得殘害鄂民！他懷着莫名的驚奇讀下去。

原來下面的文字乃狀告陳衍，在光緒二十八年湖北設立銅元局時，提出當十當二十銅錢的餿主意，為湖廣總督衙門聚斂銀元一千四百萬元，而這些錢財被糜費在鐵廠和槍炮廠等洋務局廠上，洋務無尺寸效益，湖北百姓卻為此付出了慘重代價。從那以後，湖北物價年年上漲，至今百姓生計必需品已上漲十倍之多。陳衍以鄂民之血汗換取某大員的個人虛名，實乃奸佞小人，禍鄂災星。請張之洞殺陳衍，懸陳衍之頭於黃鶴樓上，以謝二千萬鄂民，以平荊楚大地之公憤。下面是密密麻麻的幾十個簽名，打頭的一個，簽的是「蘄水湯化龍」。

張之洞耐着性子看完後，勃然大怒。他沒有想到湯化龍這個年輕後生，居然會帶頭上一份這樣的請願書。五年前，湯化龍中進士不做官而自願去日本學法政，這件事得到張之洞的讚許。他在督署接見湯化龍，以後在多次集會場合鼓勵湖北年輕人向湯化龍學習，像湯化龍那樣志存高遠，中西會通。想不到這小子狂妄自大，以怨報德，竟做出這種事來。這哪裏是在罵陳衍！不錯，當十、當二十的建議是陳衍提出的，但付之於實行還得湖廣總督的同意才行，責任當然只能由總督來承擔。照湯化龍之流看來，設銅元局是殘害鄂民，那殘害鄂民的罪魁禍首不是陳衍，而是我張之洞。說甚麼懸陳衍之頭以謝鄂民，不如直截了當地講，懸張之洞之頭以謝鄂民！

想起自己在湖廣任上十九年，為湖北的洋務事業慘淡經營，嘔心瀝血，為支付洋務的龐大開支不得不設立銅元局，所獲之利自己分文未取，全部用之於國計民生。不料，到頭來不僅不被理解，反被控之為禍國之災、殘民之賊，要說冤屈，天底下還有這樣大的冤屈嗎？

一口痰沖到喉嚨，氣接不上來，張之洞猛地暈倒下去。

家人慌忙把他扶到床上，仁權看到飄在地上的請願書，明白了父親陡然起病的原因。

晚上，陳衍、辜鴻銘等人也都聞訊趕到張府。隨後趕到張府的，還有一位人物，他就是新任外務部尚書的梁敦彥。梁敦彥這些年來可謂吉星高照，飛黃騰達。

前年，梁敦彥隨張之洞進京入外務部。袁世凱賞識他，將他安置在外務部做郎中。梁的一口流利英語，很快在外務部派上大用場，三個月後便升為右丞。接受八年美國教育的梁敦彥，敬業務實，在那些只會做官場功夫的庸俗官吏中顯得格外出類拔萃，一年後便升為侍郎。待到袁世凱削職回籍，梁便取代袁做了尚書。梁敦彥對張之洞有很深的知遇之感，常來張府看望老上司。

看了請願書後，陳衍心緒沉重，他對臥在病榻上的張之洞說：「老相國不必為此而憂鬱，此事我是始作俑者。湖北士紳既然要我的頭，我就回武昌去，讓他們把我的頭取下吧！」

張之洞的嘴角邊流露出一絲悽笑：「陳衍二字是張之洞的代號，你這還看不出！」

辜鴻銘說：「老相國，我們回武昌去吧，您可以把湯化龍叫來當面辯一辯。京師這地方我已不想住了，除開拉嫖客的妓女和鑽門子的政客，再沒有幾個幹正事的人。」

辜鴻銘這幾句話，弄得大家想笑又笑不出聲來。

梁敦彥對國內外政治局勢較為清楚，他比別人看得透一點：「據說湖北馬上要成立諮議局，湯化龍新從日本回國，已被看好為諮議局局長。他這樣做，一是迎合百姓對物價的不滿，為自己贏得體恤民情的好名聲，以便順利當選；二是現在各省士紳都主張立憲，對朝廷遲遲不行立憲不滿，因此他們對朝廷一切都否定，藉此煽動人心，討好百姓，以擁護他們上台。湖北士紳要否定朝廷，就得要否定老相國在湖北所辦的一切。依我看，陳石遺固然是一個代號，銅元局一事也很可能是一個開端，今後還要拿鐵廠、槍炮廠、火藥局、織布局等一個個地開刀。」

張之洞聲息微弱地插話：「崧生說的有道理。戲台只有一個，他們要上台，你就得下台。有錯是錯，沒有錯也是錯。湖北的戲，可能還正在敲開場鑼哩！」

說罷，閉住雙眼，一臉的枯槁陰黑。

「戲台」，辜鴻銘心裏一驚，聯想到上次說的道具，看來入京後的老相國與兩廣兩湖時的香帥，的確是大不相同了。

張仁權看到父親這副模樣，心裏湧出一絲恐懼來。他強打精神安慰：「爹，現在各省都有一批這樣的立憲黨人在活躍着。他們看似跟革命黨不同，其實也是與朝廷離心離德的。湖北的立憲黨否定您在湖北的洋務業績，完全出自於他們的私心。是非自有定論，公道自在人心，湯化龍這幾個人就能代表二千萬鄂民嗎？爹，您犯不着與他們計較。」

兒子的話也很有道理。張之洞的心安定了片刻，他睜開眼睛來對兒子說：「我多年來不知市面上的物價，為一方總督而不知百姓日常生活，不管怎樣，這是失職。你寫封信給念礽，叫他細細調查一下，這些年來物價的情況，尤其是米、鹽、油、菜、肉這些東西的價格。」

「好，我這就寫。」仁權答道。

張之洞似乎已意識到自己病情的嚴重，停了一會，他又吩咐：「桑先生與我分別已經十多年了，戊戌年匆匆一見，距今又整整十一年了。我時常想起他，有許多話要跟他說。你要念礽想辦法儘早與他的母親聯絡上，請桑先生夫婦到京師來住一住，再不來，今生今世怕不能見面了。」

「爹，別胡思亂想了，您的病很快就會好起來的。好好保養身體，老朋友見面時，才有精力說話哩！」

仁權雖如此勸慰着，但心裏對老父此番的病況着實擔憂。他在信中叫弟妹們隨時準備進京，並設法通知桑先生，無論如何要儘快來京與父親見面。

陳念礽接到內兄的信後，帶着鐵政局的兩個工役，實地在武漢三鎮作了三天的調查。這一查，令一向對中國洋務抱着樂觀態度的陳念礽大吃一驚，不僅證實了請願書上所說的物價漲十倍，而且幾乎所有被調查的人都不承認武漢的洋務局廠給他們的生活帶來實惠，槍炮、鋼鐵，他們固然不需要，鐵路、水電的好處，他們因為無錢，一點都不能享受。即便像布疋這種與他們密切相關的日用品，他們也很少購買。因為生產成本高，售價並不比洋貨便宜，老百姓要麼買洋布，要麼買來自鄉村的更便宜的家織布。

陳念礽面對着這些調查上來的實情，不知如何稟告岳父。說實話，怕他生氣，病情加重；說假話，虛誇政績，又對不住良知。

他把這些情況如實寫在信裏，告訴他的繼父桑治平。

這些年來，桑治平和秋菱一直住在香山縣城。選擇此地度晚年，最主要的原因是因為秋菱的次子耀韓一家在這裏。再則，這裏一年四季天氣和暖，青草常綠，鮮花常開，令桑治平歡喜不已。

他朝朝暮暮與南海為伴。滔滔海浪，洗刷他心中的塵垢；無限海域，拓寬他的視野胸襟。旭日東升、星月搖晃的壯闊海景，更鼓蕩起他胸臆間消失已久的藝術情愫，他重新拿起了畫筆。在最能感受宇宙浩瀚的大海邊，他的智慧和靈氣得到升華，一幅幅湧動生命精神的畫從手中誕生，他和秋菱也從這些畫中重獲青春。真正是「丹青不知老將至，富貴於我如浮雲」。

年過古稀的桑治平常常會回憶往事，會回過頭看一看過去的足跡。但此時他的心緒，跟眼前陽光照撫下的南海一樣，平靜而空闊。當年是那麼地霹靂驚爆、動人心魄，而今都似乎已被歲月長河洗滌得淡泊平和，被無限時空消解於悄沒聲息之中。他有時會從心裏發出訕笑：當年給肅順做謀士，弄得偷雞不着失把米，害得自己從此改名換姓；倘若肅順成功了，又怎麼樣呢？也不過是肅順或是皇上手裏的一個工具而已。後來，給張之洞做幕僚，奔忙了十多年，說到頭，還是為他人作嫁人裳。進一步說，不給張之洞做幕僚，自己做一方督撫呢？湖北洋務的困境和革命黨欲推翻朝廷的現實，讓桑治平的頭腦日漸清醒過來，即便做一方督撫也將會一事無成！在與秋菱相處、與畫筆為伴的日子裏，桑治平終於領悟到，只有愛情和藝術才是真正屬於自己的永恆！功名也罷，地位也罷，其實都是以出售自身為代價。它只是一種交換，猶如農夫以穀換布、商人以貨易銀一樣。

淡漠了功名和地位，並不意味着淡漠情感和友誼。在過去的生命歷程中，那些以情誼留在桑治平腦中的人，在天風海雨沖刷下，塵埃去掉後他們的形象反而更加清晰了。排在第一的自然就是張之洞。那年身肩晉撫之命的張之洞驅車古北口，禮聘他出山。古北口月夜，兩人約法三章的情景依然歷歷在目。這份別於世俗的道義相交，令他永生不能忘懷。

他也很想見見張之洞，向他談談別後十餘年間他的這些新的人生體會。現在張之洞已奉召進京，他定居在香山城，一南一北，相隔四五千里之遙，要見一面也真難啊！

這一天，他接到了念礽從武昌發來的急信，方知張之洞已病得不輕，渴望在有生之年再見見面。桑治平意識到，這很可能就是最後一次相聚了，再遠再難也得去。秋菱自從那年離開京師，便再也沒有回去過。四十多年了，大內都換了三四位皇上。京師是啥樣子了，秋菱多想舊地重遊啊！老倆夫妻決定攜手北上。好在海路早已開通，兩人身體都還硬朗，一路坐船去京師不成問題。於是，他們從香山坐船到香港，再從香港換上英國的海輪沿海岸北上，直抵天津，再由天津轉火車。沿途花去了整整一個月的時間，待到一腳踏上前門月台時，京師早已是和風拂面的初夏了。

經過治療調理後，張之洞的病情有所好轉，已經銷假理事了。這次見到分別十餘年的老朋友，他更是心情興奮，病又好了幾分。陳衍見到桑治平後更是倍加歡喜，只是談起鑄錢而召致湖北物價猛漲時，頗為內疚。桑治平安慰道：「物價上漲，這是社會發展的必然趨勢。據香山一帶的老華僑說，西洋各國物價上漲是普遍規律，故西洋人不存錢，有一個花一個。再說，這當十當二十的鑄錢法，湖北不做，別的省也會做的。」

陳衍苦笑道：「若不行當十當二十的辦法，湖北的物價或許不會漲得這樣快。不是跟着相國到了北京，我這顆頭怕早已被鄂民割下了。」

桑治平哈哈笑道：「你的頭不還是好好地安在自己的脖子上嗎？大風吹倒梧桐樹，自有旁人說短長，要說就讓他們說去吧！」

梁敦彥感激桑治平當年的伯樂之恩，在乾隆爺賜名的都一處設宴，為桑治平夫婦接風，陳衍、辜鴻銘等人作陪。辜鴻銘現在已做了京師大學堂的教授了，他依舊和過去一樣，隨意談笑，不拘小節。他的中西會通的學問和嬉笑怒罵的性格，在京師大學堂裏很受歡迎。

桑治平和秋菱特意去條兒胡同尋找當年的肅相府。肅相府會敗落，這是他們早已想得的事，但沒有親身來到條兒胡同之前，他們絕沒有想到會敗落到如此地步。

眼前已沒有當年肅相府一絲一毫的痕跡，問了幾個二三十歲的年輕人，都搖頭不知道肅順是甚麼人，也不知道肅相府在何處。好容易碰到一個六十多歲的老頭子，才知道這段往事。那年抄肅相府的時候，他就住在胡同口上。老頭子說，抄了家後，肅相府貼滿了封條，封條上蓋的都是步軍衙門的長印。以後每隔幾個月，便啟封幾間屋。到兩三年後，全部封條都啟了。這裏住進了二十幾戶平民百姓。幾十年下來，這些住戶糊口尚且不易，哪有閒錢修繕房屋？老頭子帶他們走到胡同中部，指了指對面說：

「這一大片當年都是肅相的舊宅。」

桑治平、秋菱望時，眼前的房屋盡皆灰暗破敗，牆污門朽，瓦縫間、牆頭上到處是雜草枯莖，煙囪傾斜，雜物亂堆，進進出出的幾個人，也都蓬首垢面衣衫襤褸，若不是破爛堆裏那幾棵高大的槐樹被秋菱認出，他們簡直不敢相信老頭子所指的這片地方，就是當年朱柱碧瓦、雕樑畫棟的肅相府！幾隻燕子在一旁人家的屋檐下呢喃叫着，正應了「舊時王謝堂前燕，飛入尋常百姓家」這兩句古詩。歷史又一次驚人相似地重演。

想起這當年與桑治平定情的堂堂相府，一夜之間便遭滅頂之災，不到五十年便敗落至此。秋菱也禁不住悲從中來，淚水簌簌而下。

肅相府今昔之比，更使桑治平加深了對人生的領悟。他想，是到把埋在心裏近五十年的這個大秘密告訴張之洞的時候了，再不說，今生今世就沒有機會了。

翌日晚餐後，張之洞笑着對桑治平說：「仲子兄，我過去寫的詩，你讀過不少。你讀過我填的詞沒有？」

桑治平想了想說：「好像沒見過。」

「你是沒見過。」張之洞點點頭說，「我年輕時也常填詞，進翰苑後，不再填了。前年火車過河南安陽，想起不遠處就是當年魏武帝初封魏公時定都的鄴城，發起少年狂來，填了一闋《摸魚兒》，你有興趣到書房去看看嗎？」

桑治平興奮地說：「那太好了，我要好好欣賞欣賞。」

二人一起來到書房，僕人掌燈上茶，坐定後，張之洞從抽屜裏拿出一張條幅來。桑治平接過一看，果然上面寫着《摸魚兒·鄴城懷古》。他輕輕誦道：

控中原北方門户，袁曹舊日疆土。死胡敢嚙生天子，袞袞都如囈語。誰足數，強道是慕容、拓跋如龍虎。戰爭辛苦，讓倥傯追歡，無愁高緯消受閒歌舞。

荒台下，立馬蒼茫弔古，一條漳水如故。銀槍鐵錯銷沉盡，春草連天風雨。堪激楚，可恨是英雄不共山川住。霸才無主，剩定韻才人，賦詩公子，想像留題處。

「怎麼樣，還過得去吧！」桑治平剛一讀完，張之洞便急着問，那情形就如同一位剛學填詞的新手等待詞壇名家的評判。

「豈止過得去，好得很！」桑治平讚道，「一口氣從曹操到慕容氏、拓跋氏，再到高氏王朝，都數落了一遍。一條漳水如故。為這些鄴城的匆匆過客作了總結。」

「仲子兄，你是真懂詞。」張之洞撫鬚笑道，「你還看出點別的名堂嗎？」

「有名堂！」桑治平點了點手中的條幅，「這一句『春草連天風雨』，是偷的溫庭筠的『鄴城風雨連天草』。偷得好，一點作案的痕跡都沒留下。」

「自古文人皆是賊，沒有不偷別人的。」張之洞哈哈大笑起來。他覺得似乎已有好多年沒這樣痛快地笑過了。

「『可恨是英雄不共山川住』。這一句恐怕是這闋《摸魚兒》的詞眼了，我沒說錯吧！」

「沒說錯。」張之洞收起了笑容。「大江東去，浪淘盡千古風流人物。蘇東坡這一歎，將世上一切英雄都歎得心灰意冷了。仲子兄，不瞞你說，這兩年我心裏就常有這種歎恨，魏武、拓跋燾是何等的英雄蓋世，都不能共山川而住，何況我張香濤！唉，仲子兄，你來了，我才跟你說說；你不在，能與我說這種話的人都沒有呀！」

桑治平已從這番話裏感覺到張之洞的心緒，雖然沒有深入交談，他已看到彼此之間的相通之處。

「香濤兄，你猜我昨天到哪裏去了？我和秋菱去條兒胡同找肅順舊宅去了。」

「你們去懷古了？」張之洞的眼神裏充滿着驚奇。「京城裏可供懷古的地方多得很，為何要去憑弔肅順？」

「我們不是去懷古，我們是懷舊。舊地重遊，追尋那一段我們共同的刻骨銘心的歲月。」

看着張之洞的眼神由驚奇到疑惑，桑治平揭開了這個凝重的謎底：「香濤兄，你絕然沒有想到，四十八年前，我曾經是肅府裏的西席，秋菱她是肅府的丫鬟。」

「你這話是怎麼說的？」張之洞張開兩隻大眼睛，多年來缺少神采的眼眸裏射出一絲驚異的光芒。他伸出乾枯的手指來掐了掐：「四十八年前是辛酉年，也就是文宗爺升天的那一年，你那時正在肅府？」

「是的。」桑治平平靜地說，「我那時不僅正在肅府，我還隨着肅順去了熱河。肅順等八人受顧命之後最早發出的幾道摺子，都是我擬的稿。」

張之洞盯着桑治平，彷彿望着一個陌生人似的，仔細地從上到下看了一遍。肅順為他的幾個公子請過不少先生，在肅府做過西席不算奇怪，張之洞的好友王闓運就任過此職。肅順出事後，王闓運還特為到京師去看望肅順的兩個兒子，送了一千兩銀子給這兩個昔日的學生。但隨同去熱河並在顧命大臣與兩宮爭鬥的時期，為肅順擬稿，這種西席就非比一般。浮過張之洞腦子裏的第一個想法是，倘若當年肅順一派勝了的話，眼前的這個布衣老友就不知又是一種甚麼樣的處境了。

「這麼多年了，從未聽你吐過半個字。」張之洞的心中異常感慨。「那麼，子青老哥知道嗎？你對他說起過嗎？」

「沒有。」桑治平淡然一笑。「如果他知道，他一定會告訴你的。」

「那你為何不告訴我呢？」張之洞有點氣沮地說，「你是不相信我嗎？」

「沒有告訴你，是因為我一直在想，應當選一個甚麼時候告訴你才最好。」桑治平的臉上冒出一縷苦笑。「若不相信你，我現在也可以不告訴你。」

張之洞點了點頭：「那你就對我說說當時的情況吧。你是怎樣離開肅順的，你和秋菱是在肅府相愛的，還是後來到香山去見到她時才動的心？一晃近五十年，已成歷史了，連太后都作了古，不須忌諱甚麼了，都說給我聽聽吧。我想，這一定是極好聽的故事。」

張之洞的語氣中似乎帶有點央求似的，彷彿一個小孩子正在懇請長輩給他道往事，說掌故。

「好，這正是我這次北上的一個最重要的內容。我們慢慢地說吧，今天說不完，明天再接着說，只要你想聽，我甚麼都可以說。」

「你說吧！」張之洞將書桌上的一疊紙推向一旁，兩隻手擱在桌面上。他覺得這樣舒服些。「自從上次得病以後，我對我眼前的事反而無多大興趣了，我的興趣更在對往事的回憶咀嚼上。你說吧，關於你所經歷的那些事，你的生活體驗，我甚麼都喜歡聽。」

於是，桑治平對老朋友慢慢地說起來。在摯友面前追憶往事，這其實也是他自己所樂意做的事。像小溪淌水似的，桑治平平和寧靜地聊起他如何走出洛陽前往京師應試，落第後又如何經王闓運推薦進肅府做西席，在肅府時如何與秋菱兩心相印。他繪聲繪色地描敘四十八年前那場決定大清命運的宮廷政變，講肅順等八大臣失敗後的心緒，講肅府被抄，講自己的壯遊天下，講在虎丘賣畫結識張之萬，最後定居古北口，而眼睛卻一直盯着長安天街。

就這樣，桑治平和張之洞接連談了三個晚上，掌燈說起，夜深而罷。桑治平傳奇般的經歷，給張之洞的心靈以深深的撞擊。他一向認為自己是天下最優秀的人才，一生所得盡皆自己奮鬥而來。現在面對着這位老朋友，他開始對此不那麼自信了。要說資質秉賦，目光見識、辦事能力等等，自己並不比桑治平強多少，若說堅定執着，篤於情義，則遠不如他，至於他的繪畫才華，則更是望塵莫及。看來解元探花、督撫宰輔的錦繡歷程，大概多半是來於運氣。他的腦子裏突然冒出曾國藩的一段名言來：「不信書，信運氣，公之言，傳萬世。」看來，這位老於世故者的這十二字箴言，倒真是閱歷之得，悟道之語！

「仲子兄，你那年為何要堅決地離開我，除開仁梃遇難這件事外，還有別的原因嗎？」

桑治平說：「仁梃的遇難，將我的設想打破，同時也使我突然悟到生命的短暫和脆弱。事業並非自己能全盤把握，而個人的生活卻完全可以自己作主。秋菱對我的愛使我感激，我對她的情也是我一生的真心，而對着這麼短暫而脆弱的人生，我為甚麼還要把全副心思都放在自己不能完全把握的事業上，而讓真愛實情在怨闕中白白流失？所以，我毅然決然地學習陶朱公，要不顧一切，攜我所摯愛之手，泛舟五湖，歸隱海隅。」

張之洞被這番話所深深打動。他好像看出了他們之間的最大差別，就是在做事做人這一檔子上。他這七十年來的人生經歷，尤其是給他帶來輝煌的這三十年，似乎用「做事」二字便可全盤包括。至於做人這方面，尤其是夫妻之愛、家庭之情、手足之誼、朋友之義等等，很少去想過，也很少去體驗其間真味。

幾十年來，彷彿做了事業的奴隸，而遺忘了人生的真趣。這難道就是輝煌的成功的人生嗎？

張之洞被自己的疑問所問倒。他有點後悔起來：這一問怎麼問得如此之遲！

「仲子兄，咱們在一起合作了十多年，也辦了許多實事。你認為這些事，能對國家和老百姓有多大的實效嗎？」

湯化龍等人對湖北鑄造銅元的指責這件事，給張之洞的心靈造成很大的陰影。他從來都認為自己辦的全是有利國計民生的實事，是國家和百姓的功臣。鑄銅元造成物價上漲十倍的事實，使他開始反省起來，他對自己的所作所為也不敢那樣自信了。

「你這些年來辦事不易！」桑治平沒有直接回答他的所問，把話題錯開去。

「你這話是真的知心之言。」張之洞感歎道，「病榻上，我曾經把外放晉撫以來這三十年間所做所為，作了細細的回顧，發現除開在太原期間還略有點閒暇外，在廣州，在武昌這二十多年裏竟無一刻安寧，不只是忙，更是累，形累尚次之，心累更令人痛苦，幾乎有每日都在荊天棘地間行走似的感覺。」

「是啊！」桑治平淺淺一笑。「我是陪着你在荊棘中走了十四五年。」

「你走後的這十多年更不好過。」

「我知道，念礽常有信來。」桑治平同情地望着老友。「叔嶠遭難，袁昶被害，對你的心創傷很大。鐵廠的被迫轉給盛宣懷，織布局的貪污案，外加端方等人的不友好，對你都有很深的刺激。外人看你轟轟烈烈辦大事，我知你其實是孤獨的。你的許多良苦用心不為人所理解。你耗盡心血在拚搏，你做的許多事，都是別人不能做不想做，或者說不敢做的事。」

這幾句話說得張之洞身上的血熱了起來。多少年來，他從來沒有聽到如此貼心知己的話。他很想將雙手伸過去，緊緊地抱住這位布衣摯友，但他已沒有這個氣力了。

「仲子兄，我為自己這二三十年做了這樣一個總結：大抵所做事，皆非朝廷意中欲辦之事；所用之錢，皆非本省固有之錢；所用之人，皆非心悅誠服之人。」

「是的，因為你所做的事，皆非中國傳統治國術中所規範的，你開創的是一片新天地。經營這片新天地，你既缺錢，又缺人。」

「但是費力不討好，有很多人在罵我。」張之洞的神情又顯得沮喪起來。

「你說的也不錯，是有不少人指責你。」

「他們指責我些甚麼呢？是不是也像戶部那樣，說我張某人專門糜費朝廷銀錢？」

「當然有很多人說你糜費了銀錢，但這還不是主要的。許多人批評的是你辦的這些洋務沒有收到實效。鐵廠出來的鋼鐵沒有用來造高樓大廈，紗布麻絲四局沒有使湖北的布疋便宜，水電火車老百姓享受不起，至於槍炮廠造出來的槍炮雖多，洋人還是照舊打進北京，帝后還得離京出逃，並沒有看到漢陽造的槍炮發揮作用。嚴復前不久在天津的報紙上發表文章，說你的『中學為體，西學為用』不通。他說體與用不能分開，比如說有牛之體乃有負重之用，有馬之體乃有致遠之用，未聽說以牛為體，以馬為用的。」

「中體西用」雖不是張之洞的發明，卻是通過他的《勸學篇》而傳遍四海，又在他的洋務局廠中得到實踐，是張之洞晚年視為一生對國家的最大貢獻。現在居然遭到嚴復如此的挖苦嘲弄，是可忍孰不可忍！若是在前些時候，張之洞必定會拍案而起，勃然大怒。然而現在，他依舊頹坐在鬆軟的藤椅上，衰病讓他失去發怒所需要的體力，湖北洋務見效甚微，也讓他失去了發怒所需要的底氣！

「香濤兄，我說的這些讓你生氣了吧？」看着老友面無表情，如一段朽木似的呆癡之態，桑治平為剛才這番直言後悔起來。

「沒甚麼！」張之洞打起精神說，「我倒是想見見這位嚴復，聽聽他的意見，中國今後到底該如何辦。是全盤接受西學，完全不要自己的中學呢？還是依舊全用自己的中學，一概不用西學。我這腦子是老朽不中用了，除中體西用外，我想不出更好的辦法！」

「如果我們換一個角度來看，就不必把嚴復的指責看得太重。」桑治平實在不願意太刺傷了這位努力做事的實幹家。

「我想聽聽你的下文。」

「嚴復是從邏輯學的角度看『中體西用』，才有體用不能分開的觀念。其實，任何一種事物都可以從多種角度去看。換個角度，所見便不同。古人所謂移步換形，說的就是這種現象。你是官員，辦的是眾人之事。治眾人之事也是一種學問。西方稱之謂政治學。」

「政治學？」張之洞對這三個字很陌生。

「政治學這個名稱，我們的典籍上不曾有過。但政治二字，古人還是用過的。《說苑》上就有『政治內定，則舉兵而伐衛』的話，意為國事政務的治理。只是這兩個字，後來卻不常用了。」

「我與劉峴帥會銜的第一摺便用了『政治』二字。」張之洞想了一下說，「摺名叫做《變通政治人才為先》。」

「對對，正是這兩個字。」桑治平連連點頭，繼續說，「若從政治學來看，你的『中體西用』便是一個極高明的謀略。我知道你這句話的『眼』在西學上，目的是要推行西學。你明白，這種推行要變成眾人的行為，才有實際效果。若是都反對，推行云云，便只會是空想。中學在中國盛行兩千多年，根深蒂固，深入人心。若一旦全拋，或者把它貶低，反對西學的人不要說了，即便贊同西學者，在心理上也難以接受。現在，你說中學是本源，是主體，西學不過為我所用罷了，反對西學者不好說甚麼，贊同西學者也可以容納。眼下中國的當務之急，不是先在邏輯上去辯個一清二楚，而是要趕快把西學引進來，先做起來再說。對於這樣一樁從未實行過的新鮮大事，儘量減少反對，減少阻力，爭取最大多數的理解支持，才是最重要的。你是政治家，圖的是國強民富。嚴復是邏輯家，圖的是學理縝密。角度不同，所見則不同。說句實在話，我更傾向你的實用，並不太欣賞嚴復的推理。所以，戊戌年我便說過，『中學為體，西學為用』這八個字，後世當用黃金鑄造。其道理就在於此。」

「高山流水識知音。仲子兄，你才是『中體西用』的真正知音！」說了半天話，張之洞的眼光中這時才見一點神采。

「嚴復雖詰難你，但沒有惡意。批評你的人中還有另外一類，他們心懷叵測。」

張之洞被桑治平這句話吊起了胃口。

「這類人的目的，是在推翻朝廷。他們怕的是那些忠心耿耿為國家為朝廷的官員，甚至恨那些清正廉潔實心實意為百姓辦事的官員，因為大清這樣的官員多，大清的江山就牢固，他們要想推翻就困難。他們巴不得大清的官員個個糊塗混賬，人人貪污中飽。如此，推翻朝廷就容易多了。要說他們心中全無是非，也不對，待到他們上台後，他們同樣要褒善貶惡激濁揚清，只是現在不擇手段罷了！」

張之洞長長地歎了一口氣，說：「我張某人，現在不幸成了他們的絆腳石，他們自然要掃掉我。想想也可理解，只是他們不要歪曲我，誣陷我就行了。」

「千秋功罪，自有後人評說。」桑治平勉強安慰道，「辦洋務，這件事總是做得對的。風氣一開，不怕沒有後繼人，眼下雖收效不大，今後總可見實效的。洋務可強泰西，就一定可強中國。這點信心你應該堅持。」

老友的話給張之洞以鼓勵，抑鬱的心情開朗了許多。

「這看來是個絕大的題目，我們再慢慢聊吧！仲子兄，我近日有個想法，想編一部詩集，將舊日好友如今已歿世者的詩作匯集刊刻，借以寄託思念，並讓他們的詩作能借此保留傳世。名字就叫懷舊集。」

「這是好事，入選哪些人？」

「我想了幾個，你再幫我補充。」張之洞掰着指頭數着，「徐建寅，蔡錫勇，寶廷，張佩綸，袁昶，楊銳。」

「楊銳」，桑治平聽到這裏，心頭猛地跳了一下，一張總是帶着笑意的娃娃臉又浮上腦海。一個多麼優秀的青年才俊，一心一意為國家的強盛，竟然無端做了菜市口的無頭鬼。桑治平由此看出老友心靈深處的情感。或許，這部懷舊集純是為了懷楊銳而編，只是為了不至於太顯眼，才把徐、蔡、寶、張等人也拉過來。

桑治平說：「我在京師也沒多少事做，徐建寅、蔡錫勇、楊銳，也都是我的朋友，這部懷舊集就交給我來編吧，就算我們一道來懷念舊日的朋友。」

「好。」張之洞臉上現出難得的一絲笑容。「我們所能做的，也僅此而已！」

6 他說，他一生的心血都白費了

這以後的一段時間裏，張之洞基本上不再過問軍機處的事，每天大部分時間和桑治平聊聊天，審核他所選編的懷舊集。病雖未好，但大致穩定下來，只是精力愈來愈不支了。他常常整夜整夜睡不着。睡不着的時候，往事便會自然而然襲上心頭，揮之不去，欲罷不能。桑治平的一番懇談強烈地震動了他。他有時會覺得委屈，有時又覺得有道理，有時對自己的一生感到滿意，有時又認為自己毫不足道。

這天午後，宮中來人傳達載灃的口諭：明天在軍機處商討給事中高潤生彈劾津浦鐵路總辦李德順貪污事，相國熟悉鐵路事宜，若身體可支，請進宮一議。

次日上午，張之洞按時進宮來到軍機處值廬。那桐已先入值等候。一會兒，載灃也來了，一副匆匆忙忙的神態，剛坐定，跟張之洞略為寒暄兩句，便將高潤生的彈章遞給他，請他看後再給那桐看。

高潤生的彈章說，天津道兼津浦鐵路總辦李德順，在與英德銀團簽訂的九百八十萬英鎊貸款協定中，損傷了國家和直隸江蘇兩省紳民的利益。通常向外國銀行貸款年息為五釐，李德順簽訂的年息為五釐五，僅此一項便每年應多付英德銀團四萬九千英鎊。另外，協定中注明以九折付款，其中九十八萬英鎊實際上並沒有借出，但還款時又按九百八十萬計算。直蘇兩省紳士對此事反響極大，認為李德順若沒有接受英德銀團的好處，決不會如此公然出賣國家利益，李德順貪污是絕對無疑的。津浦鐵路督辦大臣呂海寰縱容李德順，應為同案犯，請朝廷撤掉李德順、呂海寰職務，以平直蘇兩省民憤。

張之洞將彈章看完遞給了那桐。

載灃說：「老相國親手辦過蘆漢鐵路和粵漢鐵路，對與外國銀行簽約事宜熟悉。依您看，高潤生的彈劾有沒有道理？」

張之洞說：「光緒二十六年，經朝廷同意，委託駐美國公使伍廷芳出面，與美國合興公司簽訂了一個借款條約，規定年息五釐，以九折付款。後經有識之士指出，這中間大有弊端，結果廢除了。以五釐付息，都被認為高了，那麼五釐五顯然不合理，九折付款也極無道理。高潤生的彈劾是對的。李德順、呂海寰必定與英德銀團勾結，從中貪污了巨款。依老臣之見，宜先革掉李、呂二人之職，查實後予以定罪。」

載灃說：「老相國所說極有道理。我問了一些人，都與老相國所見相同，李、呂二人即行革職。只是津浦鐵路動工在即，督辦、總辦大臣不可缺位，老相國看何人可補此缺。」

張之洞說：「容老臣回去後仔細想想，過兩天再稟報攝政王。」

載灃說：「洵貝勒提出一個人，說他曾經辦過蘆漢鐵路，可讓他來補津浦鐵路督辦大臣的缺。這個人便是榮府上的二爺長麓。老相國，你看如何？」

長麓這個人，張之洞當然知道。在王文韶任直督期間，他做過一段時期的蘆漢鐵路北段的總辦。他與長麟雖是親兄弟，卻遠沒有兄長的出息。他不但根本不懂鐵路，且又懶又貪，輿情很不好，王文韶礙着榮祿的面子一直保護着。後來一樁貪污大案牽涉到他的頭子，實在保不住了，才被開缺回家吃閒飯。這樣一個名聲很不好的紈袴子弟，載洵為何要薦舉他，載灃又為何要用他呢？張之洞想起早幾天，鹿傳霖說的一樁事來。鹿傳霖說，海軍大臣的缺，載灃一直還定不下來。長麟雖然增加了鹿、張的支持，但洵貝勒硬是不放手。醇王府的老福晉劉佳氏是個頑悍的婦人，她威脅載灃，若不讓老六做海軍大臣，她就死在他的面前。劉佳氏是載灃的生母，她這一威脅，載灃就怕了。最近，他們兄弟謀求另一個解決的辦法，即除陸、海兩部外，其他部任長麟挑一個，然後再補長麓一個肥缺，據說瓜爾佳氏和榮府都勉強同意了。原來，這個肥缺就是津浦鐵路督辦大臣！

都說太后死後，滿洲親貴攬權野心急速膨脹，看來事實的確如此。親貴掌權不是說全不對，但也要能拿得下，比如長麟長海軍，還可說得過去，但讓長麓出任津浦督辦大臣，無論如何是不行的。權力交易不能這樣進行！

「王爺，長麓當年辦蘆漢鐵路時名聲很不好，輿情不洽。」

載灃臉色暗了下來：「那是過去的事，改了就好。」

「王爺，貪斂錢財，這是本性，改也難。」張之洞急了。「津浦鐵路除借洋款外，直蘇兩省紳士都集了股份，長麓有貪名，他們會不放心的。王爺，長麓去津浦不妥。」

載灃的臉色由暗到黑：「朝廷任命的官員，不放心也得放心。」

張之洞對載灃如此態度極為不悅，冷冷地回了一句：「若如此，會招致紳民激變！」

「激變！」載灃刷地站了起來。「他們敢？朝廷有兵哩！」

說罷，拂袖走出直廬。

朝廷有兵，這是甚麼意思？紳民拒絕接受一個貪官，難道也要派兵去鎮壓他們？堂堂一個監國，怎麼昏蠻至此！

張之洞望着載灃匆匆外出的腳步，跌足歎道：「不意聞亡國之音！」

一句話剛說出口，一股膿血在胸腔裏奔湧躁動着，直沖破喉嚨噴出嘴外，眼前一片昏黑，張之洞驀地倒在值廬裏，甚麼都不知道了。

「老相國！」那桐被眼前這一幕嚇住了，聲音悽慘地喊道。

剛出門外的載灃聽到聲音不對，忙扭過頭來，見狀後也大驚。軍機處的章京們都圍了過來，將張之洞抬上炕床。載灃吩咐那桐：「你在這裏守着老相國，打發一個人去叫太醫院的大夫，待老相國蘇醒後即送回家。我還有要緊事急着辦，這裏就交給你了。」

在太醫院大夫的搶救下，半個時辰後，張之洞醒了過來。待送到家時，天已快黑了。

桑治平見狀，忙叫仁權拍電報到武昌，叫仁侃夫婦、準兒夫婦及仁實趕快來京。

陳寶琛、梁敦彥、辜鴻銘、陳衍等人得知張之洞咯血軍機處的消息後，也相繼來到張府。在御醫的精心調理下，三四天後，張之洞的病情已略有好轉。

中秋節那天，為讓父親高興，張仁權將在京的所有父親的朋友都請到家來，大家賞月飲茶，有說有笑。張之洞也在天井裏坐了一會，與客人們一起欣賞夜空中的那一輪明月。

張之洞對眾人說：「我此刻最思念着一位朋友，很想見見他，但不知他眼下在何處。你們誰猜得出，他是誰嗎？」

大家都猜不出此刻最讓張之洞思念的這個人是誰。只有桑治平心中有數：「是不是吳秋衣？」

「正是。」張之洞欣慰地說，「還是仲子知我心。秋衣飄蕩一生，也灑脱一生，他可以想怎麼活法就怎麼活法，比起我來，要強過百倍！」

桑治平說：「讓我們一起將蘇東坡的兩句詞送給他吧！」

彷彿心有靈犀，兩人不約而同地唸道：「但願人長久，千里共嬋娟。」

眾人都說：「還是東坡居士說得好，今夜有多少人都是明月共賞而人不能見面，只有互致祝福了。」

人們都為張之洞渡過了這一難關而高興，不料數日後他的病情陡轉，終於不可挽回。

宣統元年八月二十一日上午，張之洞忽覺精神很好，他叫大根拿幾張報紙給他看看。大根找出幾張送了過來，張之洞戴上老花眼鏡慢慢翻閱。突然，一則消息引起了他的注意。消息說，漢冶萍公司召開第一次股東大會，並組成理事會，董事會共推盛宣懷為總理。又說，漢冶萍公司自光緒三十三年冬天新建一號、二號平爐開爐以來，生產蒸蒸日上。所煉鋼鐵品質純淨，含磷量只有百分之零點一二。每日出鋼六千噸，產品遠銷日本、美國。國內各鐵路公司紛紛向該公司訂購鋼軌，該公司目前已集商股一千萬元。張之洞正為漢冶萍公司的興旺發達而歡喜的時候，不料文章變了調。接下來說，漢冶萍之所以有今天，全是因為盛宣懷經營有方。盛宣懷以能去磷的馬丁平爐替代不能去磷的貝塞麥轉爐，提高鋼的質量，又以萍鄉煤取代開平煤，降低成本。除開這兩項眾所周知的重大措施外，更為關鍵的是原經辦人死抓官辦不放手，將漢陽鐵廠、大冶鐵礦辦成了衙門，違背辦洋務的根本原則，致使內部混亂，腐敗成風，全賴盛宣懷將西方企業管理方法引進公司，以商代官，才使鐵廠、鐵礦起死回生，從而創造出今天舉世矚目的成就。

張之洞看到這裏，心裏虛恐起來。文章雖沒點他的名字，但明眼人都知道，批評的正是他張之洞。是他張之洞不懂科學，武斷專橫，拒絕化驗鐵礦石，致使煉鐵爐和礦石不能配套，造成鋼鐵質量差。也是他張之洞眼裏只有官府而沒有商人，拿官場的一套來辦洋務局廠。

張之洞不得不承認文章寫得有道理，也不得不承認盛宣懷比他有本事。但作為漢陽鐵廠、大冶鐵礦的創辦人，張之洞有一種極大的委屈感。這種委屈感令他痛苦，也使他心灰。

張之洞擦了擦昏花的雙眼，定定神後又不自覺地翻開了報紙。突然間，他驚呆了。原來他的眼前赫然現出這樣的題目：海外革命黨要給張之洞頒發大勳章。他急切地看着正文：

近日，同盟會在東京集會，該會協理黃興在會上笑道：他要給他的老師前兩湖書院名譽山長湖督張之洞，鑄造一枚百噸黃金的大勳章，以獎勵其為革命所作出的重大貢獻：第一，張用官費資送三千名湖廣留日生，此中半數成為革命黨骨幹；第二，張建造的漢陽槍炮廠為革命黨準備充足的武器，革命黨將接過他的漢陽造驅逐韃虜，恢復中華。

張之洞看到這裏，兩眼頓時一黑，哇地又吐出一口血來。張府上下一片慌亂，大夫握着他的手，半天找不到脈息，遂悄悄地將大公子拉到一旁說：「老相國怕是不行了，快去請攝政王來一下。」

掌燈時分，載灃終於來了。張府內外已是一片肅靜，悲痛沉重地壓在每個人的心頭。大家無聲地給攝政王讓路。

載灃一臉戚然，來到張之洞的病榻前，坐下，望着面如死灰、雙目無神的大學士，輕輕地說：「老相國公忠體國有名望，好好保養。」

張之洞聲氣微弱地說：「公忠體國四字，老臣不敢當，廉政無私，則勉強可說得過去。」

「廉政無私」，老頭子是不是在譏責我用長麓是徇私呢？載灃想到這裏，一時語塞，不知道再要說些甚麼了。本來今天夜裏，因新任津浦鐵路督辦大臣長麓已與英德銀團簽好了貸款條約，英德銀團在六國飯店舉辦一場隆重的酒會。載灃要去參加這個酒會，本不想來張府，只是聽仁權說，老人家很可能過不了今夜，才勉強來了。他心裏急着去六國飯店，便說：「英國和德國銀團在今夜有一個會議，關係到千萬英鎊的貸款大事，我必須參加。老相國好好保重，改日我再來看你。」

張之洞雖感到氣如游絲，但頭腦還是清醒的。在得病之後，他就想到自己今日位極人臣，擔負着燮理陰陽輔佐君王的重任，大限將至之時，應當仿法古人的榜樣為君王舉薦傳人，以便薪盡而火傳。這是所有賢明的宰相為君王所做的最後貢獻，也是他張之洞為報答皇恩的最後一着。為此，他想了幾個人，在他死後可以讓排首位者補他的遺缺。此時，他多麼希望載灃能像當年的漢惠帝，而他則是蕭何。

可是，這個攝政王居然把一千萬英鎊看得比他還重，居然沒有向他詢問這等國家大事。張之洞徹底失望了，他微微地閉上眼睛，不再理睬載灃。

載灃悄悄地退了出來，出門上轎走了。一直呆在門邊的宣統帝師陳寶琛急忙進來問：「監國說了些甚麼？」

張之洞張開眼睛，看着當年的清流摯友，而今的三歲皇帝之師，萬千話語湧上心頭，卻不知從何說起。他也無力說甚麼了，只是長長地歎了一口氣：「國運盡矣。」

說罷，又閉上了眼睛。

深夜，張之洞再次從昏迷中醒過來，四周望了一遍。仁權知道父親將要留下遺言了，帶着眾弟妹子侄走上前來，彎腰聆聽。只見張之洞一字一頓地輕輕說道：「人總有一死，你們無須悲痛。我生平學術治術，所行者，不過十之四五，所幸心術則大中至正。為官四十多年，勤奮做事，不謀私利。到死，房不增一間，地不加一畝，可以無愧祖宗。望你們勿負國恩，勿墜家風，必明君子小人之辨，勿爭財產，勿入下流……」

見父親意似未盡，但卻沒有再說下去了，仁權含着眼淚說：「父親放心，兒孫們將謹記您的教誨！」守候在四周的親人友朋都以為張之洞已過去了，不料，過一會，他的嘴唇動了起來：「仲子兄……」「桑先生，家父請您過去！」仁權對站在張家子孫後面的桑治平說。

桑治平走了過來，握起老友的手說：「香濤兄，我來了。」

張之洞看着桑治平，眼中似有無限的眷戀和遺憾，好久，才囁嚅着，但已發不清聲音了。桑治平將耳朵貼近他的嘴唇，努力地聽着。待張之洞的嘴唇閉住，仁權問：「桑先生，家父說了些甚麼？」

桑治平心緒沉重。他抬起頭來，猛然發現在張之洞臥榻邊的牆上，高高地懸掛着《古北口長城圖》。

這幅由桑治平精心構思、精緻繪製的名畫，自從光緒七年走出古北口後，一直隨着張之洞從太原到廣州，從廣州到武昌，想不到，它今天居然又掛進了北京的相府。二十八年來，它歷經時光消磨、歲月侵蝕，卻依舊完好無損，色彩如新。畫面上的長城還是那樣蜿蜒蒼挺，城樓還是那樣高聳雄奇。然而，它的主人卻已經走到了生命的盡頭。更為可歎的是，當年對着古北口立下宏誓的疆吏初膺者，為着自己的人生目標，在努力奮鬥二十八個春秋後，卻是如此心灰意冷。桑治平實在不想把他所聽到的張之洞留給人世的最後一句話說出來，經不住仁權的再次詢問，只得低沉地開了口：「他說，他一生的心血都白費了。」

大家的心頭全都像壓上一塊厚重的石板，一時間無法分辨：這究竟是一位事功熱衷者失望後的激憤之辭呢，還是一位睿智老人對亂世人生的冷峻思索？

一九九六年十二月六日—二〇〇〇年七月二日
初稿於長沙靜遠樓
二〇〇一年二月四日
定稿於台北天人合一廬